高职高专汽车专业"十三五"规划教材

汽车电工电子与电力电子基础

赵振宁 侯丽春 等编著

二维码总目录

机械工业出版社

本书包含汽车电工学、汽车电子学和汽车电力电子学三部分内容，并配有微课视频二维码。

汽车电工学部分主要介绍直流电路、正弦交流电路、磁路和变压器、汽车用交流异步电机、直流电机、汽车永磁同步电机、安全用电、整流滤波电路、汽车放大电路、汽车稳压调压电路、脉冲数字电路和汽车电力电子变换。

汽车电子学部分：模拟电子部分主要介绍二极管、整流滤波电路、晶体管和交流放大电路、场效应晶体管及其放大电路、集成运算放大器、稳压调压电路，模拟电路应用实例；数字电路部分主要介绍脉冲数字电路、基本逻辑门电路。

汽车电力电子学部分是针对新能源汽车变频器中的逆变桥而编写的新内容，主要介绍绝缘栅双极型晶体管（IGBT）和智能功率模块（IPM），并讲解了变频器的工作原理和控制过程。

本书特点是理论紧扣实际，并有专家指导内容及应用案例，适于高职高专新能源汽车（含传统汽车）检测维修等专业及汽修人员学习使用。读者可在 www.bmdcar.com 视频网络听取编者的亲自讲解。

图书在版编目（CIP）数据

汽车电工电子与电力电子基础/赵振宁等主编．—北京：机械工业出版社，2018.12（2022.9 重印）
高职高专汽车专业"十三五"规划教材
ISBN 978-7-111-61668-9

Ⅰ.①汽… Ⅱ.①赵… Ⅲ.①汽车-电工技术-高等职业教育-教材②汽车-电力电子技术-高等职业教育-教材 Ⅳ.①U463.6

中国版本图书馆 CIP 数据核字（2018）第 303161 号

机械工业出版社（北京市百万庄大街22号　邮政编码100037）
策划编辑：齐福江　责任编辑：齐福江　陈文龙
责任校对：陈　越　封面设计：陈　沛
责任印制：刘　媛
涿州市般润文化传播有限公司印刷
2022年9月第1版第4次印刷
184mm×260mm・13.5 印张・329 千字
标准书号：ISBN 978-7-111-61668-9
定价：45.00元

电话服务　　　　　　　　网络服务
客服电话：010-88361066　　机 工 官 网：www.cmpbook.com
　　　　　010-88379833　　机 工 官 博：weibo.com/cmp1952
　　　　　010-68326294　　金 书 网：www.golden-book.com
封底无防伪标均为盗版　机工教育服务网：www.cmpedu.com

前言

传统的《汽车电工电子学》已无法适应新能源汽车形势下汽车专业基础课的发展需要，因而编写这本《汽车电工电子与电力电子基础》。

本书为吉林省教育厅2018年度职业教育与成人教育教学改革研究课题《新能源汽车技术专业内涵建设研究》成果之一，因而有大量的新内容。本书与传统《汽车电工电子学》相比做了较大的改动，尤其是增加电力电子学部分。本书是机械工业出版社高职高专汽车专业"十三五"规划教材。概括地说，本书的改动主要有以下几点：

（1）汽车电工学部分：直流电路大量增加了与汽车相关的内容（多以楷体字出现）；保留了正弦交流电路中对电阻、电容和电感电路的基本计算；在磁路和变压器中融入了电动汽车相关传感器的内容；在交流电机和直流电机中融入了电动汽车电机的内容；电力拖动虽与汽车相关度不大，但从事汽车生产线工作维护时，电力拖动也是重要的技术。

（2）汽车电子学部分：二极管及其整流滤波电路中融入了发电机整流过程；晶体管及其交流放大电路，场效应晶体管及其交流放大电路、稳压、调压电路等融入了发电机稳压过程；脉冲数字电路和基本逻辑门电路部分用分立元件电路说明"与""或""非"逻辑的实现，内部电路结构略讲或不讲，侧重于外部逻辑功能。

（3）汽车电力电子学部分：以电动汽车变频器、DC/DC变换器以及车载充电机内部采用的电力电子开关为主，并增加了电力电子开关驱动。

本书特点：系统性较强，与汽车专业实际需求紧密结合；针对难点内容配有微课视频二维码。本书具有概念清楚、深入浅出、便于自学等特点。

本书给授课老师备有课件、习题答案、实训工作页，适于高职高专新能源汽车（含传统汽车）检测维修等专业及汽修人员学习使用。

本书由赵振宁、侯丽春等编著，参编人员还有刘福华、郭其涛、杨舒乐。全书由长春汽车工业高等专科学校校长李春明主审，在此表示衷心的感谢。

由于编者水平有限，书中难免有不妥和不足之处，殷切期望广大师生和读者批评指正。

编　者

目录

前　言

第一章　直流电路 ………………………… 1

第一节　电源和负载 ……………………… 1
一、交流电和直流电 ………………… 1
二、电路的组成 ……………………… 2
三、电流的方向 ……………………… 4
四、电源 ……………………………… 4
五、负载 ……………………………… 7

第二节　电气设备额定值 ……………… 12
一、影响电气的工作因素 ………… 12
二、电气设备额定值 ……………… 12

第三节　电路的工作状态 ……………… 14
一、通路（负载工作状态） ……… 14
二、断路（开路） ………………… 14
三、短路 …………………………… 15

第四节　电路中的电位计算 …………… 16
一、参考点 ………………………… 16
二、参考点计算 …………………… 17

第五节　电路的基本定律 ……………… 18
一、电路基本定律有哪些 ………… 18
二、基尔霍夫电流定律 …………… 18
三、基尔霍夫电压定律 …………… 19

思考题与习题 ……………………………… 22

第二章　正弦交流电路 ………………… 26

第一节　概述 …………………………… 26
一、什么是交流电 ………………… 26
二、交流电的描述 ………………… 27

第二节　正弦量的基本概念 …………… 28
一、正弦量的三要素 ……………… 28
二、相位差 ………………………… 29

第三节　交流电的有效值 ……………… 29
一、交流电有效值 ………………… 29
二、计算例 ………………………… 30

第四节　电阻、电感和电容 …………… 30
一、电阻元件 ……………………… 30
二、电感元件 ……………………… 30
三、电容 …………………………… 33

第五节　纯电阻电路 …………………… 37
一、纯电阻电路中电压与电流的相量关系 …………………………… 37
二、纯电阻电路中瞬时功率的变化规律和能量转换过程 …………… 38

第六节　纯电感电路 …………………… 39
一、纯电感电路中电压与电流的相量关系 …………………………… 39
二、纯电感电路中瞬时功率的变化规律和能量转换过程 …………… 40

第七节　纯电容电路 …………………… 41
一、纯电容电路中电压与电流的相量关系 …………………………… 41
二、纯电容电路中瞬时功率的变化规律和能量转换过程 …………… 42

思考题与习题 ……………………………… 43

第三章　磁路和变压器 ………………… 46

第一节　概述 …………………………… 46
一、什么是电磁 …………………… 46

二、电和磁的关系 …………… 46
第二节　磁导率 …………… 47
一、什么是磁动势 …………… 47
二、什么是磁导率 …………… 47
三、什么是铁磁物质 …………… 48
四、什么是磁场强度 …………… 48
五、汽车上的应用 …………… 49
第三节　磁化和反复磁化 …………… 49
一、什么是磁化 …………… 50
二、什么是反复磁化 …………… 51
第四节　简单磁路的概念 …………… 52
一、磁路欧姆定律 …………… 53
二、电磁力的应用 …………… 53
第五节　涡流 …………… 55
一、什么是涡流 …………… 55
二、什么是涡流损耗 …………… 56
三、涡流的避免和应用 …………… 56
第六节　变压器的基本构造 …………… 56
一、什么是变压器 …………… 56
二、变压器的构造 …………… 57
三、变压器的应用 …………… 58
第七节　特殊变压器 …………… 59
一、自耦变压器 …………… 59
二、多绕组变压器 …………… 60
三、电焊变压器 …………… 60
四、仪用互感器 …………… 61
第八节　变压器原理在汽车上的应用 …………… 62
一、加速踏板位置传感器 …………… 62
二、变压器式节气门位置传感器 …………… 63
三、电动汽车电机转速（解角）传感器 …………… 64
四、变压器在点火系统上的应用 …………… 65
思考题与习题 …………… 66

第四章　汽车交流异步电机 …………… 69
第一节　概述 …………… 69
一、电机的简单分类 …………… 69
二、两种汽车用电机 …………… 69
第二节　三相异步电机 …………… 70
一、异步电机的构造 …………… 70
二、汽车电机的构造 …………… 72
第三节　旋转磁场的产生 …………… 72
一、异步电机旋转磁场的产生 …………… 72
二、为什么会产生旋转磁场 …………… 73
三、异步电机的运转原理 …………… 76
四、转差率 …………… 76
第四节　电动汽车用异步电机 …………… 77
一、电动汽车用异步电机的种类 …………… 77
二、电动汽车用异步电机的结构 …………… 77
三、电动汽车用异步电机铭牌 …………… 78
思考题与习题 …………… 81

第五章　直流电机 …………… 82
第一节　概述 …………… 82
一、直流电机 …………… 82
二、汽车直流电机 …………… 83
三、电动汽车驱动电机是什么电机 …………… 83
第二节　直流电机的基本原理 …………… 83
一、直流电机的工作原理 …………… 83
二、直流电机的简单计算 …………… 84
三、直流电机的构造 …………… 85
四、直流电机的励磁方式 …………… 86
第三节　直流电机的特性 …………… 87
一、直流电机的转速特性 …………… 87
二、直流电机的转速特性 …………… 88
第四节　直流电机的起动、调速和反转 …………… 89

一、电机的起动 ……………… 89
二、电机的调速 ……………… 90
三、电机的反转 ……………… 90
思考题与习题 …………………… 91

第六章 汽车永磁同步电机 …… 92

第一节 电动汽车电机 ……… 92
一、电机种类 ………………… 92
二、驱动电机 ………………… 92
三、控制电机 ………………… 93
四、电动汽车对电机的要求 … 93

第二节 电动汽车永磁电机结构 … 94
一、永磁无刷电机的优点 …… 94
二、三相直流无刷电机 ……… 94

第三节 三相逆变过程 ……… 95
一、变频器 …………………… 95
二、电流导通方式 …………… 95
三、定时和定量控制 ………… 97

第四节 电机转子位置传感器 … 98
一、电机转子初始角 ………… 98
二、电机转子位置识别 ……… 98
思考题与习题 …………………… 99

第七章 安全用电 ……………… 100

安全用电 ……………………… 100
一、电流对人体的作用 ……… 100
二、触电伤害程度 …………… 100
三、什么是安全电压 ………… 101
四、电动汽车的所谓"高压"是真的吗 …………… 101
五、中性点不接地系统的保护接地 ………………… 102
六、中性点接地系统的保护接地 … 102
七、工业用电安全知识 ……… 103
八、工业电机的主要安全操作规程 ………………… 104
思考题与习题 …………………… 104

第八章 整流滤波电路 ………… 105

第一节 概述 ………………… 105
一、什么是半导体 …………… 105
二、什么是晶体管 …………… 105

第二节 PN 结 ………………… 106
一、半导体的导电方式 ……… 106
二、两种（N 型与 P 型）半导体 ……………………… 106
三、PN 结及其单向导电性 … 107

第三节 二极管 ……………… 108
一、二极管的分类和符号 …… 108
二、二极管的伏安特性 ……… 108
三、二极管应用 ……………… 109
四、二极管参数 ……………… 109

第四节 整流电路 …………… 110
一、什么是整流 ……………… 110
二、单相半波整流电路 ……… 110
三、桥式全波整流电路 ……… 111

第五节 滤波电路 …………… 113
一、电容滤波 ………………… 113
二、电感滤波 ………………… 115
三、复式滤波 ………………… 116

第六节 整流、滤波和稳压电路在汽车上的应用 ……………… 116
一、三相全波整流器 ………… 116
二、三相车用发电机整流 …… 117
三、汽车稳压电路应用 ……… 120
四、汽车滤流电路应用 ……… 122
思考题与习题 …………………… 123

第九章 汽车放大电路 ………… 125

第一节 概述 ………………… 125

第二节　晶体管 …………………… 126
　一、晶体管结构 ………………… 126
　二、电流放大作用 ……………… 126
　三、电流放大原理 ……………… 129
第三节　晶体管特性 ………………… 129
　一、输入特性曲线 ……………… 129
　二、输出特性曲线 ……………… 130
　三、三种工作状态 ……………… 131
第四节　主要参数 …………………… 132
　一、极间反向电流 ……………… 132
　二、极限参数 …………………… 132
　三、温度的影响 ………………… 133
第五节　基本放大电路 ……………… 134
　一、单管放大电路 ……………… 134
　二、单管放大原理 ……………… 135
第六节　放大器的基本分析方法 …… 137
　一、图解法求静态工作点 ……… 137
　二、用小信号等效电路法求电压放大
　　　倍数 …………………………… 139
第七节　静态工作点的设置与稳定 … 142
　一、静态工作点的设置 ………… 142
　二、静态工作点的稳定 ………… 143
第八节　场效应晶体管 ……………… 145
　一、场效应晶体管 ……………… 145
　二、场效应晶体管放大电路 …… 146
第九节　功率放大器 ………………… 147
　一、功率放大器的基本要求 …… 147
　二、互补对称式功率放大器 …… 148
　三、乙类推挽功率放大器 ……… 149
第十节　放大电路在汽车上的应用 … 150
　一、霍尔电流传感器 …………… 150
　二、电压型霍尔位置识别 ……… 152
　三、开关管在汽车执行器上的
　　　应用 …………………………… 152
思考题与习题 ………………………… 154

第十章　汽车稳压调压电路 …… 157
第一节　概述 ………………………… 157
第二节　硅稳压二极管及简单稳压
　　　　电路 ………………………… 158
　一、硅稳压二极管 ……………… 158
　二、简单稳压电路 ……………… 159
第三节　串联型晶体管稳压电源 …… 160
　一、固定式串联型稳压电路 …… 160
　二、可调式串联型稳压电源 …… 161
第四节　集成稳压电源 ……………… 162
第五节　汽车发电机分立稳压和
　　　　集成稳压 …………………… 163
　一、发电机电压调节器分立稳压 … 163
　二、汽车发电机电压调节器
　　　集成稳压 …………………… 165
思考题与习题 ………………………… 166

第十一章　脉冲数字电路 …… 167
第一节　概述 ………………………… 167
　一、什么是脉冲信号 …………… 167
　二、脉冲信号和二进制 ………… 168
第二节　基本逻辑门电路 …………… 169
　一、什么是逻辑门 ……………… 169
　二、基本逻辑门 ………………… 169
　三、组合逻辑门 ………………… 173
　四、集成与非门 ………………… 173
　五、三态门 ……………………… 175
　六、门电路在汽车上的应用实例 … 176
第三节　译码器与数码显示 ………… 177
　一、二进制译码器 ……………… 177
　二、显示译码器 ………………… 178
思考题与习题 ………………………… 181

第十二章 汽车电力电子变换 … 182

第一节 电力电子技术 …………… 182
一、什么是电力电子技术………… 182
二、电力电子器件及其发展概况 … 183
三、电力电子器件 ………………… 183
四、功率集成电路 ………………… 184
五、变流技术功能 ………………… 184
六、控制技术 ……………………… 185
七、本课程的任务与要求………… 185

第二节 整流二极管 …………… 185
一、概述 …………………………… 185
二、整流二极管类型 ……………… 186

第三节 电力晶体管 …………… 186
一、电力晶体管结构 ……………… 186
二、共发射极接法 ………………… 186

第四节 电力场效应晶体管……… 188
一、什么是电力 MOSFET ………… 188
二、电力 MOSFET 的结构 ………… 188
三、电力 MOSFET 工作原理 …… 189

第五节 绝缘栅双极型晶体管 … 190
一、绝缘栅双极型晶体管
    (IGBT) ……………………… 190
二、IGBT 模块 …………………… 191

第六节 IGBT 栅极驱动 ……… 191
一、栅极驱动电压 ………………… 191
二、驱动电压对 IPM 中 IGBT 的
    影响 ……………………………… 192
三、IGBT 一般驱动方式 ………… 193
四、IGBT 驱动设计规则 ………… 193

第七节 IGBT 栅极驱动隔离 … 193
一、栅极光电隔离 ………………… 193
二、栅极变压器隔离 ……………… 194

第八节 IGBT 保护电路 ……… 195
一、IGBT 的失效机制 …………… 195
二、IGBT 失效原因分析 ………… 196
三、IGBT 保护方法 ……………… 196

第九节 智能功率模块 ………… 198
一、智能功率模块(IPM)简介 … 198
二、智能功率模块(IPM)功能 … 198
三、IPM 的保护方法 …………… 199
四、IPM 驱动 …………………… 199

第十节 IGBT 的使用和检查 … 201
一、使用注意事项 ………………… 201
二、IGBT 过载使用 ……………… 202
三、IGBT 极性测量 ……………… 203
四、如何检测判断 IGBT 的好坏 … 203
五、变频器引起短路故障的原因 … 203

思考题与习题 ……………………… 204

参考文献 …………………………… 205

第一章 直流电路

情境引入

19岁的小林考入了汽车专科学校,毕业后打算先从汽车技术学起,为将来的发展打下坚实的技术基础。他想学明白电工学、电子学和电力电子学,因为他的表哥在一家汽车修理店工作,早就告诉过小林:"要学好电,包括电工学的交流电和汽车的直流电,不仅要学会电路,也要学会汽车电控,等你学会电了,以后的工作就不用愁了。"

知识目标

1) 能说出电路的组成。
2) 能说出交流220V室内灯电路的组成和特点。
3) 能说出12V汽车直流电路的组成和特点。
4) 能说出什么是电压源和电流,并画出其符号。
5) 能进行电位的计算。
6) 能说出电路中什么是通路,什么是断路,什么是短路。
7) 能说出基尔霍夫电流定律与基尔霍夫电压定律的内容,并做基本的计算。

技能目标

1) 能在汽车上找到电源位置,并测量其电压。
2) 能在汽车电路上找到控制装置。
3) 能在汽车电路上找到电路的熔体和继电器。
4) 能在汽车电路上找到用电器(负载)。
5) 能通过熔体(取1.5倍过载电流)估算如灯光电路、风扇或空调鼓风机电路的功率。
6) 说出万用表的黑表笔是电位的参考点。
7) 能说实车上的用电器哪些是间歇性负载,哪些是非间歇性负载。
8) 能计算北方冬季晚上汽车用电器的用电功率能达到多少瓦。

第一节 电源和负载

一、交流电和直流电

电气设备的运行需要电流,因此要构成电路,电路就是电流通过的路径。电流可分为直流与交流两种。

方向保持不变,仅允许电流大小变化的电流称为直流电流,通称直流,如交流发电机整流后的电流。

方向和大小都保持不变的电流称为恒定电流,通常也简称为直流,如蓄电池在对一个固定负载放电时的电流,基本可认为是恒定电流。

方向和大小随时间做周期性变化,而且在一个周期内的平均值等于零的电流称为交变电流,通称交流电,常见的如单相或三相正弦交流电。

【特别提示】 注意没有两相电这个概念,这样的错误源于照明电为相线和零线两根线,误把两根线当成两相,在生活中这样错误认为的不在少数,包括许多高学历的所谓人才。

什么是"相",相为发电机或用电器中线圈的个数,有三个线圈的发电机称为三相交流发电机,相数与交流电中相线的个数是相等的。

最后在描述直流电时,对电极用正极或负极,对导线或电缆称为正线(正电缆)或负线(负电缆),这种情况一般不出错。但在描述交流电时,经常的错误是将相线称为正线,将零线称为负线,这是常犯的错误。

本章讨论的直流电路,是指电路中通过恒定电流的电路。

二、电路的组成

直流电路由电源(蓄电池)、熔丝、负载、输电导线与控制设备(如图1-1中开关)等组成。图1-1a是最简单的直流电路图,它由干电池、小灯泡(代表负载 EL = Electrical Load)、输电导线和开关构成,通常会在开关 S(Switch)前加装保险装置。我们常把负载、输电导线和开关等统称为外电路;而把电源内部称为内电路。

要分清电源和负载的本质区别:电路中把非电能转换成电能的设备称为电源;而把电能转换成非电能的设备称为负载。例如,将干电池与灯泡接成电路时,干电池是电源;而把干电池换成蓄电池,把小灯泡换成直流发电机时,这时蓄电池就成为负载了。

【专业指导】 在汽车电气中,12V 铅酸蓄电池在发动机未运转时为全车供电,这时蓄电池为电源。当发动机运转时后,发动机拖动发电机发电,为蓄电池充电,这时蓄电池为负载。

【专业指导】 汽车中低压直流和高压直流电路的特点

1. 传统汽车的单线制、负搭铁电路

图1-1a所示电路为双线制电路,即负载(小灯泡)向上到电源正极采用一条带有绝缘皮的导线,称为正极导线;负载(小灯泡)向下到电源负极采用一条带有绝缘皮的导线,称为负极导线。

汽车电路中的负载电路成百上千,每个电路的负极导线如果都回到蓄电池负极将造成大量的导线浪费,因此在汽车电路中,通常将蓄电池负极直接接在金属车身上,将负载的负极用一段短导线接在车身上(见图1-1b)。人们将这种设计称为"单线制、负搭铁"。单线制是指只有正极导线,负极导线因较短可不计;负搭铁是指蓄电池负极搭铁,负载的负极搭铁。

汽车中的12V/24V电系中是安全的,最多是操作人员被烫伤,极少会烧伤,人身不会有10mA以上的电流形成,不会出现击伤的问题。

2. 汽车双线制电路

在汽车电控系统中的传感器(如发动机冷却液温度传感器、进气温度、爆燃传感器等)和集电极开路型接法执行器(如喷油器电路、电磁阀电路、节气门体电机电路等)中,发动机控制单元采用单线制、负搭铁，而冷却液温度传感器相对5V恒压源为双线制，如图1-1c所示。

电动汽车上采用动力电池作为电源（见图1-1d），直流电经过三相全桥变频器的六个电子开关转换为脉冲直流电，在三相电机的线圈内形成方波或正弦波电流，图1-1d中是一个三三导通的例子，V1、V4、V6导通，U相向V相和W相供给电流。

图1-1d中的电池为镍氢电池或锂离子电池，同种电池经过大量的串联，形成电压在200～300V之间的300V等级、300～400V之间的400V等级、400～500V之间的500V等级、500～600V之间的600V等级、600～700V之间的700V等级、700～750V之间的800V等级，国标规定，电压最高不超过750V。目前（2017年），国内400V、500V电压等级的电动汽车较多，其次为700V，其他电压等级实际车型较少或没有。

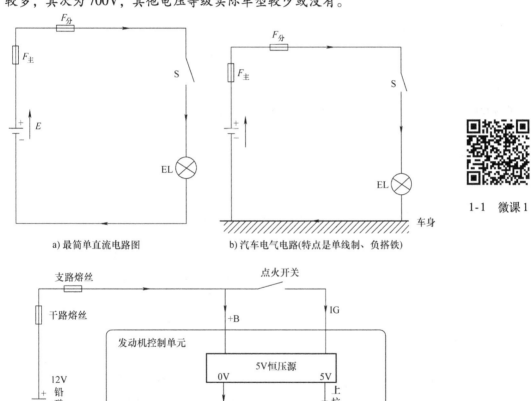

a) 最简单直流电路图　　b) 汽车电气电路(特点是单线制、负搭铁)

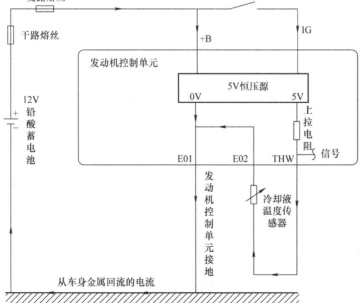

c) 双线制例：冷却液温度传感器相对5V恒压源

图1-1　电路的组成

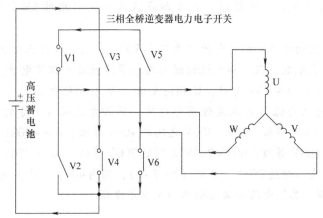

d) 双线制例：三相全桥的直流逆变电路供电采用双线制，交流输出采用三线制

图1-1 电路的组成（续）

为了区别传统燃油汽车中的12V/24V电系，或者是因为在电动汽车上作业直流安全电压规定为60V（不要误认为是低压电工操作场合的交流安全电压36V），把高于60V的直流电压称为高压，这种说法符合电动汽车上的工作，易于区别两种电压网络。不过电动汽车的60~750V之间的电压也只是低压范畴的下限，远不能称为高压，所以不用过于紧张。

三、电流的方向

人们规定：正电荷移动的方向为电流的实际方向。即，在外电路中电流从电源的正极流向负极；而在内电路中，电流从电源的负极流向正极。

简单电路中电流实际方向容易按电源极性来判定。在比较复杂的电路中，电流方向往往难以直观判断。为了分析计算电路的需要，我们引入参考正方向的概念。

电流在导体中流动的实际方向有两种可能，任意选取其中一个方向作为参考标准，称之为参考正方向，简称正方向。设电路中某一未知电流的正方向已经选定，如果求得此电流为正值，则说明电流的实际方向与选定的正方向一致；若求得此电流为负值，则说明电流的实际方向与选定的正方向相反。可见，电流的正方向是预先任意标定的，正方向一经标定，电流值的正负也随之确定；若不标定正方向，则讨论电流值的正负便没有意义了。

如图1-2所示，实线箭头表示电流的参考正方向，虚线箭头表示电流的实际方向。可知，图1-2a中电流为正值；图1-2b中电流为负值。

四、电源

1. 电能源和电信号

电路的作用一般可分为两类：一类是能量的转换、传输、分配和利用；另一类是电信号的产生、传送、处理和接收。前者的电源是指电路中的能源，例如图1-1中的干电池是驱动小灯泡工作的能源；而后者的电源主要指的是信号源，例如图1-3所示热电偶测温电路中，热电偶把热能转换为电能，但其能量很小，不能作为能源，它产生的温差电动势可作为反映热端温度的电信号，因此它是一种信号源，与它连接的毫伏表是接收信号的负载，将温差电动势的毫伏数刻成温度，就可指示所测的温度了。

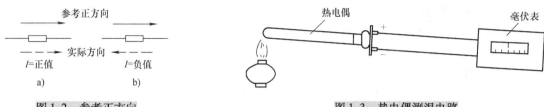

图1-2 参考正方向　　　　　　　　　图1-3 热电偶测温电路

但需要指出,以传递、处理和接收电信号为主要任务的电路中,一般除有信号源外,还需要驱动电路工作的能源。例如,收音机、电视机等都需要供给工作电源。

本书电工学部分讨论的电路属于前一类,因此所说的电源主要是指电路中的能源。而工业电子学部分讨论的电路则属于后一类,电路的工作对象和研究重点是电信号,同时也讨论电路工作需用的能源。

2. 电源的外特性

电源内部存在一种非静电力,称为电源力,它能使电源内部导体中的正负电荷分离,形成正、负两极,两极间具有一定的电位差。电源的电动势,在数值上等于电源力把单位正电荷从电源负极经过内电路移到电源正极所做的功;也就等于电源两极间开路(未接外电路)时的电位差。(物理学中常将电位称作电势;电位差称作电势差)。

电动势的实际方向,规定由电源负极指向正极,即由低电位指向高电位(电位升)。接通外电路后,电流由电源负极通过电源内部流向正极,可见电源中的电流与电动势同向。电动势的参考正方向也可任意选取,当实际方向与正方向一致时,电动势为正值,反之,为负值。

具有电动势 E、内电阻 R_0 的电源与外电路接通后,全电路中就有电流 I 通过;设外电路的电阻为 R,则由全电路的欧姆定律(这在物理学中已经学过)得

$$I = \frac{E}{R + R_0} \tag{1-1}$$

式(1-1)也可写成如下形式:

$$U = E - R_0 I \tag{1-2}$$

式(1-2)中 $U = RI$ 是外电路的端电压,简称路端电压。若忽略连接导线的电阻,R 只是负载的电阻,则 U 就是负载的端电压。

反映路端电压 U 与电路中电流 I 之间关系的曲线:$U = f(I)$,称为电源的外特性曲线,简称电源外特性。一般,E 和 R_0 都是常量,按式(1-2)的函数关系可以绘出电源的外特性曲线,它是一条直线,如图1-4所示。该直线在纵坐标上的截距就等于电源的电动势 E。内电阻越大的电源,其外特性越陡;反之,内阻越小,外特性越接近于水平直线。

【专业指导】 当汽车上的12V/24V铅酸蓄电池使用时间长后,因硫酸铅不能被充分还原,会使极板的内阻增加,电池的对外输出能力下降,在充放电时蓄电池过热,这时应停止充电,更换新的蓄电池。

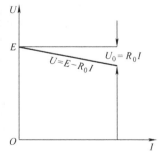

图1-4 电源的外特性

3. 电压源和电流源

具有不变的电动势和较低内阻的电源称为电压源。大多数实际电源如干电池、铅蓄电池及一般直流发电机都可视为电压源。

若电源的内阻 $R_0 \approx 0$，可忽略不计，即认为电源供给的电压总是等于它的电动势，其外特性是为一条水平直线，如图1-5所示。这只是一种理想的情况，实际电源不可能如此。我们把具有不变电动势且内阻为零的电源称为理想电压源，或简称恒压源。理想电压源的代表符号如图1-6所示。

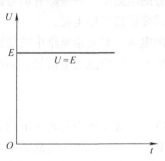

图1-5 理想电压源的外特性

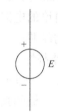

图1-6 理想电压源的代表符号

电动势为 E、内阻为 R_0 的电压源可以等效为恒压源 E 和内阻 R_0 串联，如图1-7所示。

一般用电设备所需的电源，多数是需要它输出较为稳定的电压，这要求电源的内阻越小越好，也就是要求实际电源的特性与理想电压源尽量接近。

【专业指导】 在汽车上，铅酸蓄电池为电压源，内阻极小，为几个毫欧，可以认为是电压源。汽车上的交流发电机发出的交流电经整流、滤波、稳压后输出的电压相对稳定，内阻很小，也可认为是电压源。

但是，并非在任何情况下都要求电源的内阻越小越好。某些特殊场合，却要求电源具有很大的内阻，这是因为高内阻的电源能够输出一个较稳定的电流。

例如，将60V蓄电池串联一个60kΩ的高电阻，如图1-8中点画线框中所示，即构成一个最简单的高内阻电源。它对于低阻负载，基本上具有稳定的电流输出。当负载电阻 R 在零～几百欧的范围内变化时，电源输出的电流为

$$I = \frac{60\text{V}}{60000\Omega + R} \approx 0.001\text{A} \approx 1\text{mA}$$

电流几乎保持不变。可见，当低电阻的负载在一定范围内变化时，具有高内阻的电源输出的电流基本恒定，电源内阻越高，输出电流越接近于恒定。

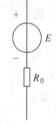

图1-7 电压源等效为理想电压源 E 与内阻 R_0 串联

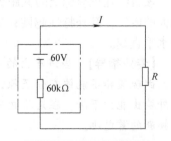

图1-8 高内阻电源示例

我们把内阻为无限大、能输出恒定电流 I_S 的电源称为理想电流源或恒流源。理想电流源输出的恒定电流 I_S 通常称为电激流。理想电流源的代表符号如图 1-9 所示。

恒流源与恒压源一样，都属理想状态，实际上都是不存在的。实际电源的性能只是在一定范围内接近于理想电流源。例如，晶体管工作于放大状态时就接近于恒流源。

把电激流为 I_S 的恒流源与电阻 R_0 并联的电路定义为电流源，如图 1-10 所示。

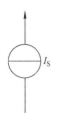

图 1-9　理想电流源的代表符号

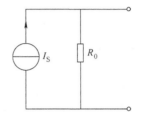

图 1-10　电流源定义为理想电流源 I_S 与内阻 R_0 并联

这样定义电流源是有根据的，因为可以证明：恒流源与电阻并联的电路同恒压源与电阻串联的电路之间，在满足一定关系的条件下是可以互相等效的。

【专业指导】　汽车上没有直接的电流源，功率放大电路中会有电流源，不过也看不到，因为集成在运算放大器内部了。

五、负载

1. 负载的端电压

电流流过负载时，在负载两端产生电位降（也称为电压或电压降），电流的入端电位高，出端电位低，这就反映了在负载中有电流能量转换为其他能量。

电压的实际方向规定为电位降的方向，即由电流的入端指向出端。可见，负载上的电压与电流同向。电压的参考正方向也可任意选取，当实际方向与正方向一致时，电压为正值，反之，为负值。

【专业指导】　电压、端电压和压降

在汽车上使用数字式万用表时，黑表笔放在参考点上，红表笔放在测量点上可测两点之间的电位差，简称为电压。

端电压这个术语在汽车上使用时，举例如铅酸蓄电池开路端电压、铅酸蓄电池带载端电压、用电器的端电压等。

压降也就是分压多少的意思，通常将导线、开关或接地等因电阻很小出现的端电压（分压）称为压降，比如线路压降为多少，开关压降为多少，接地压降为多少。

2. 电阻

直流电路中的负载性质主要是电阻性的，构成电阻的材料主要是导体，而且大多是金属导体。

我们把导体的端电压 U 和流过该导体的电流 I 的比值称为该导体的电阻，即

$$R = \frac{U}{I} \tag{1-3}$$

在温度一定的条件下，在一个电阻元件上加不同的电压时，会测得不同的电流，然后在

$U-I$ 坐标平面上画出一条反映电压与电流之间关系的曲线，简称伏安特性。一般金属电阻值不随所加电压或通过的电流的变化而改变，即在一定的温度下电阻是常数。这种电阻的伏安特性是一条通过原点的直线，如图 1-11 所示，因而这种电阻称为线性电阻。

如果式（1-3）中的电阻值 R 是常数，则该式所表明的规律就是欧姆定律，可见欧姆定律只适用于线性电阻。

推广来说，凡遵守欧姆定律的电气元件，就称为线性元件；由电源和线性元件组成的电路称为线性电路。本书电工学部分只讨论线性电路。

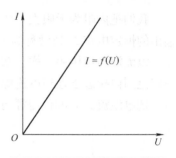

图 1-11 线性电阻的伏安特性

另一类电阻，其阻值随电压或电流的变化而改变，即其电压与相应电流的比值不是常数，称之为非线性电阻。例如，二极管的正向电阻就是非线性的，它的伏安特性如图 1-12 所示。晶体管的输入电阻和输出电阻也都是非线性的。

对于具有非线性电阻的电路，欧姆定律已不适用，一般可根据电阻的伏安特性用图解法进行分析计算，或在小范围内将非线性电路近似地作为线性电路处理。

物理学中讲过，导体电阻不仅与它的长度和横截面积有关，而且还与导体材料有关。在一定温度下，通常用电阻率来比较不同导体材料在长度和横截面积都取 1 个单位时的电阻值的大小。

在常用的金属导电材料中，铜的电阻率很小，应用很广。铝的导电性能虽次于铜，但质量密度小，特别是我国铝的储量丰富，铝导线的使用日趋增多；不过，铝的拉力强度和韧性都不如铜，且焊接较困难。

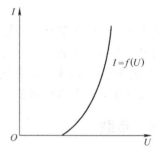

图 1-12 二极管的正向伏安特性

电阻率较高的导体材料主要用来制造各种电阻元件，电阻元件也常简称为电阻。

电阻值的倒数称为电导，用 G 表示，即

$$G = \frac{1}{R} \tag{1-4}$$

式中，G 的单位是西门子，简称西（S），$1S = 1\Omega^{-1}$。

导体的温度发生变化时，其电阻也随之变化。一般金属导体的电阻随温度升高而增大，称为正温度系数（Positive Temperature Coefficient，PTC）电阻；而碳的电阻却随温度的升高而减小，称为负温度系数（Negative Temperature Coefficient，NTC）电阻。

镍铬合金及铁铬铝合金在高温时有足够的机械强度和抗氧化性，且加工性能好，常用来制作电热元件。

锰铜、康铜的电阻受温度的影响很小，因此常用来制作标准电阻和电工测量仪表中的附加电阻。

铂的电阻受温度影响较大，而且铂的熔点高，常用来制成铂电阻温度计。

【专业指导】 在电动汽车上，空调加热器采用 PTC 电阻，当温度升高时，电阻的增加限制了电流最大值，从而有自动限流作用；电机中定子线圈测温中也可采用 PTC 电阻。

以上主要是讨论导体的电阻。广义地说，作为电路中的电阻元件，其特征是消耗一定的

电能（将电能转变成非电能之后不再变回为电能）。因此，凡在电路中消耗一定电能的元件都可以用一个等效电阻来代替它。

电阻率很大的材料，电流很难通过，它对电流有绝缘的作用，称为绝缘体，又称电介质。例如，橡胶、玻璃、陶瓷、云母、电木、塑料等都是绝缘体。常用的铜芯或铝芯电线，外面都包裹着橡皮或塑料等绝缘体，以防止漏电和保证安全。但在超过绝缘允许的高电压下，绝缘体会被击穿而失去绝缘作用。或者由于导线中电流太大，发热过多，温度太高，致使绝缘体炭化、烧焦而失去绝缘作用。

【专业指导】 汽车电路中由于在开关 S 前有熔丝，熔丝以后的电路出现负载增大或短路等过电流故障时，熔丝熔断，起到保护作用，能主动防止失火。在插接器发生虚接时会出现绝缘体炭化、烧焦而失去绝缘作用，甚至出现失火。

导电性能介于导体和绝缘体之间的物质称为半导体。关于半导体导电的一些特殊性能，将在本书工业电子学篇章中论述。

还有一类物质，在较高的温度时是导体或半导体，甚至是绝缘体，可是当温度降到某一特定值 T_C 时，它的直流电阻突然下降为零，这一现象称为零电阻效应。人们把这类物质称为超导体，这种失去电阻的性质称为超导电性。出现零电阻时的温度 T_C 称为转变温度或临界温度。过去人们认为，超导性只是物质在低温（液氦区）时才会出现。1987 年以来，中、美、日等国科学家相继发现了高达 77K（液氮送）的超导材料（注：1968 年国际实用温标规定：水的冰点为 273.15K，氮的沸点为 77K），人们认为找到常温下的超导体也是可能的。

超导的应用将涉及电力输送、发电、数字电子技术、大功率磁体、加速器、高速列车、医学等许多领域。若能找到较高转变温度的超导材料，将会引起一场新的技术革命。

3. 电阻串联分压

将若干个电阻元件，顺序地连接成一条无分支的电路，称为串联电阻电路，如图 1-13 所示。

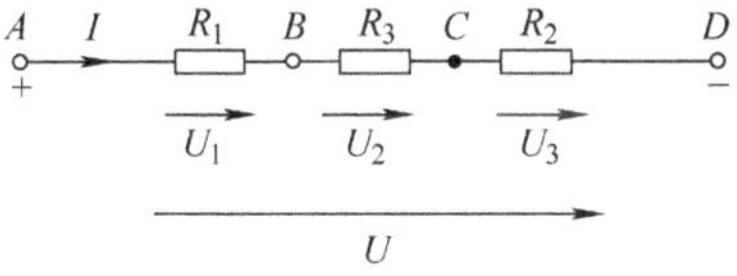

串联的基本特点如下：

1）流过串联各元件的是同一电流 I。

2）串联各元件的电压之和，等于串联电路总的电压 U。

在图 1-13 所示三个电阻的串联电路中，有

$$U = U_1 + U_2 + U_3 \tag{1-5}$$

根据以上特点和欧姆定律，可求得串联等效电阻为

$$R = R_1 + R_2 + R_3 \tag{1-6}$$

图 1-13 电阻的串联

综上，串联电路的等效电阻等于各段电阻之和。若以等效电阻盘来代替串联的全部电阻，则在电压不变的条件下，电流也不会改变，因此称之为"等效"。

将式（1-5）等号两边乘以电流 I，得

$$P = UI = U_1 I + U_2 I + U_3 I = P_1 + P_2 + P_3 \tag{1-7}$$

可见，串联电路的总电功率等于各段电功率之和。

利用欧姆定律可以证明：

$$U_1 : U_2 : U_3 = R_1 : R_2 : R_3 \tag{1-8}$$

这表明，串联电路各段电压与各段电阻成正比。

还可求得

$$U_1 = \frac{R_1}{R}U \qquad U_2 = \frac{R_2}{R}U \qquad U_3 = \frac{R_3}{R}U \tag{1-9}$$

这就是串联电路各段电压的分配公式，$\frac{R_1}{R}$、$\frac{R_2}{R}$、$\frac{R_3}{R}$ 称为串联分压系数。

【专业指导】 汽车电路中很少出现串联电路，大多为并联电路。典型的串联电路为丰田汽车冷却风扇电路，在丰田汽车中，发动机散热器风扇和冷凝器风扇在温度不是过高时采用两个风扇串联，每个风扇电压为6V，风扇低速转动；发动机温度过高时，发动机散热器风扇和冷凝器风扇采用两个风扇并联，每个风扇电压为12V，风扇高速转动。

利用串联分压的道理，可以扩大电压表的量程；还可以制成电阻分压器，图1-14所示为它的原理图，由可变电阻器或电位器组成。图1-15所示常用的滑线电阻和电位器的外形图。

如图1-14所示，可变电阻器的总电阻为R，A、B两端接入电源电压U，C、D两端输出电压U_0由式（1-9）可得

$$U_0 = U\frac{R_x}{R}$$

调节可变电阻器滑动触头的位置，即改变R_x，从而改变U_0，以达到调压的目的。

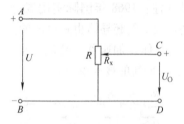

图1-14 电阻分压器原理图

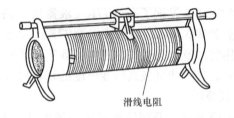

图1-15 可变电阻器

例1-1 现有一表头，满刻度电流$I_G = 50\mu A$，表头的电阻$R_G = 3k\Omega$，若要改装成量程为10V的电压表，如图1-16所示，应串联一个多大的电阻？

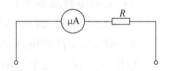

图1-16 例1-1附图

解 当表头满刻度时，它的端电压为

$$U_G = 50 \times 10^{-6} \times 3 \times 10^3 V = 0.15V$$

若量程扩大到10V则需要串联电阻R，R上应分得电压

$$U_R = 10V - 0.15V = 9.85V$$

求得 $R = U_R \frac{R_G}{U_G} = 9.85 \times \frac{3 \times 10^3}{0.15} \Omega = 197 k\Omega$

即应串联197kΩ的电阻，才能将表头改装成量程为10V的电压表。

4. 电阻并联分流

若将几个电阻元件都接在两个共同端点之间，这种连接方式称为并联。图1-17所示的电路是由三个电阻并联组成的。

并联的基本特点如下：

1）并联的各个元件承受同一电压U。

2）流过并联各支路的电流之和，等于并联电路总电流 I。
在图 1-17 所示的并联电路中有
$$I = I_1 + I_2 + I_3 \tag{1-10}$$
根据以上特点和欧姆定律，可求得并联等效电导为
$$G = G_1 + G_2 + G_3 \tag{1-11}$$
可见，并联电路的等效电导等于各支路电导之和。它的倒数 $R = 1/G$ 称为并联电路的等效电阻。式（1-11）也可写成
$$\frac{1}{R} = \frac{1}{R_1} + \frac{1}{R_2} + \frac{1}{R_3}$$

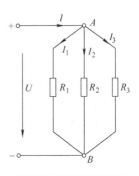

图 1-17 电阻的并联

对于只有两个电阻 R_1 与 R_2 并联的电路，其等效电阻 R 的计算公式为
$$R = R_1 /\!/ R_2 = \frac{R_1 R_2}{R_1 + R_2} \tag{1-12}$$
将式（1-10）等号两边乘以电压 U，得
$$P = UI = UI_1 + UI_2 + UI_3 = P_1 + P_2 + P_3 \tag{1-13}$$
可见，并联电路的总电功率等于各支路电功率之和。

利用欧姆定律可证：
$$I_1 : I_2 : I_3 = G_1 : G_2 : G_3 \tag{1-14}$$
这表明，并联各支路电流与各支路的电导成正比。

还可求得
$$I_1 = \frac{G_1}{G}I = \frac{R}{R_1}I$$
$$I_2 = \frac{G_2}{G}I = \frac{R}{R_2}I \tag{1-15}$$
$$I_3 = \frac{G_3}{G}I = \frac{R}{R_3}I$$

式（1-15）为并联各支路的电流分配公式。$\frac{G_1}{G}$、$\frac{G_2}{G}$、$\frac{G_3}{G}$（即 $\frac{R}{R_1}$、$\frac{R}{R_2}$、$\frac{R}{R_3}$）称为并联分流系数。

对于只有两个电阻 R_1、R_2 的并联电路，两支路的电流可用下式计算：
$$I_1 = \frac{R_2}{R_1 + R_2}I \qquad I_2 = \frac{R_1}{R_1 + R_2}I \tag{1-16}$$

利用并联分流，可以扩大电流表的量程。

例 1-2 M-500 型万用表表头的最大量程 $I_G = 40\mu A$，表头内阻 $R_G = 2k\Omega$，若要改装成最大量程为 10mA 的毫安表，如图 1-18 所示。问分流电阻 R_1 应是多少？

解 已知 $I_G = 40\mu A$，$R_G = 2k\Omega$，$I = 10mA$，代入分流公式 $I_G = \frac{R_1}{R_1 + R_G}I$ 得

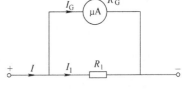

图 1-18 例 1-2 附图

$$40 \times 10^{-6} \text{A} = 10 \times 10^{-3} \times \frac{R_1}{R_1 + 2 \times 10^3 \Omega} \text{A}$$

$$R_1 = \frac{8 \times 10^3}{996} \Omega \approx 8.03 \Omega$$

即分流电阻 R_1 应为 8.03Ω。

【专业指导】 在汽车学习中，数字式万用表在测量电压、电流和电阻方面比指针式万用表更快，读数更精确。

但在电工元件、电子元件和电力电子元件的检测方面，指针式万用表（如 MF47）比数字式万用表要优秀得多，数字式万用表有时甚至是无能为力的，指针式万用表本质是一块电流表，只不过有表示不同物理参数的刻度盘，其电流的测量原理与本例相同。

第二节 电气设备额定值

一、影响电气的工作因素

电路中的连接导线及各种非电热性器件的导电部分都有一定的电阻，有电流流过时，不可避免地有一部分电能变成热能，这些热能通常是不能加以利用的，我们把这部分能量损失称为铜损。由于铜损的存在，降低了电气设备的效率，并使设备的温度升高。电气设备工作时，都规定有最高容许温度。例如，常用的橡胶绝缘导线的最高容许温度为 65℃，电缆的最高容许温度为 50~80℃；电动机的最高容许温度视所用的绝缘材料而定，若为 B 级绝缘，则为 130℃。如果电气设备工作时温度上升过高，超过了最高容许温度，绝缘材料就会很快变脆损坏，使用寿命就会缩短；温度再升高，绝缘材料就开始炭化甚至燃烧起来，毁坏电气设备，造成严重事故。裸导线的最高容许温度，由导线的机械强度因温升而降低的程度来决定。

电气设备开始工作后，温度逐渐升高，同时有部分热量发散到周围介质中去。随着电气设备与周围介质的温度差增大，热量的发散也随之加快，直到单位时间内设备所产生的热量与散发出的热量相等为止。再往后，温度便不再升高，此时电气设备的温度称为稳定温度。电气设备长时间连续工作，稳定温度达到最高容许温度时的电流称为该设备的额定电流，也就是电气设备长时间连续工作的最大容许电流。电气设备长时间连续工作的电流，不应当超过它的额定电流，否则电气设备将因过度发热而缩短寿命或烧毁。各种电气设备在正常工作时，达到稳定温度所需要的时间有长有短，导线约几分钟，电动机为几小时。工作电流短时间超过额定值还是允许的，具体规定可参阅有关电气设备的运行规程。

二、电气设备额定值

电气设备中绝缘材料的使用寿命除受温度影响外，还取决于所加的电压，如电压太高，则可能导致绝缘材料的击穿。而且通过电气设备的电流也与所加电压密切有关，因此，为了限制电气设备中的电流不致过大并保证绝缘材料的安全使用，加在电气设备上的电压有一定的限额，称为该设备的额定电压。

电气设备的额定值都在铭牌上标出，使用时必须遵守。

电气设备在设计制造时，一般都规定了它的额定电压和额定电流。但某些只具有电阻的器件，其电流与电压有正比例的关系，只需给出其中一项就够了。例如，白炽灯泡只规定额定电压，而变阻器只规定额定电流。

直流电路中，额定电压与额定电流的乘积就是用电器的额定功率。如果加在用电器上的电压等于额定值，则通过的电流一般也就等于额定电流，此时该器件实际消耗的电功率就等于额定电功率。但是，用电器实际消耗的电功率是由实际使用的条件（如实际获得的电压）来决定的，一般地说，不一定恰好等于额定功率。

例 1-3　额定值为 220V、2kW 的一只电炉，接到电压为 220V、内阻为 0.8Ω 的电源上。求：电炉的实际功率；内电路损耗功率；电源供给功率。并问在 30min 内，电炉与电源内部各产生多少热量？

解　已知 $U_N = 220\text{V}$、$P_N = 2\text{kW}$、$E = 220\text{V}$、$R_0 = 0.8\Omega$、$t = 30\text{min}$，可由额定值求得电炉丝的电阻为

$$R = \frac{U_N}{I_N} = \frac{U_N^2}{P_N} = \frac{220^2}{2000}\Omega = 24.2\Omega$$

据全电路欧姆定律，求得电路中的实际电流为

$$I = \frac{E}{R + R_0} = \frac{220}{24.2 + 0.8}\text{A} = 8.8\text{A}$$

电炉的实际功率为

$$P_L = RI^2 = 24.2 \times 8.8^2 \text{W} \approx 1874\text{W}$$

内电路损耗功率为

$$P_0 = R_0 I^2 = 0.8 \times 8.8^2 \text{W} \approx 62\text{W}$$

电源供给功率为

$$P_S = EI = 220 \times 8.8\text{W} = 1936\text{W}$$

或

$$P_S = P_L + P_0 = 1874\text{W} + 62\text{W} = 1936\text{W}$$

电炉在 30min 内产生的热量为

$$Q = W = RI^2 t = 1874 \times 30 \times 60 \text{J} = 3.373 \times 10^6 \text{J}$$

电源内部产生的热量（导致电源温度升高）为

$$Q_0 = W_0 = R_0 I^2 t = 62 \times 30 \times 60 \text{J} = 1.116 \times 10^5 \text{J}$$

电炉实际电功率未达到额定值（2kW）的原因是电炉获得的实际电压未达到额定值（220V）。实际电压为

$$U = RI = 24.2 \times 8.8 \text{V} = 213\text{V}$$

人们常说："负载大小"这一电工术语，其就是指负载实际电功率的大小。在电压一定的情况下，负载大小又指通过负载的电流大小。对于只含电阻的负载，当电压一定时，负载的电阻越小，通过的电流和消耗的功率就越大；反之，负载的电阻越大，负载就越小。

【专业指导】　荒山上的两台风力发电机

在荒山上有两台风力发电机，两台发电机都没有任何故障，且结构相同，受到的风也相同，一个转得很快，一个转得较慢，试问哪台发电机在发电或发电量更多？

汽车上发电机的发电量取决于负载的大小。将汽车上除起动机以外的所有用电器全部打开，例如，打开前照灯远光、雾灯、空调鼓风机等非间歇工作负载（当被打开工作后，不

会自动间歇停止工作），发电机发出的电流应相应增加，这个操作可作为测试发电机性能的一个方法。测量一下蓄电池负极导线的电流，算一算汽车电器全打开时的用电功率和是多少，哪些是间歇性负载。

第三节　电路的工作状态

电路有三种可能的工作状态：通路、断路和短路。

一、通路（负载工作状态）

通路就是电源与负载接成闭合回路，即图 1-19 所示电路中开关 S 闭合时的工作状态。

短距离输电导线的电阻很小，常忽略不计，于是负载的电压 U_L 就等于路端电压 U，即

$$U = U_L = \frac{R}{R + R_0}E \tag{1-17}$$

若输电导线较长，就应当考虑它的电阻。实用上，为了简化电路计算，常用等值的集中电阻来代表实际导线的分布电阻，如，图 1-19 中用虚线表示的电阻 R_l（其中下标 l = Load 负载）。

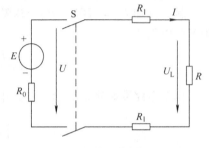

图 1-19　通路示意图

输电导线的横截面积应依据线路上的容许电压损失（一般规定为额定电压的 5%）和最大工作电流适当选定，截面过细则导线上的电压损失太大，过粗则浪费材料。

电气设备接入额定电压，流过额定电流的工作状态，称为额定工作状态，也称满载。满载时的电功率等于额定功率。如果由于某种原因，电流超过额定值，即实际功率超过额定功率，这种状态称为过载状态，简称过载。长时间过载是不允许的，而短时间过载往往是不可避免的。实际功率在额定值 50% 以下时一般可称为轻载，实际功率为额定值 80% 以上时一般可称为重载。

二、断路（开路）

断路就是电源与负载没有接通成闭合回路，即图 1-19 电路中开关 S 断开时的工作状态。断路状态相当于负载电阻等于无穷大，电路的电流为零，即

$$R = \infty,\ I = 0 \tag{1-18}$$

此时，电源不向负载供给电功率，即

$$P_S = 0,\ P_L = 0 \tag{1-19}$$

这种情况称为电源空载。电源空载时的端电压称为断路电压或开路电压，电源的开路电压 U_{OC} 就等于电动势 E（其中下标 OC = Open Circuit，译为断路）：

$$U_{OC} = E$$

例如，图 1-20 所示电路中装有一只单刀单掷开关 S（S = Switch，译为开关），S 断开，它的两个端钮 A 与电源正极、B 与电源负极等电位，故

$$U_{AB} = U_{OC} = E$$

此时，负载电阻 R 上的电压和电流均为零。

【专业指导】 在汽车电路中，断路但不彻底，断路点仍存在一定的接触时会产生接触电阻，也被称为虚接，当接触电阻电流较大时，电路中的负载将不能工作，同时接触电阻会发热，在断路点处熔化外部的金属或使塑料制品的产生变形或火灾。例如汽车灯光开关变形或冒烟，ABS 线束和 ABS 控制单元虚接引起的失火等。

另外，雨水从外观后镜线束流到线束接头上，可能造成水隔离供电不良，需要用吹风机吹干后重新插回。

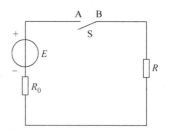

图 1-20 具有单刀单掷开关的电路断路示意图

在钣金车间，断开的线束在这样的环境中，可能造成公母插头表面黏上飘来的车漆，造成供电不良，需要用清洗剂洗过后再重新装回，在这个过程可借助小刷头刷子完成。

三、短路

短路就是电源未经负载而直接由导线接通成闭合通路，如图 1-21 所示。图中折线是指明短路点的符号，电源输出的电流就以短路点为回路而不流过负载。

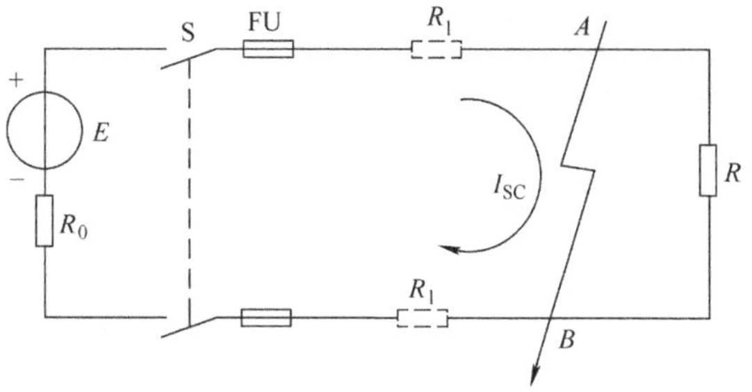

若忽略输电导线的电阻，短路时回路中只存在电源的内阻 R_0，这时的电流为

$$I_{SC} = \frac{E}{R_0} \quad (1-20)$$

图 1-21 短路示意图

I_{SC} 称为短路电流（SC = Short Circuit）。因为电源内电阻 R_0 一般都比负载电阻小得多，所以短路电流 I_{SC} 总是很大。

如果电源短路状态不迅速排除，由于电流热效应，很大的短路电流将会烧毁电源、导线以及短路回路中接有的电流表、开关等，以致引起火灾。所以，电源短路是一种严重事故，应严加防止。

许多短路事故是由绝缘损坏引起的；错误的接线或误操作也常导致电源短路。

为了避免短路故障所引起的严重后果，通常在电路中接入熔断器或自动断路器，以便在发生短路时能迅速将故障电路自动切断。

熔断器的代表符号如图 1-22 所示，它在电路中的安装位置如图 1-23 所示。

图 1-22 熔断器的代表符号

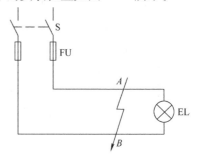

图 1-23 熔断器在电路中的安装位置

熔断器内装有熔丝，俗称保险丝，是由低熔点的合金制成的金属丝或片，电路中一旦发生短路事故，例如在图1-23中，A、B两点间发生短路，很大的短路电流流过熔丝所产生的热量使熔丝迅速熔断，电路即被断开，使电源、开关和输电线免遭损坏。

短路与开路这两个术语不仅能用于电源，也能用于电路中任意一段或某一器件。如某段电路或某一器件因与电源断开，以致无电流流过，也可说该段电路或该器件开路。若某段电路或某器件的两端被一根几乎无电阻的导线连接，以致两端无电压，这也可说是该段电路或该器件被短路。有时由于某种需要，可将电路中的某一段短路，例如电动机起动时，为了避免过大的起动电流损坏电流表，可在起动时间内用一个开关将电流表短路，如图1-24所示。为了区分"事故短路"和"有用短路"，我们将后者称为短接。

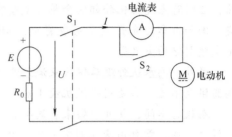

图1-24 电流表被短接

【专业指导】 在汽车电路中，开路也称为断路，断路点可发生在电路环节的任何一点，而短路只发生在负载的正极导线上。

短路的特点是熔丝会熔断或断路器断开，电路中不会失火，所以不要说轻易说是短路造成的火灾。只有在熔丝前发生的正、负极导线短路才会引起电路火灾或电池爆炸。

第四节　电路中的电位计算

一、参考点

电路中各点电位是相对的物理量，若不选定参考点，就只能比较两点电位的高低，而无从确定各点的电位值。参考点的电位通常规定为零，所以参考点又叫作零电位点。零电位点可以任意选定，但为了统一，习惯上取大地为参考点，即认为大地的电位为零，这是因为大地容纳电荷的能力非常强，它的电位很稳定，不受局部电荷量变化的影响。这个道理与地理上计算高度常选定海平面为起点是相似的。

电子电路中常取公共点或机壳作为电位的参考点。接地与接公共点（或机壳）的表示符号如图1-25所示。

电路中任意两点间的电压值与参考点的选择无关。

分析电子电路，电位的讨论与计算具有重要意义。因为，往往不仅要知道电路中两点间的电压，还要比较两点电位的高低；而且讨论电位一般要比讨论电压方便一些，例如电路中有5个不同的点，任何两点之间都有一定的电压，若用电压来讨论就要涉及10个不同的电压，但若用电位来讨论，只要任意指定其中一个点作为参考点，仅讨论其余4个点的电位就够了。

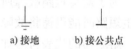

图1-25　接地与接公共点（或机壳）的表示符号

二、参考点计算

要计算某点的电位，简单地说，就是从该点出发，沿着任选的一条路径"走"到零电位点，该点的电位就等于"走"这条路径所经过的全部电位降（即电压）的代数和。具体方法和步骤如下：

1) 若电路中没有已知的接地点，则可任意选取一个零电位点。

2) 标出电源和负载的极性：设已知电源电动势 E 的方向，就按 E 的方向是从负极指向正极的原则标出电源的正、负极。对于负载，设已知其电流方向，则将电流入端标为正极，出端标为负极。正、负极只是就一个器件（电源或负载）的两端相对而言的，正极是该器件的高电位端，负极是它的低电位端。

3) 求 A 点电位时，就选定一条从 A 点到零电位点的路径（尽可能选最简单的路径）；从 A 点出发沿此路径"走"到零电位点，一路上经过的无论是电源还是负载，只要是从器件的正极到负极，就取该电位降为正值，反之就取负值。然后将所经过的全部电位降相加（代数和），就得到 A 点的电位。

现以图 1-26 所示电路为例，D 点是参考点，各器件的极性已按 E 或 I 的方向标出如图所示。求 A 点的电位时，可选定 $A \rightarrow E_1 \rightarrow D$ 这条最简单的路径，只经过一个器件（即电源 E_1）。显然，A 点电位就等于正的 E_1，即

$$V_A = E_1$$

再求 B 点的电位，选取路径 $B \rightarrow R_3 \rightarrow D$，也是从正极到负极，故此电压 $R_3 I_3$ 也取正值，得

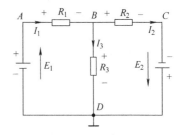

图 1-26 电位分析举例

$$V_B = R_3 I_3$$

最后求 C 点的电位，选取路径 $C \rightarrow E_2 \rightarrow D$，经过 E_2 时是从负极"走"到正极，即 C 点电位低于 D 点电位，故此电位降应取负值，即

$$V_C = -E_2$$

必须指出：参考点选定后，电路中各点电位就有了确定值，而与计算电位时选择的路径无关。因此，上面求 A、B、C 三点电位也可经过其他路径来计算，结果完全相同。例如，C 点电位可通过三条不同的路径求出，即

$$V_C = -E_2 = -R_2 I_2 + R_3 I_3 = -R_2 I_2 - R_1 I_1 + E_1$$

例 1-4 如图 1-27 所示晶体管电路中，$E_C = 15\text{V}$，$R = 3\text{k}\Omega$，电源内阻忽略不计。若 $I = 4\text{mA}$，求 A、C 两点的电位。

解 求 A 点电位，选路径 $A \rightarrow E_C \rightarrow E$，经过 E_C 时由负极到正极，故 $V_A = -E_C = -15\text{V}$；求 C 点电位时，可将 C、A 间的电压 U_{CA} 加到 V_A 上求得，即

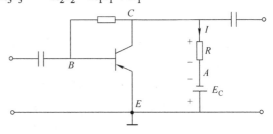

图 1-27 例 1-4 附图

$$V_C = U_{CA} + V_A = RI + V_A = 3 \times 10^3 \times 4 \times 10^{-3} \text{V} - 15\text{V} = -3\text{V}$$

可见，A、C 两点的电位都比参考点（E）的电位低。

【专业指导】 在汽车电路中，用数字式万用表测电压时，黑表笔实际上就是参考表笔，因为红表笔的电压是相对黑表笔而言的。

第五节　电路的基本定律

一、电路基本定律有哪些

电路的基本定律，除欧姆定律外，主要还有基尔霍夫电流定律与基尔霍夫电压定律。

凡运用欧姆定律和电阻串、并联公式就能求解的电路都称为简单电路；否则，就是复杂电路。求解复杂电路时，一般要应用基尔霍夫的两条定律，它们不仅适用于简单电路，也适用于复杂电路。

这里先介绍几个名词：支路、节点和回路。

电路中每一段不分支的电路，称为支路，如图 1-28 中 CD、$CGFD$、$CABD$ 都是支路。电路中三条或三条以上支路相交的点，称为节点，如图 1-28 中的 C、D 都是节点。电路中任一闭合路径称为回路，如图 1-28 中 $BACDB$、$CGFDC$、$BACGFDB$ 都是回路。

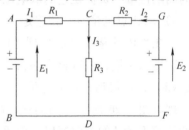

图 1-28　复杂电路

二、基尔霍夫电流定律

基尔霍夫电流定律又称为基尔霍夫第一定律（Kirchhoff's Current Law，KCL）：对电路中任一节点来说，流入节点的电流总和等于从该节点流出的电流总和，即

$$\sum I_I = \sum I_O \tag{1-21}$$

例如，就图 1-28 中的节点 C 来说，可写成

$$I_1 + I_2 = I_3$$

设流入节点的电流为正，流出节点的电流为负，则对图 1-28 的节点 C 来说，也可写成

$$I_1 + I_2 + (-I_3) = 0$$

因此，式（1-21）又可写成

$$\sum I = 0 \tag{1-22}$$

这就是说，在电路的任一节点上，电流的代数和为零。

基尔霍夫电流定律实质上是说明了电流的连续性：因为电流是电荷连续运动形成的，电路中任一节点都不可能持续不断地聚积电荷；如果 $\sum I > 0$，则表示流入该节点的电流大于流出的电流，这意味着正电荷 $q = (\sum I) \cdot t$ 持续不断地聚积于该节点，从而使该节点的电位不断升高；反之，若 $\sum I < 0$，则该节点的电位就会不断降低。显然，这两种情况都是不应发生的，因为电位的升降势必引起电压与电流的改变，而我们讨论的电路是稳恒状态的电路，即电路中各支路电压与电流都是稳定不变的。

基尔霍夫电流定律适用于节点,也可推广应用于某些闭合区域——称为广义节点。例如图1-29中,可将晶体管看作一个广义节点S,根据$\sum I=0$,有

$$I_B + I_C - I_E = 0$$

如已知发射极电流$I_E = 1\text{mA}$,集电极电流$I_C = 0.98\text{mA}$,则基极电流为

$$I_B = I_E - I_C = 0.02\text{mA}$$

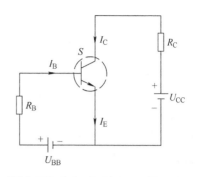

图1-29 晶体管可等效为广义节点S

【专业指导】 可用基尔霍夫电流定律解释,在电动汽车中变频器的三相输出中,为什么三相电机U、V、W三相中,只有两相上加装了电流传感器。

三、基尔霍夫电压定律

基尔霍夫电压定律又称克希荷夫第二定律(Kirchhoff's Voltage Law,KVL):对电路中任一回路来说,电动势(电位升)的代数和等于电压降(电位降)的代数和,即

$$\sum E = \sum U \tag{1-23}$$

如果电路中的电压降都是电阻电压降,则式(1-23)也可写成

$$\sum E = \sum RI$$

例如,就图1-28中的回路$ACDBA$而言,按顺时针方向循行一周,可写出方程为

$$E_1 = R_1 I_1 + R_3 I_3$$

对回路$ACGFDBA$,也顺时针循行一周,得

$$E_1 - E_2 = R_1 I_1 - R_2 I_2$$

应用基尔霍夫电压定律列方程时,式中各项符号的正负,按下述原则确定:

1)回路循行的方向可任意选择,顺时针或逆时针均可。

2)电动势正负号的确定:先假定各电动势的正方向(若电动势实际方向已知,可选定正方向与实际方向一致;否则,可任意假定正方向),若正方向与回路循行方向相同,则该电动势取正号,相反则取负号。

3)电压降正负号的确定:先假定各回路电流的正方向,若正方向与回路循行方向相同,则该支路上的电压降取正号,相反时取负号。

若将电动势(电位升)改用电压降来表示,即将式(1-23)中的$\sum E$移到和$\sum U$在等号的同一侧,成为$\sum(-E)$,其中各项$(-E)$都成为电压降,便可合并到$\sum U$中去,故式(1-23)也可表达为

$$\sum U = 0 \tag{1-24}$$

即,基尔霍夫电压定律也可表述为沿回路循行一周,电压降的代数和等于零。

在应用式(1-24)列方程时,上述符号规则的第2)条应改述如下:若电动势的正方向与回路循行方向相同,就是该电压降($U = -E$)的正方向与循行方向相反,故该电压降应取负号;反之,则该电压降取正号。

基尔霍夫电压定律实质上是说明电位的单值性：在稳恒电路中，参考点确定之后，每一点都具有确定不变的电位值。换言之，单位正电荷沿任一闭合回路绕行一周又回到原出发点时，它所获得的电位能（电位升）应该等于它失去的电位能（电位降），只有这样，绕行前、后单位正电荷在出发点具有的电位能（即该出发点的电位）才能保持一定值。

【专业指导】 基尔霍夫电流定律和电压定律是电工电子学仿真测量中的基础定律，比如 Multisim 和 ISIS Professional 两个电工电子仿真软件。

例 1-5 在图 1-28 的电路中，已知 $R_1 = 20\Omega$，$R_2 = 5\Omega$，$R_3 = 6\Omega$，$E_1 = 140V$，$E_2 = 90V$。求各支路电流 I_1、I_2、I_3，并验证电源输出的电功率等于各电阻上消耗的电功率之和。

解 图 1-28 电路中有三条支路和两个节点。

（1）先假定各支路电流的正方向如图所示。

（2）根据 KCL 列出节点电流方程，由节点 C 得

$$I_1 + I_2 - I_3 = 0$$

（3）根据 KVL 可列出两个回路的电压方程，沿回路 ACDBA 得出

$$140 = 20I_1 + 6I_3$$

沿回路 GCDFG 得

$$90 = 5I_2 + 6I_3$$

（4）解方程组得

$$I_1 = 4A, \ I_2 = 6A, \ I_3 = 10A$$

（5）为了验证结果正确与否，可根据 KVL 列出以前尚未列过的回路方程，将计算结果代入这个新的回路方程。若方程式满足，则说明计算结果无误。现本例题中取新回路 ACGFDBA，得

$$E_1 - E_2 = 20I_1 - 5I_2$$

将计算结果代入，即

$$140V - 90V = 20 \times 4V - 5 \times 6V$$
$$50V = 50V$$

验证结果无误。

（6）验证功率平衡：

电源 E_1 输出的功率为

$$P_1 = E_1 I_1 = 140 \times 4W = 560W$$

电源 E_2 输出的功率为

$$P_2 = E_2 I_2 = 90 \times 6W = 540W$$

电源输出的总功率为

$$P_S = P_1 + P_2 = 560W + 540W = 1100W$$

R_1 消耗的功率为

$$P_{R1} = R_1 I_1^2 = 20 \times 4^2 W = 320W$$

R_2 消耗的功率为
$$P_{R2} = R_2 I_2^2 = 5 \times 6^2 \text{W} = 180 \text{W}$$
R_3 消耗的功率为
$$P_{R3} = R_3 I_3^2 = 6 \times 10^2 \text{W} = 600 \text{W}$$
三个电阻消耗的总功率为
$$P = P_{R1} + P_{R2} + P_{R3} = 320\text{W} + 180\text{W} + 600\text{W} = 1100\text{W}$$
计算结果表明，电源输出的总功率等于所有电阻上消耗的总功率。

例 1-6 将例 1-5 中的数据改为 $R_1 = 5\Omega$，$R_2 = 10\Omega$，$R_3 = 15\Omega$，$E_1 = 180\text{V}$，$E_2 = 80\text{V}$。再计算该题。

解 仿前题列出方程组
$$I_1 + I_2 - I_3 = 0$$
$$180 = 5I_1 + 15I_3$$
$$80 = 10I_2 + 15I_3$$

解之得
$$I_1 = 12\text{A}, I_2 = -4\text{A}, I_3 = 8\text{A}$$

I_2 为负值说明 I_2 的实际方向与图 1-28 中标定的正方向相反。

验证功率平衡：

E_1 的输出功率为
$$P_1 = E_1 I_1 = 180 \times 12 \text{W} = 2160\text{W}$$

E_2 的输出功率为
$$P_2 = E_2 I_2 = 80 \times (-4) \text{W} = -320\text{W}$$

P_2 为负值表明 I_2 与 E_2 实际方向相反，这时"电源"E_2 实际上是在吸取电功率，因而它实质上是负载。或从参考正方向上看：在图 1-28 中，E_2 与 I_2 的正方向已选为一致，现 $P_2 = E_2 I_2 < 0$，表示该电源从电路中吸取电功率。

E_1 与 E_2 输出的总功率为
$$P_S = P_1 + P_2 = 2160\text{W} + (-320)\text{W} = 1840\text{W}$$

三个电阻上消耗的总功率为
$$P_L = P_{R1} + P_{R2} + P_{R3} = R_1 I_1^2 + R_2 I_2^2 + R_3 I_3^2 = 720\text{W} + 160\text{W} + 960\text{W} = 1840\text{W}$$

任何复杂电路都可应用基尔霍夫定律求解。一般办法是，先指定若干个独立变量并列出足够数目（与独立变量的个数相同）的独立方程，然后解方程组即可。

前两例的求解，都是指定各支路电流为独立变量，这种方法叫作支路电流法。现将支路电流法的方法与步骤总结如下：

1) 指定各支路电流为独立变量，在电路图中标定它们的正方向，同时标定各电动势的正方向。

2) 根据 KCL 列出节点电流方程。若节点数为 n 个，则可列出 $(n-1)$ 个独立方程（因为第 n 个节点的电流方程可由已列出的方程推导出来，不具有独立性）。如前例中有两个节点，只能列出 2－1＝1 个独立的电流方程。

3) 根据 KVL 列出其余不足的方程。列回路电压方程时应注意方程的独立性，即每列一个回路方程，回路中至少应包含一条新的支路（即以前列出的回路方程均未包含过的支路），则所得回路方程必然具有独立性。

4) 解方程组，求出未知的支路电流或其他未知量。

5) 验证计算结果时，可选取未列过的回路方程，然后将计算结果代入方程，若方程满足，则证明结果正确，否则必有错误。

思考题与习题

一、思考题

1-1 图 1-30 中的各方框均表示闭合电路中的某一电气器件。图中标出的极性和方向，都是实际极性和实际方向。试判断哪些是电源？哪些是负载？

1-2 图 1-31 中的各图都表示处于通路状态的电阻负载 $R=5\Omega$。图中标出的方向都是参考正方向。试写出未知各量的值（注意正负号），并标明 A、B 两端的实际极性（电位较高的标"＋"，电位较低的标"－"）。

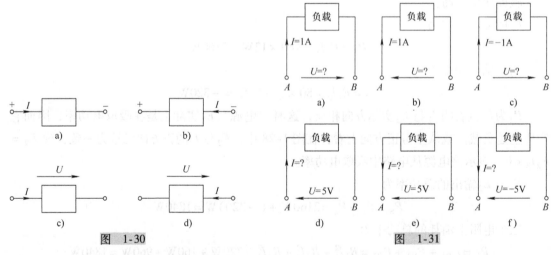

图 1-30

图 1-31

1-3 图 1-32 中的各方框均表示处于通路状态的电压源，内阻很小，可忽略不计，图中标明的方向是参考正方向。试写出未知各量的值（注意正负号）；标明 A、B 两端的实际极性；指出哪些是电源、哪些是负载，输出电功率各是多少。

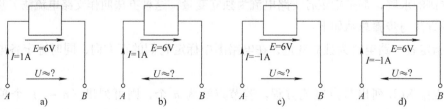

图 1-32

1-4　说明电路中的电位升降与能量转换的关系。

1-5　有人认为电流大的负载电功率一定大，对吗？一个220V、40W的灯泡，显然比手电筒的小电珠（2.5V、0.3A）要亮得多，这只40W灯泡的电流是否比这只小电珠的电流大呢？计算出这只灯泡的额定电流以及小电珠的额定电功率，分别进行比较。

1-6　有三个电阻：$R_1 > R_2 > R_3$；将它们串联或并联接到电压为 U 的电源上。试就这两种情况分别说明：哪一个电阻消耗的电功率最大？

1-7　有两个电阻：设 $R_1 \gg R_2$，试证明：

（1）它们的串联等效电阻 $R \approx R_1$。

（2）它们的并联等效电阻 $R \approx R_2$。

1-8　在如图1-33a、b所示电路中，开关S闭合之前和闭合之后，B 点的电位各为多少？电流的路径是怎样的？

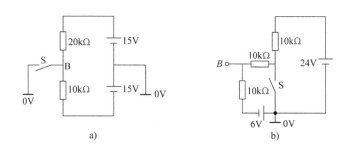

图 1-33

1-9　做电工实验时，如果误将电流表作为电压表来使用，会产生什么后果？为什么？

1-10　图1-34是用伏安计法测量电阻的两种接线图。因为电流表内阻很小而电压表内阻很大，所以，可由电流表和电压表的读数求得被测电阻阻值为

$$R_X \approx U/I$$

试说明：接线图1-34a适用于测量阻值较大的电阻；接线图1-34b适用于测量阻值较小的电阻。

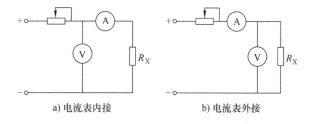

图 1-34

二、习题

1-1 在如图 1-35 所示电路中,刀开关闭合之前,电压表读数 $U_1 = 12V$;刀开关闭合之后,电压表读数 $U_2 = 10V$,电流表读数 $I = 3A$。试求电源电动势 E、电源功率 P_S、负载功率 P_L、内部损失功率 P_0。

1-2 有一个表头(仪表测量机构),量程(容许通过电流的限度)$I_G = 100\mu A$,内电阻 $R_G = 1k\Omega$。如果要把它改装成量程为 3V、30V 及 300V 的多量程电压表,如图 1-36 所示。试计算 R_1、R_2 及 R_3。

1-3 在如图 1-37 的电路中,$R_1 = 100\Omega$,$R_2 = 400\Omega$,$R_3 = 300\Omega$,$R_4 = 200\Omega$,$R_5 = 120\Omega$。求开关 S 断开与闭合时 A、B 之间的等效电阻。

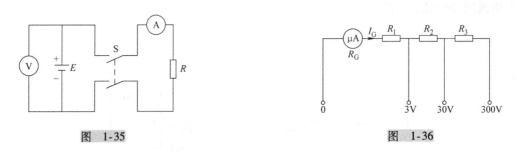

图 1-35　　　　　　　　　　　　　图 1-36

1-4 一只 220V、100W 的白炽灯泡。试求其额定电流与灯丝电阻。若电源电压升到 240V,求实际功率。

1-5 电路如图 1-38 所示,已知电源端电压 $U = 10V$,$R_1 = 2\Omega$,$R_2 = 4\Omega$,$R_3 = 1\Omega$,$R_4 = 6\Omega$,$R_5 = 6\Omega$,$R_6 = 2\Omega$。试计算 A、B、C 三点的电位。

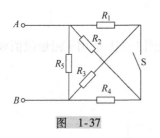 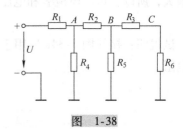

图 1-37　　　　　　　　　　　　　图 1-38

1-6 电路如图 1-39 所示,已知 $E_1 = 18V$,$R_{01} = R_{02} = 1\Omega$,$E_3 = 5V$,$R_1 = 4\Omega$,$R_2 = 2\Omega$,$R_3 = 6\Omega$,$R_4 = 10\Omega$;电压表的读数是 28V。求 E_2 以及 A、B、C、D 各点的电位。

1-7 电路如图 1-40 所示,$E_1 = 230V$,$E_2 = 214V$,$R_{01} = 1.2\Omega$,$R_{02} = 2\Omega$,$R_L = 0.4\Omega$,$R = 110\Omega$。试应用基尔霍夫定律求各支路电流;并说明 E_1 与 E_2 各起何种作用(是电源还是负载)?

1-8 电路如图 1-28 所示,已知 $E_1 = 40V$,$E_2 = 32V$,$R_1 = 10\Omega$,$R_2 = 4\Omega$,$R_3 = 20\Omega$。试求各支路电流 I_1、I_2、I_3,并验证电源输出的功率等于各电阻上消耗的功率之和。

1-9 将题1-8中的E_2改为16V，其余已知数据均不变，再计算此题。与前题比较E_2的作用。

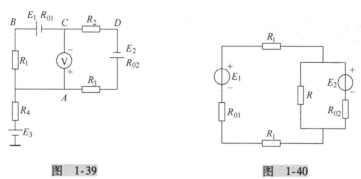

图 1-39　　　　　　　　　　　图 1-40

第二章 正弦交流电路

> **情境引入**

小林在初中和高中时物理学得很好，用欧姆定律计算电路的电压、电流和功率是他的长项。但是以前的电源是直流电源，本章的电源为交流电源，同时初中、高中的用电器（负载）是电阻，没有电容和电感这两个元件。在有电容和电感的电路中，直流电路和交流电路中电容和电感阻碍电流的效果是不同的。

老师说本章是全书仅有的较难的计算了，不过小林准备接受挑战，为以后的交流计算打好基础。

> **知识目标**

1) 能说出交流的描述量都有什么。
2) 能说出单相220V交流电的有效值是多少，峰值是多少。
3) 能说出三相380V交流电的有效值是多少，峰值是多少。
4) 能说出单相36V交流电的有效值是多少，峰值是多少。
5) 能进行纯电容电路的计算。
6) 能进行纯电感电路的计算。

> **技能目标**

1) 能用万用表测量单相交流电的有效值，并解释测量结果。
2) 能用万用表测量三相交流电的有效值，并解释测量结果。
3) 能用万用表测量电阻、电容和电感元件。

第一节 概 述

一、什么是交流电

交变电动势、交变电压、交变电流统称为交流电，其大小与方向随时间做周期性的变化。

现代生产和生活中用电大多属于交流电。交流电在其电能的产生、输送和使用方面，都有很大的优越性。例如，交流供电系统可以利用变压器方便而又经济地升高或降低电压，远距离输电时采用较高的电压可减少线路上电能损失;而用户采用较低的电压,既安全又可降低电气设备的绝缘费用。又如,广泛应用的交流异步电动机与同一功率的直流电动机相比,具有构造简单、价格低廉、运行可靠、维护方便等优点。

目前一些需用直流的场合,如城市交通用的电车,以及工业用的电解和电镀等,也是利用整流设备将交流电转变为直流电。

二、交流电的描述

交流电循环变化一周的时间称为周期,用 T 表示。周期的单位是秒(s)。1s 内含有的周期数称为频率,用 f(frequency)表示。频率的单位是赫兹(Hz),简称赫。由定义可知,频率与周期互为倒数:

$$f = \frac{1}{T} \text{ 或 } T = \frac{1}{f} \tag{2-1}$$

我国发电厂发出的交流电的频率是 50Hz,称为工业标准频率,简称工频。工频交流电的周期 $T = \frac{1}{f} = \frac{1}{50\text{Hz}} = 0.02\text{s} = 20\text{ms}$。扩音机中放大的音频电流,频率约从十几赫到两万赫,其周期约从几十毫秒到 50ms。

对应于某一时刻 t 交变电流的值 i 称为该电流在 t 时刻的瞬时值。例如,设 $t = t_1$ 时 $i = i_1$;$t = t_2$ 时 $i = i_2$,…,则 i_1、i_2、…就是对应时刻 t_1、t_2、…的电流瞬时值。一般地,电流 i 是时间 t 的函数:$i = i(t)$。规定用小写字母表示交流电的瞬时值,交变电动势、交变电压分别用 e、u 来表示。在一个周期内,交流电瞬时值出现的最大绝对值称为最大值或振幅(有时也称幅值或峰值)。最大值用大写字母加下标 m 来表示,如 E_m、U_m、I_m。

电工技术中普遍采用随时间按正弦规律变化的交流电,称之为正弦交流电。正弦交流电可用正弦曲线表示,如图 2-1b 所示。由于交流电的方向是周期性变化的,我们必须在电路中事先选定交流电的正方向,如图 2-1a 电路图中的两箭头分别指示 e 和 i 的正方向。当电流瞬时值为正值,即电流方向与其正方向一致时,曲线就处于横坐标轴的上方;当电流瞬时值为负,即其方向与正方向相反时,曲线就处于横坐标轴的下方。

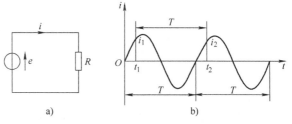

图 2-1 正弦交流电的正方向及正弦曲线

在交流电路中,电流是时刻变化的,这时通过电路横截面的电量 q 与相应时间 t 的比值不是电流的瞬时值,而只是时间 t 内的电流平均值。假设在一段很短的时间 Δt 内有电量 Δq 通过电路的横截面,则比值 $\Delta q/\Delta t$ 是时间 Δt 内通过该截面的电流平均值。当 $\Delta t \rightarrow 0$ 时,这个比值的极限就是通过该截面的电流在该时刻的瞬时值,即

$$i = \lim_{\Delta t \to 0} \frac{\Delta q}{\Delta t} = \frac{dq}{dt} \tag{2-2}$$

【专业指导】 在实际测量中,Δq 和 Δt 是多少,这要取决于测量设备的最小测量时间,当设备的采样时间 Δt 可以很小时,就可以认为 Δt 接近 dt,Δq 接近于 dq,这时 i 即可求出。

第二节 正弦量的基本概念

正弦电动势、正弦电压和正弦电流统称为正弦量。

【专业指导】 基本概念是交流的术语，用术语表述才能表达更清楚，同行技术人员才能清楚理解。

一、正弦量的三要素

图 2-2 所示为正弦量（以电流 i 为例）的一般变化曲线；它与图 2-1b 的不同之处在于计时起点（$t=0$）的选定具有一般性。图中横坐标可有两种标尺：时间 t 及其相应的 ωt。

对应于图 2-2 所示正弦曲线的瞬时值 i 的解析式（即正弦函数表达式）为

$$i = I_m \sin(\omega t + \varphi_0) \tag{2-3}$$

式中，I_m 为正弦交变电流的最大值；ω 为角频率，它与周期 T、频率 f 的关系为

$$\omega = \frac{2\pi}{T} = 2\pi f \tag{2-4}$$

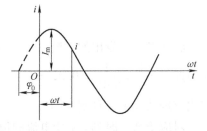

图 2-2 正弦交变电流的一般变化曲线

式中，ω 的单位为 rad/s（弧度每秒）。对于工频（$f=50Hz$）来说，$\omega=314$ rad/s。

角度 $\alpha = \omega t + \varphi_0$ 称为正弦量的相位角，简称相位。相位是研究正弦量必须掌握的一个重要概念，它表示正弦量在某一时刻所处的变化状态，它不仅决定该时刻瞬时值的大小和方向，还决定该时刻正弦量的变化趋势（即是增加还是减少）。

当 $t=0$ 时，$\omega t=0$，此时正弦量的相位角 φ_0 称为初相角，简称初相。初相表示计时开始时正弦量所处的变化状态。图 2-1b 中所绘的正弦曲线是假设初相 $\varphi_0=0$。

初相角的取值范围一般规定为 $-\pi < \varphi_0 < \pi$。

在图 2-3 所示的几个正弦曲线中，初相角都是特殊角：图 2-3a 中 $\varphi_0 = \pi/2$；图 2-3b 中 $\varphi_0 = \pi$；图 2-3c 中 $\varphi_0 = -\pi$。

最大值、角频率（或频率）、初相角合称为正弦量的三要素，它们分别表示正弦交流电变化的幅度、快慢和起始状态；由式（2-3）可以看出，正弦量的瞬时值 i（或 e 或 u）是时间 t 的函数，只要 I_m（或 E_m 或 U_m）、ω、φ_0 这三个常量给定了，这个函数也就完全确定了。

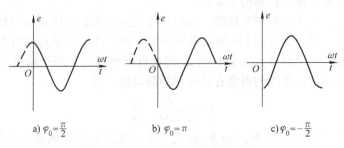

a) $\varphi_0 = \dfrac{\pi}{2}$　　b) $\varphi_0 = \pi$　　c) $\varphi_0 = -\dfrac{\pi}{2}$

图 2-3 初相为几个特殊角的正弦曲线

二、相位差

分析交流电路时,经常会遇到若干个正弦量,不仅要分析它们的数量关系,还必须分析它们的相位关系。通常只需研究几个同频率正弦量之间的相位关系。

【专业指导】 不同发电厂的发电机要给同一个电网供电时,它们的相位差必须是相同的,否则就可能出现一个发电机在发电时,另一个发电机正在用电(吸收电能)的情况。相位差可用来描述一个电路的电压和电流的波形之间的相位之差(本书中多为这种情况),也可以是两个不同电路的相位之差,但这时或是电压相位差比较,或是电流相位差比较。

我们把两个同频率正弦量相位之差称为它们的相位差,记作 φ,即

$$\varphi = (\omega t + \varphi_1) - (\omega t + \varphi_2) = \varphi_1 - \varphi_2 \tag{2-5}$$

可见,两个同频率正弦量的相位差就等于它们的初相角之差。相位差的取值范围通常是 $-\pi < \varphi < \pi$。

若 $\varphi = \varphi_1 - \varphi_2 > 0$,即 $\varphi_1 > \varphi_2$,则表明 e_1 比 e_2 先到达最大值,这种情况称为 e_1 的相位超前于 e_2,或 e_2 的相位滞后于 e_1;若 $\varphi = \varphi_1 - \varphi_2 < 0$。若 $\varphi_1 < \varphi_2$,则 e_1 滞后于 e_2 或 e_2 超前于 e_1;若 $\varphi = \varphi_1 - \varphi_2 = 0$,即 $\varphi_1 = \varphi_2$,这种情况称为 e_1 与 e_2 同相位,简称同相。

若 $\varphi = \varphi_1 - \varphi_2 = \pi$,则 e_1 与 e_2 在相位上相差 π,即当 e_1 到达零时,e_2 也到达零,但 e_1 到达正的最大值时,e_2 却到达负的最大值,而 e_1 到达负的最大值时,e_2 却到达正的最大值,这种情况称为 e_1 与 e_2 反相。

例 2-1 已知电动势 $e = E_m \sin\left(\omega t + \dfrac{\pi}{4}\right)$,频率 $f = 50\text{Hz}$,$i = I_m \sin\omega t$。试求 e 与 i 之间的相位差。

解 相位差为

$$\varphi = \frac{\pi}{4} - 0 = \frac{\pi}{4}$$

即电动势 e 比电流 i 导前 $\dfrac{\pi}{4}$。

第三节 交流电的有效值

一、交流电有效值

交流电的瞬时值随时间而变化,不便于用它来计量交流电的大小。我们希望有一种能表示交流电大小的量值,因而引入有效值的概念。我们规定:如果一个交流电流,流过一个电阻,在一个周期时间内产生的热量和某一直流电流,流过同一电阻、在相同时间内所产生的热量相等,那么这个直流电流的量值就称为该交流电流的有效值。简而言之,交流电流的有效值就是热效应与它等同的直流值。交流电的有效值用大写字母 I、U、E 表示。

正弦量的有效值等于它最大值的 $\dfrac{1}{\sqrt{2}}$,即

$$I = \frac{I_m}{\sqrt{2}} \approx 0.707 I_m \tag{2-6}$$

正弦电压、正弦电动势的有效值为

$$U = \frac{U_m}{\sqrt{2}}, \quad E = \frac{E_m}{\sqrt{2}} \tag{2-7}$$

我们所说交流电的大小，通常就是指它们的有效值；交流电流表与电压表的读数是指有效值；交流电机和电器的额定电压、额定电流也都是有效值。因为有效值与最大值只相差一个比例常数，所以绘制矢量图时一般可不采用最大值作为旋转矢量的长度，而采用有效值。

二、计算例

例 2-2 设电路中电流 $i = I_m \sin\left(\omega t + \frac{2\pi}{3}\right)$，已知接在电路中的电流表读数为 1.3A，求 $i = 0$ 时 i 的瞬时值。

解 已知电流有效值 $I = 1.3\text{A}$，故最大值为

$$I_m = \sqrt{2} I \approx 1.414 \times 1.3\text{A} \approx 1.84\text{A}$$

当 $i = 0$ 时，电流的瞬时值为

$$i_0 = I_m \sin \frac{2\pi}{3} \approx 1.84 \times 0.866\text{A} \approx 1.6\text{A}$$

第四节 电阻、电感和电容

交流电路中的负载，除耗能元件电阻之外，还有储能元件电感和电容。电感线圈通常可以忽略它的电阻，所以把电感线圈接入直流电路中相当于短路。电容器的两极板之间是绝缘的，所以，电容器接入直流电路中，仅在接通的瞬间有短暂的充电电流，而稳态时相当于断路。但是，把电感线圈或电容器接入交流电路中，情况就不一样了。因此，在交流电路中起作用的共有三种参数：电阻 R、电感 L 和电容 C。本节将对这三种基本元件在交流电路中的作用分别——概述；并对电容器在直流电路中的充电和放电过程加以讨论。

一、电阻元件

如图 2-4 所示，假定交变电压 u 与交变电流 i 的正方向相同，根据欧姆定律得

$$i = \frac{u}{R} \quad \text{或} \quad u = iR \tag{2-8}$$

即电阻元件上电压、电流的瞬时值之间存在线性关系。

将式（2-8）两边乘以 i 并对时间变量进行积分，得

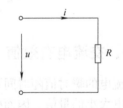

图 2-4 交流电路中的电阻元件

$$\int_0^t u i \, dt = \int_0^t i^2 R \, dt \tag{2-9}$$

式（2-9）表示电能全部消耗在电阻上，转换为热能，故电阻是耗能元件。

二、电感元件

1. 电磁感应定律

奥斯特于 1820 年发现了电流的磁效应，即电流产生磁场；法拉第于 1831 年发现它的逆

效应——电磁感应,即利用运动的磁场来获得电流。运动的磁场也就是变化的磁场,当导体回路所包围的磁通发生变化时,回路中会产生感应电动势和感应电流;或者,导体与磁场之间有相对运动致使导体切割磁力线,也能在导体中产生感应电动势。这两种情况,本质相同,统称为电磁感应。电磁感应定律是近代发电机的理论基础。

有普遍意义的麦克斯韦电磁感应定律具有下列简单的数学形式:

$$e = -N\frac{\mathrm{d}\Phi}{\mathrm{d}t} \tag{2-10}$$

式中,N 为密绕线圈的匝数;Φ 为每匝线圈包围的磁通,单位为韦伯(Wb),简称韦,$1\mathrm{Wb} = 1\mathrm{V} \cdot \mathrm{s}$;$\frac{\mathrm{d}\Phi}{\mathrm{d}t}$ 为 Φ 的时间变化率。

式(2-10)中负号的含义如下:

习惯上约定:感应电动势为正值时,表示回路中磁通方向与电动势方向符合右螺旋关系,如图 2-5a 所示,此时感应电动势是由于原磁通减少$\left(\mathrm{即}\frac{\mathrm{d}\Phi}{\mathrm{d}t}<0\right)$而产生的;感应电动势为负值时,表示回路中磁通方向与电动势方向不符合右螺旋关系,如图 2-5b 所示,此时感应电动势是因原磁通增加$\left(\frac{\mathrm{d}\Phi}{\mathrm{d}t}>0\right)$而产生的。

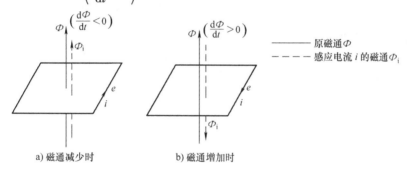

图 2-5 回路中磁通变化时感应电动势的方向

设线圈回路是闭合的,e 将引起感应电流 i,i 与 e 同向。在图 2-5b 所示原磁通增加的情况下,既然 i 与原磁通不符合右螺旋关系,那么 i 的磁通就与原磁通反向,对原磁通的增加起阻碍作用;反之,在图 2-5a 所示原磁通减少的情况下,感应电流 i 的磁通与原磁通方向相同,即阻碍原磁通的减少。综上所述,感应电动势引起的感应电流总是要阻碍回路包围的原磁通的任何变化,这就是式(2-10)中负号的含义。

麦克斯韦电磁感应定律可简述如下:回路中的感应电动势等于回路包围的磁通链($N\Phi$)变化率的负值(采用国际单位制)。

2. 自感

如果通入线圈的电流发生变化,线圈包围的磁通也随之变化,变化的磁通将在线圈中引起感应电动势,这种由回路自身的电流变化引起的电磁感应现象称为自感应现象。

设通电线圈匝数为 N,每匝线圈包围的磁通为 Φ,若线圈是密绕的,则磁通链 Ψ($\Psi = N\Phi$)与电流 i 的比值称为线圈的自感系数,简称自感,又称电感,记为

$$L = \frac{\Psi}{i} \tag{2-11}$$

式中，磁通链 Ψ 的单位为 Wb；电流 i 的单位为 A；电感 L 的单位是 $\dfrac{Wb}{A}=\dfrac{V\cdot s}{A}=\Omega\cdot s$，称为亨利（H），简称亨。

如果一个线圈通过 1A 电流，产生的磁通链为 1Wb，那么这个线圈就具有 1H 的电感。电感较小的单位有

$$1mH = 10^{-3}H, 1\mu H = 10^{-6}H$$

由式（2-11）得

$$\Psi = Li \tag{2-12}$$

应用麦克斯韦电磁感应定律，自感电动势为

$$e_L = -\frac{d\Psi}{dt} = -L\frac{di}{dt} \tag{2-13}$$

式（2-13）是电工学的一个重要公式。应用此式时，规定自感电动势 e_L 的正方向与电流 i 的正方向一致。式（2-13）中负号表示：当电流增加时，即 $\dfrac{di}{dt}>0$，$e_L<0$，此时自感电动势的实际方向与电流反向；当电流减小时，即 $\dfrac{di}{dt}<0$，$e_L>0$，此时自感电动势的实际方向与电流同向。若电流是稳恒的，则 $\dfrac{di}{dt}=0$，$e_L=0$，此时没有自感电动势。

3. 交流电路中的电感元件

设图 2-6a 所示的电感线圈只具有电感 L（其电阻忽略不计），图中各交变量的正方向一般按下述原则选定：电源电压 u 的正方向可以任意选定（在此图中，当 u 为正值时，上端的电位高、下端的电位低），电流 i 的正方向与电压 u 的正方向一致，电流 i 与它产生的磁通 φ 二者的正方向之间应符合右螺旋定则；规定自感电动势 e_L 的正方向与磁通 φ 的正方向之间也符合右螺旋定则。因此，e_L 的正方向与 i 的正方向一致。

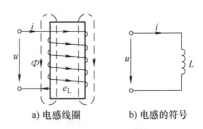

a) 电感线圈　　b) 电感的符号

图 2-6　交流电路中的电感元件

应用基尔霍夫电压定律（如按顺时针循行方向），得

$$e_L = -u \quad 或 \quad u + e_L = 0$$

于是

$$u = -e_L = L\frac{di}{dt} \tag{2-14}$$

式（2-14）就是电感元件上电压与电流的瞬时值之间的基本关系（导数关系式）。怎样理解这个关系式呢？一是理解为交变电流 i 流过电感 L 时，使电感两端出现交变的电感电压降：$u = L\dfrac{di}{dt}$；另一是反过来理解，就是说为了驱使交变电流流过电感 L，必须外加一个交变电压 u，这个电压应与交变电流在线圈中引起的自感电动势 e_L 相平衡：$u = -e_L$。这两种理解实质上是一回事。

将式（2-14）两边乘以 idt，并求积分，得

$$\int_0^t uidt = \int_0^t Lidi = \frac{1}{2}Li^2 \tag{2-15}$$

式中，$\frac{1}{2}Li^2$ 为磁场能量。

当电感元件中的电流 i 增大时，磁场能量增大，此时电流能量转换为磁场能量，即电感元件从电源中吸取能量；当电流 i 减小时，磁场能量减小，此时磁能转换为电能，即电感元件向电源输送能量。综上，电感是储能元件。

三、电容

1. 电容器和电容

电容器是储存电荷的容器，它在电路中也是一种储能元件。凡是用电介质隔开而又互相靠近的两块导体，即构成了一个电容器，这两块导体称为电容器的极板。将电容器的两块极板分别接到直流电源的正、负极上，如图 2-7 所示。在电源电压 U 的作用下，就会有电荷向电容器的极板移动，形成暂时的电流。由于极板间相互

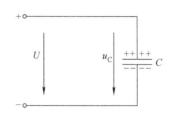

图 2-7 电容器与直流电源接通

绝缘，电荷不能通过，故电荷会聚积在电容器的极板上，与电源正极连接的极板上聚积正电荷，与电源负极连接的极板上聚积等量的负电荷。这个电荷的聚积过程称为电容器的充电过程；反之，电容器极板上电荷的释放过程称为电容器放电过程。

电容器充电过程中，由于极板上聚积着等量的正、负电荷，使极板间建立了电场，产生了电压 u_C，u_C 的作用与外加电压 U 的作用相反，u_C 对电荷的继续聚积起阻碍作用，随着极板上电荷的增多，u_C 越来越大，电路中电荷向极板移动而形成的电流就越来越小。当 $u_C = U$ 时，电路中电流减小为零，于是电容器的充电过程就结束了。这时电容器极板上聚积了一定的电荷 Q（即正极板上电荷为 $+Q$，负极板上电荷为 $-Q$），也就是电容器储存的电荷。这时，电容器两极板间的电压就等于外加电压 U，即使撤去电源，只要两极板不接通，也不去改变电容器的结构，那么，出于正负电荷 $\pm Q$ 相互吸引而不消失，极板间的电压 u_C 仍保持不变。

实验证明，若增加充电电压 U，则充电结束时电容器储存的电荷 Q 也随之正比例增多。即对一定的电容器来说，它储存的电量 Q 与其极板间的电压 U 的比值是一个常数，我们用它来表示电容器储存电荷的能力，称为电容器的电容，记作 C，即

$$C = \frac{Q}{U} \text{ 或 } Q = CU \tag{2-16}$$

电容器的电容在数值上等于使电容器的电压每升高一个单位所需要的电量。若 Q 的单位为库（C），U 的单位为伏（V），则电容 C 的单位是法拉（F），简称法，即

$$1F = 1C/V$$

实际应用时，法拉（F）这个单位太大，通常用微法（μF）或皮法（pF）作单位：

$$1\mu F = 10^{-6}F, 1pF = 10^{-12}F$$

【专业指导】 几千微法容量的电容（比如 3300μF）在电工电子或电力电子上已是大容量电容了。在新能源汽车上采用一种高容量的电容，称为超级电容。在超级电容作为储能装置的电动汽车上，超级电容用法（F）作单位，这种电容器能做到 1000~2000F/kg 以上，法（F）这个单位就不再是大单位了。

电容器的电容 C 与电容器的结构有关。例如，平行板电容器的电容与极板相对着的面积成正比，与极板间的距离成反比，还与极板间的电介质材料有关；在上述各因素均确定之后，平行板电容器的电容 C 就确定了。为了获得较大的电容，就要求极板面积大，而极板间距离小。因此，纸介质电容器通常用绝缘性能较好的电容器纸将两张铝箔（或锡箔）分别隔开再卷制而成。

为了避免电容器使用时被击穿（击穿时电介质失去绝缘作用，电容器损坏），通常在电容器上标明额定工作电压，习称耐压，即电容器长期工作时所能承受的最大电压。实际使用时，电容器两端所加的电压一般应小于额定工作电压。

常用的电容器可分为固定电容器、可变电容器和微调电容器（即半可变电容器）三种。固定电容器的电容不能调节，由于采用的电介质不同，固定电容器又可分为云母电容器、纸介质电容器、陶瓷电容器、有机薄膜电容器、电解电容器等。电解电容器的电容较大，可达几千微法；但耐压较低，且本身具有正负极性，使用时不能接反。

图 2-8 所示为各种电容器的外形图，各种电容器的代表符号如图 2-9 所示。

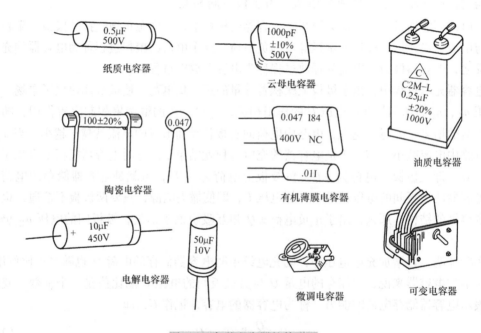

图 2-8　各种电容器的外形图

图 2-9　电容器的代表符号

【专业指导】　常见的有极性电容器有电解电容器和钽电容器，这两种电容器只能接在直流电路中，若接入在交流电路中不久就会损坏。早期的混合动力汽车和纯电动汽车的变频器内部正极和负极线之间采用电解电容器，但经使用后发现在低温环境中，容易出现电解液结晶刺穿绝缘纸的问题。

电容的形成是很容易的，只要在两导体之间隔有电介质就能形成。例如，两条输电线之间隔着空气，就构成了线间电容；输电线与大地之间形成对地电容；电子线路中，晶体管的电极之间存在着极间电容；分布在导线之间、线圈匝间、线圈与机壳之间某些元件之间的分布电容等。这些电容又常称为寄生电容，它们的数值虽然很小，但在工作频率较高的情况下，它们的影响往往不能忽略。例如，工业生产中常用的热工仪表——电子电位差计，其中的分布电容是引进干扰的一个重要原因，必须采取有效的抗干扰措施，才能保证仪表的正常工作和测量精确度。

2. 交流电路中的电容元件

将电容元件的两端接上交变电压，在 u 的正方向如图 2-10 所示的情况下，当电压 u 为正值时，上极板聚积正电荷（$+q$），下极板聚积负电荷（$-q$）。根据式（2-16），极板上的电量 q 随交变电压 u 成正比例变化：$q = Cu$。电量 q 的变化，在电路中就要引起电流，即

$$i = \frac{dq}{dt} = C\frac{du}{dt} \tag{2-17}$$

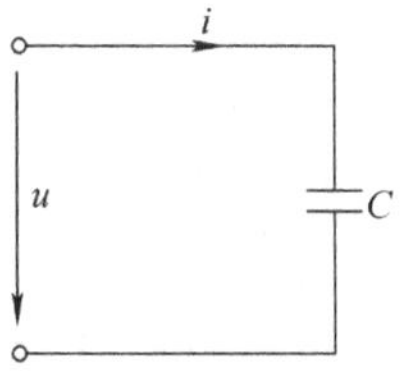

图 2-10 交流电路中的电容元件

式（2-17）就是电容元件上电压和电流的瞬时值之间的基本关系（导数关系式）。式（2-17）是在 u 和 i 的正方向相同的情况下得出的，若 u 和 i 的正方向相反，则应加一负号。

将式（2-17）两边乘以 udt，并求积分，得

$$\int_0^t uidt = \int_0^u Cudu = \frac{1}{2}Cu^2 \tag{2-18}$$

式中，$\frac{1}{2}Cu^2$ 为电容元件极板间的电场能量。

当电压 u 升高时，电场能量增大，此时电容元件从电源吸取电能（充电过程）；当电压 u 降低时，电场能量减小，此时电容元件向电源输送能量（放电过程）。

3. 电容器的充电和放电

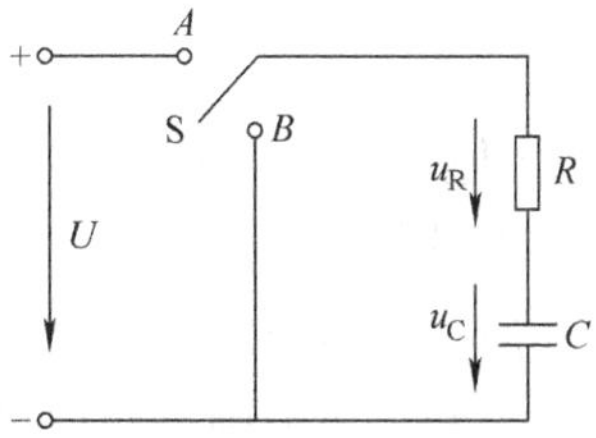

将电容器和电阻串联，组成 RC 串联电路，简称 RC 电路，接入直流电源，如图 2-11 所示。设充电前电容器上的电荷与电压为零，当开关 S 闭合于 A 点时，充电开始 u_C 与 i 都不断变化，但每一瞬时都应有

$$U = u_R + u_C = Ri + u_C$$

即

图 2-11 电容器的充电和放电电路

$$i = \frac{U - u_C}{R} \tag{2-19}$$

将式（2-17）与式（2-19）消去 i，得一元微分方程，即

$$RC\frac{du_C}{dt} = U - u_C$$

解之，并按初始条件（$t = 0$ 时，$u_C = 0$），可得

$$u_C = U(1 - e^{-\frac{t}{\tau}}) \tag{2-20}$$

式中，$\tau = RC$，称为 RC 电路的时间常数，单位为秒（s）。

式（2-20）表明，RC 电路在充电过程中，电容器的端电压 u_C 随时间按指数规律由 0 增加到 U（外加直流电压）。

由式（2-19）及式（2-20）可以导出

$$i = \frac{U}{R} e^{-\frac{t}{\tau}} \qquad (2-21)$$

这表明充电电流 i 按指数规律由 $\frac{U}{R}$ 减小到零。

图 2-12 中的两条指数曲线分别表示 u_C 按指数规律增长和 i 按指数规律衰减的情况。由图可见，u_C 开始上升得很快，后来逐渐变慢；i 开始下降得很快，后来也变慢。

通常认为 $t = 3 \sim 5\tau$ 时，充电过程就基本结束。实际上，当 $t = 3\tau$ 时，$e^{-\frac{t}{\tau}} = e^{-3} \approx 0.05$，则 $u_C \approx U$，$i \approx 0$。综上可知，τ 值越大，充电时间就越长。这是因为，R 越大，初始电流 U/R 越小，充电就越慢；C 越大，最终电量 Q 越大，充电过程就越长。作为极限情况，若 $R = 0$，则 $\tau = 0$，这时电容器充、放电过程将随电压变化而即时完成。

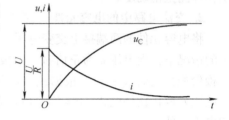

图 2-12 RC 电路充电时 u_C 和 i 的变化曲线

在如图 2-13 所示的电路中，充电结束后，将开关 S 从 A 点合到 B 点，于是电容器通过电阻 R 放电，在闭合回路中形成放电电流，电流方向与充电时相反。随着电容器放电，极板上电荷减少，电容器的电压 u_C 及电路中的放电电流 i 也随之衰减。它们仍都按指数规律衰减：

$$u_C = U e^{-\frac{t}{\tau}} \qquad (2-22)$$

$$i = -\frac{U}{R} e^{-\frac{t}{\tau}} \qquad (2-23)$$

i 为负值表明放电电流的方向与充电电流相反。图 2-13 所示为放电时 u_C 与 i 的变化曲线。

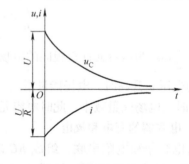

图 2-13 RC 电路充电时 u_C 和 i 的变化曲线

综上所述，电容器的充电过程就是聚积电荷、建立电压、将电流能量转变为电场能量储存起来的过程；放电则是释放电荷、电压衰减、将储存的场能量转变为电流能量（这些电流能量最终在电阻上转变为热能）的过程。因此，充电时电容器起负载作用；放电时电容器起电源作用。

例 2-3 电阻 $R = 5.5 \text{k}\Omega$ 与 $C = 60 \mu\text{F}$ 串联后接到 $U = 220\text{V}$ 的直流电源上充电。试求（1）充电开始时的最大电流；（2）若认为 $t = 3\tau$ 时充电即告结束，求充电过程约需多少时间？

解 （1）充电开始时的最大电流为

$$i = \frac{U}{R} = \frac{220}{5500} \text{A} = 0.04 \text{A}$$

（2）因为时间常数为

$$\tau = RC = 5500 \times 60 \times 10^{-6}\text{s} = 0.33\text{s}$$

故

$$t = 3\tau = 3 \times 0.33\text{s} \approx 1\text{s}$$

即充电过程约需 1s。

【专业指导】 在电动汽车的高压蓄电池给高压用电器供电时，由于高压用电器（如汽车变频器、DC/DC 转换器等在直流母线进线端间放置一个较大容量的电容器，电容器可以提高电源的性能，电容器离用电器越近越好，例如在汽车变频器上，通常将其设计在变频器内。由于此电容器的存在，蓄电池和变频器之间的上电继电器组在上电瞬间会在蓄电池、导线、上电继电器组上会产生很大的电流（电容器在直流充电过程认为没有电阻，即只有线路中的电阻进行限流，所以实际电流会很大）。这个很大的电流会烧毁蓄电池、上电继电器组或导线，所以在上电继电器组上要设计电容器预充电路，电容器预充电路包括预充继电器和预充电阻。工作过程是先让电容器预充电路形成回路，当电容器的电压被充至蓄电池电压的 90% 左右时，一个正式的继电器电路代替电容器预充继电器电路。

第五节 纯电阻电路

在交流电路中，凡是电阻起主要作用的负载，如白炽灯、电阻炉、电烙铁、变阻器等，其电感很小，可忽略不计，则称为电阻元件；仅由电阻元件构成的电路称为纯电阻电路。

一、纯电阻电路中电压与电流的相量关系

有效值（或最大值）关系和相位关系合称相量关系。

图 2-14 所示为纯电阻电路，电压和电流的正方向如图所示。在电阻 R 上加正弦电压 u，其变化曲线如图 2-15 所示，设其初相为零，即

$$u = U_\text{m}\sin\omega t \quad (2\text{-}24)$$

则在电路中有电流 i 通过，根据式（2-8）得

$$i = \frac{u}{R} = \frac{U_\text{m}}{R}\sin\omega t = I_\text{m}\sin\omega t \quad (2\text{-}25)$$

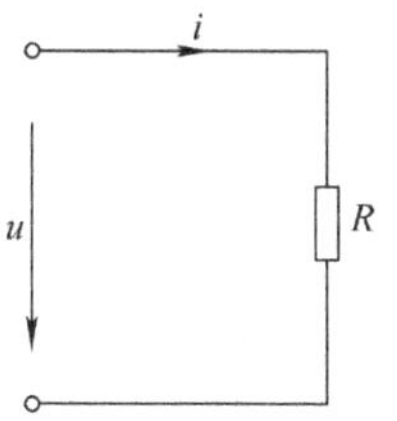

由此得到正弦电流 i 的最大值为

$$I_\text{m} = \frac{U_\text{m}}{R} \quad (2\text{-}26)$$

两边同除以 $\sqrt{2}$，得到电流、电压有效值之间的关系为

$$I = \frac{U}{R} \quad 或 \quad U = RI \quad (2\text{-}27)$$

由式（2-25）还可看出：电流 i 与电压 u 的频率相同；它们之间的相位差等于零，即同相位。

图 2-15 所示为纯电阻电路中电压、电流和功率的曲线图。

通过以上分析得出结论：正弦电压加于纯电阻电路（R）的两端时，电路中就通过同频率的正弦电流；

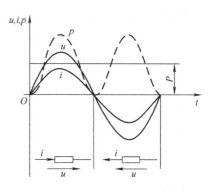

图 2-14 纯电阻电路

图 2-15 纯电阻电路中电压、电流和功率的曲线图

电流与电压同相位；电流和电压的有效值符合欧姆定律：$U = RI$。

二、纯电阻电路中瞬时功率的变化规律和能量转换过程

在交流电路中，电压与电流瞬时值的乘积 ui 称为电功率的瞬时值，简称瞬时功率，用小写字母 p 表示。在纯电阻电路中，电阻上消耗的瞬时功率为

$$p = ui = U_m I_m \sin^2\omega t = \frac{U_m I_m}{2}(1 - \cos2\omega t) = UI + UI\sin\left(2\omega t - \frac{\pi}{2}\right) \quad (2\text{-}28)$$

由式（2-28）可见，p 包含两项：一项是常量 UI，另一项是正弦函数。因此，瞬时功率 p 的变化曲线可以这样画出：先画一条与横坐标轴平行且相距为 UI 的直线；然后把这条直线当作新的横坐标轴，画出正弦波形——它的振幅为 UI、角频率为 2ω、初相为 $-\frac{\pi}{2}$，就是瞬时功率 p 的波形，如图 2-15 中虚线所示。由于电阻上的电压 u 和电流 i 同相位，总是同时为正或同时为负，所以瞬时功率 $p = ui$ 总是正值，这就是说，电阻总是吸取电源供给的电能并转换成热能。

瞬时功率的实用意义不大，通常所说的交流电功率是指平均功率，即在一个周期内瞬时功率的平均值。知道了平均功率，乘以时间就得出一定时间里电阻吸取的总能量，平均功率又称为有功功率，或简称功率，用大写字母 P 表示。它是一个周期内电路吸取的电能 W 与周期 T 的比值，即

$$P = \frac{W}{T} \quad (2\text{-}29)$$

在纯电阻电路中，有

$$W = \int_0^T p\,\mathrm{d}t = \int_0^T U_m I_m \sin^2\omega t\,\mathrm{d}t = UI\int_0^T (1 - \cos2\omega t)\,\mathrm{d}t = UIT$$

所以

$$P = \frac{W}{T} = UI = I^2 R = \frac{U^2}{R} \quad (2\text{-}30)$$

由此得出结论：纯电阻电路消耗的平均功率（有功功率）等于电压和电流的有效值的乘积。式（2-30）与直流电路的功率计算公式在形式上是一样的。有功功率的单位也是 W 或 kW。

例 2-4 某电路中只有电阻 $R = 2\Omega$，$u = 10\sin314t$ V。试写出通过电阻的电流解析式；并计算电流有效值及电阻消耗的平均功率。

解 电流的解析式为

$$i = \frac{u}{R} = 5\sin314t \text{ A}$$

电流 i 与电压 u 同频率、同相位。

由已知条件可以看出

$$U_m = 10\text{V}, \quad U = \frac{10}{\sqrt{2}}\text{V} \approx 7.07\text{V}$$

所以电流的有效值为

$$I = \frac{U}{R} = \frac{7.07}{2}\text{A} \approx 3.54\text{A}$$

电阻消耗的有功功率为

$$P = UI = \frac{10}{\sqrt{2}} \times \frac{5}{\sqrt{2}} \text{W} = 25\text{W}$$

第六节 纯电感电路

一个忽略其电阻的电感线圈称为纯电感线圈。因为空心线圈的电感 L 是常数，所以，由空心的纯电感线圈构成的交流电路就称为纯电感电路。纯电感电路是线性电路。

【专业指导】 一段带有绝缘漆的金属导线被缠成线圈时就称为电感，在高频交流电下可完全忽略其电阻的电感线圈，称为纯电感线圈。在汽车上应用一个线圈的器件如发动机喷油器电磁阀、继电器的线圈、活性炭罐电磁阀等；两个线圈的器件有发动机怠速控制转阀或四线步进电机；采用三个电感线圈的器件有三相电机（包括发电机和电动机两种）、电动汽车电机上的旋转变压器等。本章描述的交流电是作用在线圈上的数学效果，以上汽车的应用例子是以蓄电池直流电压作为电源，线圈电流经过开关通导或高频开关导通，在导通中主要是利用了线圈通电生磁的作用，在断开过程中线圈产生的自感电动势是要避免的，比如在继电器线圈上反向并联续流二极管，在发动机喷油器电路中设计放电回路等。

一、纯电感电路中电压与电流的相量关系

图 2-16 所示为纯电感电路，将电感 L 与交流电源接通，电压、电流和自感电动势的正方向如图所示。设 $i = I_\text{m}\sin\omega t$，将此式代入式（2-14），得

$$\begin{aligned} u &= -e_\text{L} = L\frac{\text{d}i}{\text{d}t} = L\frac{\text{d}}{\text{d}t}(I_\text{m}\sin\omega t) \\ &= \omega L I_\text{m}\cos\omega t = U_\text{m}\sin(\omega t + \frac{\pi}{2}) \end{aligned} \quad (2\text{-}31)$$

式中，$U_\text{m} = \omega L I_\text{m}$ 或 $I_\text{m} = \dfrac{U_\text{m}}{\omega L}$。

于是有

$$U = \omega L I = X_\text{L} I \text{ 或 } I = \frac{U}{\omega L} = \frac{U}{X_\text{L}} \quad (2\text{-}32)$$

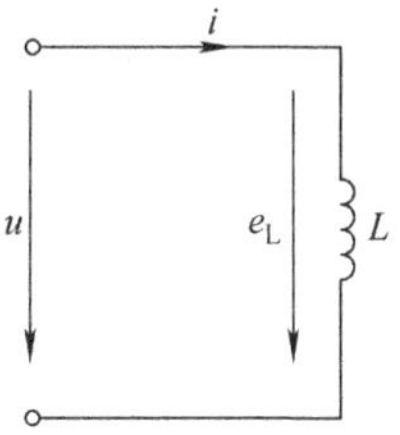

图 2-16 纯电感电路

式中，X_L 为电感电抗（Ω），简称电感抗或感抗，$X_\text{L} = \omega L = 2\pi f L$。式（2-32）表明：纯电感电路中的电流有效值与电压有效值成正比，而与电路的感抗成反比，即符合欧姆定律。

感抗与电阻有相似之处，它们都反映电路对电流的阻碍作用。但它们的起因却有本质的区别，感抗起因于阻碍电流变化的自感电动势，故感抗与电流的频率成正比，频率越高，感抗越大。所以，在电子线路中，电感线圈可用来限制高频电流，称为高频扼流线圈；而在直流电路中，因电流不变（相当于频率为零），无自感电动势，所以感抗也等于零。

由式（2-31）还可看出：电压 u 和电流 i 虽是同频率的正弦量，但它们之间却存在 π/2 的相位差，即电压超前于电流 π/2，或电流滞后于电压 π/2。

根据式（2-31）可画出纯电感电路中电压、电流和功率的曲线图，如图 2-17 所示。在曲线下面分四个 1/4 周期分别画出 i、u 和 e_L 在线圈中的实际方向。从中可以看出：一是 u 与

e_L 的方向总是相反。二是在第一和第三个 1/4 周期内，电流 i 在增加，而 e_L 的方向与 i 相反，即阻碍 i 的增加；在第二和第四个周期内，电流 i 在减小。e_L 的方向与 i 相同，即阻碍 i 的减小。这正好说明了楞次定律。

在纯电感电路中，电流滞后于电压 $\pi/2$ 的原因可解释如下：我们知道，电流的瞬时值 i 与它的变化率 di/dt 是迥然不同的两回事，当正弦电流经过零值时（$i=0$），其变化率 di/dt 却达到最大，因而此时自感电动势 e_L 的绝对值达到最大，同 e_L 相平衡的外加电压 u 也达到与 e_L 反向的最大值；当正弦

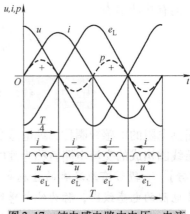

图 2-17 纯电感电路中电压、电流和功率的曲线图

电流经过最大值（$i = \pm I_m$）时，其变化率却等于零（$di/dt = 0$），因而此时 e_L 与 u 都等于零。并且注意到：当 i 处于曲线上升阶段（即 $di/dt > 0$）时，e_L 为负值，u 为正值；i 处于下降阶段（即 $di/dt < 0$）：e_L 为正值，u 为负值（见后文图 2-25 中曲线图）。可见，电流要滞后于外加电压 1/4 周期，即相位差为 $\pi/2$。

从以上分析得出结论：正弦电压加于纯电感电路两端时，电路中就通过同频率的正弦电流，电流滞后于电压 $\pi/2$，电流和电压有效值的关系符合欧姆定律。

二、纯电感电路中瞬时功率的变化规律和能量转换过程

纯电感电路中的瞬时功率为

$$p = ui = U_m I_m \sin\omega t \sin(\omega t + \frac{\pi}{2}) = U_m I_m \sin\omega t \cos\omega t \tag{2-33}$$

利用三角学中正弦函数的倍角公式 $\sin 2\omega t = 2\sin\omega t\cos\omega t$ 得，

$$p = \frac{U_m I_m}{2}\sin 2\omega t = UI\sin 2\omega t \tag{2-34}$$

由式（2-34）可知，纯电感电路中的瞬时功率是频率二倍于电流频率的正弦函数，其变化曲线在图 2-16 中用虚线画出。

从瞬时功率 p 的曲线图中可以看到，在第一和第三个 1/4 周期内，u 与 i 同向，p 为正值，这表示线圈从电源吸取电能，并把它转换为磁场能储存于线圈的磁场中，此时线圈起着负载的作用；但在第二和第四个 1/4 周期内，u 与 i 反向，p 为负值，这表示线圈向电源输送电能，就是把磁场能再转换为电能送回电源，此时线圈起着一个电源的作用。综上所述，纯电感线圈时而吸收电功率，时而释放电功率，它是一个储能元件；因为它的电阻忽略不计，所以一个周期内的平均功率等于零，即纯电感线圈在交流电路中不消耗有功功率：

$$P = \frac{1}{T}\int_0^T p dt = \frac{1}{T}\int_0^T UI\sin 2\omega t dt = 0 \tag{2-35}$$

我们把储能元件中瞬时功率的振幅称为无功功率，用字母 Q 来表示。它只反映储能元件与电源之间能量互换的规模；元件中只有能量的"吞吐"，没有能量的消耗，所以称"无功"。由式（2-34）可知，电感元件的无功功率为

$$Q_L = UI = X_L I^2 = \frac{U^2}{X_L} \tag{2-36}$$

为了与有功功率区别，规定无功功率的单位是乏尔（var），简称乏。

【专业指导】 电感内部有真正的工作电流流过，如果忽略电感的电阻成为纯电感时它在交流电中认为是储能元件。一定不要把电感在直流电路中测得的直流电阻放在交流电路里所做的功理解为电感所做的功。

例 2-5 在电压为 220V、频率为 50Hz 的电力网内，接入电感 $L = 0.127H$ 而电阻可忽略不计的线圈。试求线圈的感抗、线圈中电流的有效值及无功功率。

解 感抗为

$$X_L = 2\pi f L = 2 \times 3.14 \times 50 \times 0.127\Omega \approx 40\Omega$$

电流有效值为

$$I = \frac{U}{X_L} = \frac{220}{40}A = 5.5A$$

无功功率为

$$Q_L = UI = 220 \times 5.5 \text{var} = 1210\text{var}$$

【应用指导】 电感的应用

在汽车上，应用一个电感线圈的器件有电磁阀类、继电器类；应用两个电感线圈的器件有点火用的点火线圈（升压变压器）；应用多个电感线圈的器件如电机的定子或转子线圈。

在电动汽车上，变频器驱动板电源部分或驱动部分会采用变压器；车载充电机直流斩波升压采用变压器，输出采用滤波电感；在 DC/DC 变换器中采用变压器将动力电池电压经直流斩波降压成 14V。

第七节 纯电容电路

电容器接入直流电源，仅在充、放电的暂态过程中有电流，稳态时就变成断路。但在接入交流电源时，由于电压是交变的，对电容器交替地进行充、放电，所以电路中也就有了交变电流。

一、纯电容电路中电压与电流的相量关系

图 2-18 所示为纯电容电路，电压和电流的正方向如图所示。将电容 C 接入交流电源，u 设为 $u = U_m \sin\omega t$，将此式代入式（2-17），得到电路中的电流为

$$i = C\frac{du}{dt} = C\frac{d}{dt}(U_m \sin\omega t) = \omega C U_m \cos\omega t$$

$$= I_m \sin(\omega t + \frac{\pi}{2}) \tag{2-37}$$

由此可见，纯电容电路中的电流与电压是同频率的正弦量；电流超前于电压 $\pi/2$，这与纯电感电路恰恰相反。纯电容电路中电压、电流和功率的曲线图如图 2-19 所示，在曲线图下面分四个 1/4 周期画出 u 和 i 的实际方向。

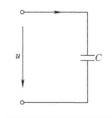

图 2-18 纯电容电路

令 $X_C = \dfrac{1}{\omega C}$,则式 $I_m = \omega C U_m$ 可变换成

$$I = \dfrac{U}{X_C} \text{ 或 } U = X_C I \quad (2\text{-}38)$$

式中,X_C 为电容电抗,简称电容抗或容抗。

电容电抗的计算公式为

$$X_C = \dfrac{1}{\omega C} = \dfrac{1}{2\pi f} \quad (2\text{-}39)$$

因为电容 C 的单位是 F,即 C/V,ω 或 f 的单位是 s^{-1},所以容抗的单位是 $\dfrac{s}{C/V} = 1\dfrac{V}{A} = 1\Omega$,即与电阻的单位相同。

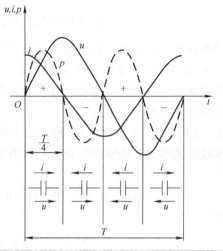

图 2-19 纯电容电路中电压、电流和功率的曲线图

式 (2-38) 说明纯电容电路中的电流有效值与电压有效值成正比,而与电路的容抗成反比。符合欧姆定律。

由式 (2-39) 可知,容抗 X_C 与电容 C 及角频率 ω(或频率 f)都成反比。C 越大,在相同电压下能容纳的电量越多,因而电流也越大,即容抗越小。频率越高,电容器充、放电的速率越快,在相同电压作用下,单位时间内移动的电量越多,即电流越大,容抗越小。所以电容器对高频电流的阻碍作用小,这恰好与电感线圈相反。因此在电子电路中常用电容器作为高频电流的通路。对直流来说,因 $\omega = 0$,故 X_C 为无穷大,可看作断路,所以电容器有"隔直"作用。

从以上分析得出结论:正弦电压加于纯电容电路两端时,电路中就通过同频率的正弦电流;电流超前于电压 $\pi/2$;电流和电压的有效值符合欧姆定律。

二、纯电容电路中瞬时功率的变化规律和能量转换过程

纯电容电路中的瞬时功率为

$$p = ui = U_m I_m \sin\left(\omega t + \dfrac{\pi}{2}\right) = UI\sin 2\omega t \quad (2\text{-}40)$$

这与纯电感电路中瞬时功率表达式 (2-34) 在形式上完全一样。可见,纯电容电路中的瞬时功率也是频率二倍于电流频率的正弦函数,它的变化曲线在图 2-19 中用虚线绘出。

从瞬时功率 p 的曲线图中可以看到,在第一和第三个 1/4 周期内,u 与 i 同向,p 为正值,这表示电容器从电源吸取电流能量并转换为电场能量储存起来,此时电容器相当于负载;但在第二和第四个 1/4 周期内,u 与 i 反向,p 为负值,这表示电容器把储存的电场能量转换为电流能量送回电源,此时电容器相当于电源。

纯电容电路的平均功率为

$$P = \dfrac{1}{T}\int_0^T p\,dt = \dfrac{1}{T}\int_0^T UI\sin 2\omega t = 0 \quad (2\text{-}41)$$

这表示纯电容电路不消耗能量,只有电源与电容器之间的能量互换。这种能量互换的规

模用无功功率 Q_C 来反映，即瞬时功率的振幅为

$$Q_C = UI = X_C I^2 \tag{2-42}$$

式中，Q_C 的单位为乏（var）。

【专业指导】 电容内部没有真正的工作电流流过，工作电流只在电容的外部电路进行流动，电流的流动是电容的电场和外电源电场此消彼长的作用结果，所以电容的电压和电流是虚功，电容是储能元件。

例 2-6 将 $C = 38.5\mu F$ 的电容器接到 $U = 220V$ 的工频电源上，求 X_C、I 及 Q_C。

解

$$X_C = \frac{1}{2\pi f C} = \frac{1}{314 \times 38.5 \times 10^{-6}}\Omega \approx 82.7\Omega$$

$$I = \frac{U}{X_C} = \frac{220}{82.7}A \approx 2.66A \quad (i 较超前 u\pi/2)$$

$$Q_C = UI = 220 \times 2.66 \text{var} = 585.2\text{var}$$

【应用指导】电容器的应用

在汽车上，电容可放在发电机 B + 接柱输出的外部，起滤波的作用。在电机内部的电刷上有时通过并联电容减小电刷和换向器之间产生火花，延长换向器寿命，防止换向器过快氧化。

在电动汽车变频器直流正、负线端增加电容器，可在动力电池放电时起到减小动力电池内阻的作用，汽车在制动或减速时，电机发电，在变频器向动力电池充电的过程中，电容器起缓冲作用。

思考题与习题

一、思考题

2-1 两个同频率的正弦量 e_1 与 e_2，如果同时到达零值并且同时到达最大值，能否断定它们是同相位的？为什么？

2-2 常用的电容器都标明了耐压值。现有一个耐压 500V 的电容器，可否将它接在电压为 500V 的交流电源上使用？为什么？

2-3 为什么常把电感线圈称为"低通"元件（意为低频电流容易通过），而把电容器称为"高通"元件？

2-4 在如图 2-20 所示的交流电路中，已知 $R = X_L = X_C$，试比较各电流表的读数。

2-5 三个同样的白炽灯，分别与电阻、电感及电容串联后接在交流电源上，如图 2-21 所示。如果 $R = X_L = X_C$，试问灯的亮度是否一样？为什么？假如将它们改接在直流电源上，灯的亮度各有什么变化？

2-6 将一个电容器和感性负载串联，能否提高功率因数？为什么通常都用并联电容的方法来提高感性负载的功率因数？

2-7 试将本章讲述的几种单相交流电路列表比较它们的电压与电流的数量关系、矢量图、电路的功率因数、有功功率等。

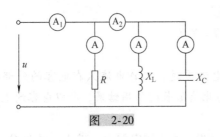

图 2-20

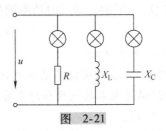

图 2-21

2-8　试判断图 2-22 中的三种三相电路是星形接法还是三角形接法？是三线制还是四线制？

2-9　图 2-23 中，设三相负载是对称的。已知接在电路中的电流表 A_1 中的读数是 15A。问电流表 A_2 的读数是多少？

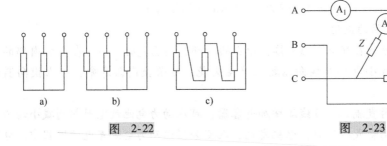

图 2-22　　　　　　　　　　图 2-23

2-10　图 2-24 中，设三相负载是对称的。已知接在电路中的电压表 V_2 的读数是 660V。问电压表 V_1 的读数是多少？

2-11　三相四线制接法的照明电路中，忽然有两相电灯变暗、一相变亮，试判断是何故障？

2-12　三只白炽灯，额定功率相同，额定电压均为 220V，如图 2-25 所示接在线电压为 380V 的三相四线制电源上。将接在 A 相的开关 S 闭合与断开时，对 B、C 两的白炽灯亮度有无影响？如果不接中线，影响又将如何？为什么？

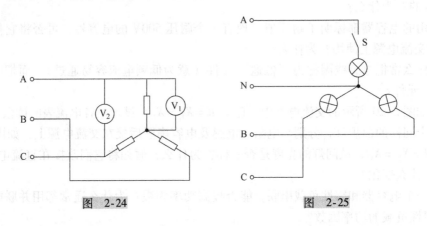

图 2-24　　　　　　　　　　图 2-25

2-13　三相对称负载做三线制星形联结时，有一相断开或短路，对其他两相各有何影响？

2-14 "三相总视在功率总是等于各相视在功率之和",这句话对吗?

二、习题

2-1 某飞机上交流电供电频率为 $f=400\text{Hz}$,试求其角频率 ω 和周期 T。

2-2 已知 $e_1=E_\text{m}\sin(\omega t+\dfrac{\pi}{2})$,$e_2=E_\text{m}\sin(\omega t-\dfrac{\pi}{4})$,$f=50\text{Hz}$。试求 e_1 与 e_2 的相位差,并指出它们超前、滞后的关系。当 $t=0.005\text{s}$ 时,e_1 与 e_2 各处于什么相位?

第三章 磁路和变压器

> **情境引入**

以前学过电路欧姆定律，本章将学到磁路的欧姆定律，即磁动势相当于电路的电压，磁路的磁阻相当于电路中的电阻，磁通量相当于电路中的电流。本章的学习有利于对汽车上传感器的理解，比如磁感应式转速及位置传感器、霍尔式转速及位置传感器等，执行器如点火线圈、电磁阀和变压器等。

> **知识目标**

1) 能说出磁路的基本概念有哪些，分别用什么字母表示。
2) 能说出磁路欧姆定律的内容，并用电路欧姆定律做"相当于"的说明。
3) 能说出手调电焊机的工作原理。
4) 能说出汽车上的传感器哪些用到了变压器的原理。

> **技能目标**

1) 能用示波器在电动汽车上检查汽车电机旋转变压器的好坏。
2) 能检查汽车旋转变压器式节气门体的好坏。
3) 能正确使用直流电流钳测量汽车起动机的起动电流。
4) 能正确使用直流电流钳测量汽车用电器全部关掉时锁车后的用电电流。

第一节　概　述

一、什么是电磁

电与磁都是物质的基本运动形式，两者之间有着密切的联系，统称为电磁。

在物理学中，大家学习过电流的磁场、磁场对电流的作用力（即安培力）和电磁感应，这是讨论电磁关系的三个基本问题。本章将在物理学电磁知识的基础上，介绍磁化和简单磁路的概念，讲述变压器的基本结构和基本工作原理。

二、电和磁的关系

首先复习一下物理学中的电磁知识。我们应当弄清楚上述三个基本问题中每一个问题的因果关系。即哪些是原因？哪些是结果？

电流的磁场：电流是因，磁场是果。有了电流才有它的磁场；电流一旦消失，它的磁场立即随之消失。

磁场对电流的作用力（安培力）：这里有两个原因，一个结果。有一个磁场（B）存在，还必须有另一个电流（I）存在（注意，B 不是电流 I 的磁场）；只要这个电流 I 的方向跟磁场 B 的方向不平行，就会产生安培力。

电磁感应有两种：

1) 导线切割磁力线：这里也有两个原因，一是磁场，二是与磁场之间存在相对运动的直导线；只要这一相对运动是使直导线切割磁场的磁力线，那么，就会在直导线中感应出电动势；如果直导线是闭合回路的一部分，直导线就会向回路输出感应电流。

2) 磁通变化引起感应电流：原因是闭合回路所包围的磁通量发生变化；结果是在闭合回路中产生感应电动势与感应电流。这一种电磁感应更有普遍意义。

在弄清上述因果关系之后，才能正确无误地运用有关的定则来判定方向，以及进一步研究它们各自因果之间的数量关系。

我们知道，判定电流的磁场方向时，用右螺旋定则；判定安培力的方向时，用左手定则；判定感应电动势和感应电流的方向时，用右手定则或楞次定律。因此，应当用左手定则，判断出直导线中电流的方向是流出纸面指向读者的（⊙）。

第二节　磁　导　率

一、什么是磁动势

实验证明：通电线圈的磁场的强弱跟电流 I 与线圈匝数 N 的乘积成正比。乘积 IN 称为磁动势，其单位是安匝或安（A）。例如，DZ 系列中间继电器线圈的磁动势为 877A；MZZ1-300 型制动电磁铁线圈的磁动势为 8500A；NW1-16 型起重电磁铁线圈的磁动势为 76000A 等。磁动势 IN 是激励磁场的根源。

实验还证明，在具有一定安匝数的通电线圈中，放入铁、钴、镍等铁磁性物质，磁感应 B 将大大增强；若放入钢、铝、木材等非铁磁性物质，则磁感应强度 B 几乎不变。可见，磁场的磁感应强度不仅与磁动势有关，还与磁场中介质的性质有关。

二、什么是磁导率

我们用磁导率 μ 来表示物质的导磁能力。磁导率的国际单位制单位是亨/米（H/m）。经测定，真空磁导率 $\mu_0 = 4\pi \times 10^{-7}$ H/m 是一常量，又称磁常数。

某介质的磁导率 μ 与真空磁导率 μ_0 的比值 μ_r 称为该介质的相对磁导率，即

$$\mu_r = \frac{\mu}{\mu_0} \text{ 或 } \mu = \mu_r \mu_0 \tag{3-1}$$

μ_r 是没有量纲的纯数值，从它的大小可以直接看出介质导磁能力的高低。$\mu_r > 1$ 的物质称为顺磁性物质，如铝、铂、空气等；$\mu_r < 1$ 的物质称为反磁性物质，如铜、银、塑料、橡胶等。这两种物质的 μ_r 都接近于1，它们的导磁能力都和真空差不多，统称为非铁磁性物质。

实用上，非铁磁物质的磁导率 μ 值均可用真空磁导率 μ_0 代替。

三、什么是铁磁物质

铁磁物质是指铁、钴、镍以及它们的合金，导磁能力很强，它们的 μ 值都比 μ_0 值大得多，即 $\mu_r \gg 1$，例如铸铁的 μ_r 大于 200；坡莫含金（一种铁镍合金）的 μ_r 可达十万以上。这就是说，在相同磁动势的条件下，铁心线圈比空心线圈的磁场要强几百、几千、几万倍。所以铁磁物质在电视、电器、仪表、电信和广播等设备中得到了广泛应用。铁磁物质都比较重，最近新发现某些比较轻的有机材料也具有较大的磁导率，若能付诸实用，将会大大减轻电机、电器的重量。

应该指出，同一铁磁物质的 μ_r 并不是常数，它随励磁电流的大小和温度的高低而变化。表 3-1 列出的是几种铁磁物质在室温下的最大相对磁导率。

表 3-1 几种铁磁物质在室温下的最大相对磁导率

铁磁物质	μ_r	铁磁物质	μ_r
钴	174	已经退火的铁	7000
未经退火的铸铁	240	变压器硅钢片	7500
已经退火的铸铁	620	镍铁合金	12950
镍	1120	C 型坡莫合金	115000
软钢	2180	锰锌铁氧体	300－5000

在进行磁场计算时，我们引用一个称为磁场强度的辅助量，用 H 表示，它只决定于励磁电流、导线的形状和匝数，而与磁介质的性质无关。

四、什么是磁场强度

磁场强度 H 的定义是磁感应强度 B 与介质磁导率 μ 的比值，即

$$H = \frac{B}{\mu} \tag{3-2}$$

式中，若 B 的单位用 T（Wb/m²），μ 的单位用 H/m，则 H 的单位是 A/m。

磁感应强度为 $B = \mu H$ 或 $B = \mu_r \mu_0 H$ (3-3)

现在举一个例子具体说明 B 与 H 的关系以及它们之间的区别。

图 3-1 所示为一个铁磁圆环上密绕的螺管线圈（可简称为环形线圈），共绕线圈 N 匝，通入电流 I，圆环中心线的周长 $l = 2\pi r$，R 是圆环的平均半径。若线圈绕得很紧密，则环形线圈的外部磁感应强度为零，磁通全部集中分布在线圈的内部。实验与理论都可以证明，在圆环中心线上各点的磁感应为

$$B = \mu \frac{IN}{l} \tag{3-4}$$

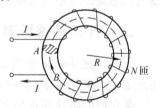

图 3-1 环形线圈电流的磁场

式中，μ 为环内铁磁物质的磁导率。

若环内是空心的（即环内介质是空气，$\mu \approx \mu_0$），则中心线上的磁感应为

$$B_0 = \mu_0 \frac{IN}{l} \tag{3-5}$$

由式（3-4）和式（3-5）可得

$$\frac{B}{B_0} = \frac{\mu}{\mu_0} \quad \text{或} \quad B = \mu_r B_0 \tag{3-6}$$

这说明铁心环形线圈的磁感应强度 B 是空心环形线圈磁感应强度 B_0 的几百、几千倍以上。

但是磁场强度 H 呢？根据定义可知，铁心环形线圈中心线上的磁场强度为

$$H = \frac{B}{\mu} = \frac{IN}{l}$$

空心环形线圈中心线上的磁场强度为

$$H_0 = \frac{B_0}{\mu_0} = \frac{IN}{l}$$

这就是说，无论是何种磁介质，环形线圈中心线上的磁场强度总是

$$H = \frac{IN}{l} \tag{3-7}$$

它与磁介质无关。

例3 一环形线圈，中心线周长 $l = 50\text{cm}$，匝数为500，通入电流为1A。求线圈的介质为空气或铸钢（$\mu_r = 800$）时，线圈中心线上各点的磁感应强度。

解 先求出 H：

$$H = \frac{IN}{l} = \frac{1 \times 500}{0.5}\text{A/m} = 1000\text{A/m}$$

再求得 B：介质为空气时

$$B_0 = \mu_0 H = 4\pi \times 10^{-7} \times 1000\text{T} \approx 1.26 \times 10^{-3}\text{T}$$

介质为铸钢时

$$B = \mu_r \mu_0 H = 800 \times 1.26 \times 10^{-3} \approx 1.01\text{T}$$

五、汽车上的应用

【专业指导】 汽车上的很多传感器和执行器采用了改变磁阻的原理工作

汽车传感器如以改变磁阻实现磁通量 Φ 发生变化，这个过程中实现位置监测的传感器有磁阻霍尔效应传感器和磁脉冲传感器。

汽车执行器应用在目前很多纯电动汽车（如比亚迪纯电动、北汽纯电动）、混合动力汽车（如丰田普锐斯）上的电控驻车电机为磁阻电机，即电机定子线圈磁极为分布式集中绕组，数目是三的倍数，而转子是三分之二定子的磁极个数。转子的转动是因为定子的磁力线力图沿磁阻最小的路径走，这个过程中，定子集中绕组总导致这个转子转动从而达到最小磁阻的路径。

第三节　磁化和反复磁化

为什么铁心线圈比同样的空心线圈能大大增强磁场呢？

一、什么是磁化

铁磁物质结构上有一个特点：它的内部存在着大量磁畴。所谓磁畴，就是由分子电流形成的磁性小区域。在没有外磁场作用时，如图 3-2a 所示，这些磁畴的排列取向极不规则，因此宏观对外不显磁性；而在外磁场作用时，如图 3-2b 所示，磁畴做定向排列，与外磁场方向一致，从而产生很强的附加磁场。这个附加磁场与外磁场叠加起来，就使通电线圈的磁场大大增强，这种现象称为磁化。由此可见，磁畴是铁磁物质磁化的内在根据，而外磁场则是磁化的外部条件。

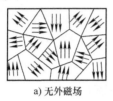
a) 无外磁场

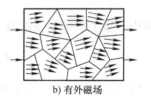
b) 有外磁场

图 3-2 磁畴取向示意图

铁磁物质的 B 随 H 而变化的曲线称为磁化曲线，又称 $B-H$ 曲线。

图 3-3 所示为测定磁化曲线的实验电路。将待测的铁磁物质制成圆环形，线圈密绕于环上，励磁电流由电流表测得，磁通由磁通表测得。

实验前，待测的铁心是去磁的（即当 $H=0$ 时，$B=0$）。实验开始，接通电路，使电流 I 由零逐渐增加，即 H 由零逐渐增加，B 随之变化。以 H 为横坐标、B 为纵坐标，将多组 $B-H$ 对应值逐点测绘出来的磁化曲线如图 3-4 所示。由图可见，B 与 H 的关系是非线性的，即 $\mu = \dfrac{B}{H}$ 不是常数。

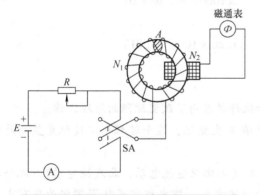

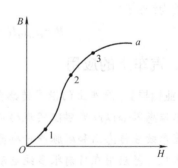

图 3-3 测定铁磁物质磁化曲线的实验电路　　图 3-4 起始磁化曲线

磁化曲线大致可分为四段：当 H 从零开始增加时，B 随之增大（曲线 $O-1$ 段）；H 继续增大时，B 急剧上升（$1-2$ 段），这是由于磁畴在外磁场作用下，迅速依外磁场的指向排列，故 B 值增加很快，这时 μ 值较大；在曲线 $2-3$ 段，因为大部分磁畴已转到外磁场方向，所以随着 H 的增大 B 值的增强已渐缓慢，μ 值逐渐减小，这一段通常称为磁化曲线的膝部；在曲线 3-4 段，因磁畴已几乎全部转到外磁场方向，故 H 值增加时 B 值基本上不再增加了，这时 B 值已达到饱和值 B_m。通常 B_m 约为 0.8～1.8T，随材料的不同而异。电机和变压器的铁心通常都工作在曲线的膝部，即接近于饱和状态。

各种铁磁材料的磁化曲线可从电工手册中查得。图3-5所示为几种常见铁磁材料的磁化曲线，由图可见，在同一 H 值作用下，电工钢片（即硅钢片）的 B 值最大。

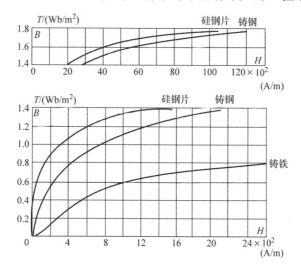

图3-5 几种常见铁磁材料的磁化曲线

二、什么是反复磁化

铁磁物质还有一些磁的性能需在反复磁化的过程中才显示出来。所谓反复磁化，就是指铁磁物质在大小和方向做周期性变化的外磁场作用下进行磁化。在反复磁化的过程中，先是 H 从零开始增大，B 随之增大，直到 B 达到饱和值，即绘出如图3-4所示的磁化曲线，称为起始磁化曲线。当 B 已达饱和值后，将 H 从最大值 H_m 逐渐减小，B 也随之减小，但在这个去磁过程中，B 值并非循着原来的曲线（Oa）衰减，而是沿着另一条位置较高的曲线 ab 下降，如图3-6所示。这说明，去磁过程中的 B 值，比磁化过程中同一 H 值所对应的 B 值要大一些。这种 B 值变化落后于 H 值变化的现象称为磁滞。磁滞现象表明铁磁物质具有保持既有磁性的倾向。当 H 值回到0时，B 仍然保留某一量值，记作 B_r，称为该铁磁物质的剩磁感应，简称剩磁，它相当于图3-6中的 b 点；当 B 值反向由0增大到适当的数值（图3-6中的 c 点），B 值下降为0，这时的磁场强度（H_C）称为矫顽磁力；随着反向 H 值的继续增大，就会使 B 值反向并由0增大至反向的饱和值；然后再将反向的 H 值减小，即反向去磁，B 值将出现反向剩磁。铁磁物质经过多次这样磁化、去磁、反向磁化、反向去磁的过程，$B-H$ 的关系将沿着一条闭合曲线 $abcdefa$ 周而复始地变化，这条闭合曲线称为磁滞回线。

在上述反复磁化的过程中，铁磁物质内部的磁畴来回翻转，要消耗一些能量，这些能量转变为热能，称为磁滞损耗。理论与实践证明，磁滞回线包围的面积越大，磁滞损耗也越大。磁滞损耗是引起铁心发热的原因之一，因而电机、变压器等电气设备的铁心应采用磁滞损耗较小的铁磁物质。

工程上应用的铁磁材料按磁性能和用途可分为三类。

1. 软磁性材料

它的特点是剩磁和矫顽磁力都很小。其磁滞回线狭长，磁滞特性不显著。图3-7所示为软磁性材料的磁滞回线，它包围的面积狭小，磁滞损耗小，常用于电机、变压器、电磁铁中。如纯铁、硅钢、坡莫合金、软磁铁氧体等都是软磁性材料。

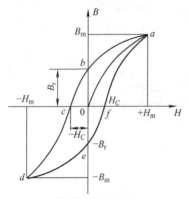

图3-6 磁滞回线

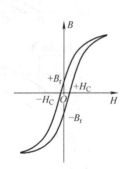

图3-7 软磁性材料的磁滞回线

2. 硬磁性材料

它的特点是剩磁和矫顽磁力都大。其磁滞回线较宽，磁滞特性显著。图3-8所示为硬磁性材料的磁滞回线。硬磁性材料适宜于制造永久磁铁，广泛用于各种磁电系测量仪表、扬声器、永磁发电机以及通信装置中。如碳钢、钨钢、铝镍合金、铝镍钴合金、硬磁铁氧体等都是硬磁性材料。

3. 矩磁性材料

它的特点是受较小的外磁场作用就能达到磁饱和，去掉外磁场后，仍保持磁饱和状态。磁滞回线几乎呈矩形，如图3-9所示。现广泛采用锰-镁或锂-镁矩磁铁氧体制成记忆磁心，它是电子计算机和远程控制设备中存储器的重要元件。计算技术中通常采用二进制计数，只有0、1两个数码，故可利用矩磁材料的两种磁状态（$+B_r$和$-B_r$），分别代表这两个数码起到"记忆"作用。

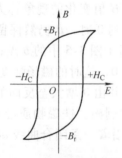

图3-8 硬磁性材料的磁滞回线

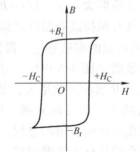

图3-9 矩磁性材料的磁滞回线

第四节 简单磁路的概念

在电器、电机中采用铁磁材料，不但可以用较小的励磁电流获得较多的磁通，而且还可使磁通集中地通过一定的闭合路径。所谓磁路，是指主要由铁磁材料构成而为磁通集中通过

一、磁路欧姆定律

磁路中除铁心外往往还有一些小段的非铁磁性物质,例如空气隙等。由于磁力线是连续的,所以通过无分支磁路各处横截面的磁通是相等的。在如图 3-10 所示的无分支磁路中,穿过铁心和空气隙的磁通相等。

我们可将磁路与电路进行对比。磁路中的磁动势 IN 好比是电路中的电动势;磁通 Φ 好比是电流。在无分支电路中,电动势与电流的比值是全电路的电阻;类似地,我们把无分支磁路中磁动势 IN 与磁通 Φ 的比值称为全磁路的磁阻,记作 R_m:

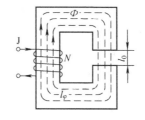

图 3-10 磁路

$$R_m = \frac{IN}{\Phi} \quad (3\text{-}8)$$

或写成

$$\Phi = \frac{IN}{R_m} \quad (3\text{-}9)$$

这就是无分支磁路的欧姆定律。就是说,无分支磁路中的磁通 Φ 跟磁动势 IN 成正比,而跟磁阻 R_m 成反比。

假设磁路由均匀的铁磁材料构成,它的平均长度为 l,横截面积为 A,磁导率为 μ,可以证明,该磁路的磁阻为

$$R_{m\mu} = \frac{l}{\mu A} \quad (3\text{-}10)$$

因 μ 不是常数,所以铁磁材料构成的磁路的磁阻也不是常数。

如果磁路中有一小段长 l_0 的空气隙,其横截面积也是 A,那么这段空气隙的磁阻为

$$R_{m\mu_0} = \frac{l_0}{\mu_0 A} \quad (3\text{-}11)$$

于是,图 3-11 所示无分支磁路的总磁阻为

$$R_m = \frac{l_0}{\mu_0 A} + \frac{l}{\mu A} \quad (3\text{-}12)$$

这时磁路的欧姆定律具有下列形式:

$$\Phi = \frac{IN}{R_{m\mu} + R_{m\mu_0}} \quad (3\text{-}13)$$

利用磁阻的概念来分析磁路是比较方便的。因为 $\mu \gg \mu_0$,所以 $R_{m\mu} \ll R_{m\mu_0}$。可见磁路中有空气隙就会大大增加磁阻,若仍要求有足够的磁通,就必须增加励磁电流 I 或线圈的匝数 N。

二、电磁力的应用

【专业指导】 磁钢在高温 150℃ 以上,或特别振动作用下会发生消磁现象。

1. 电磁力在工业生产中的应用

电磁铁由线圈、铁心和衔铁三部分构成。它的应用很广，如用于起重、机床上的电磁吸盘电路的控制与保护等。图 3-11 所示为用于起重的直流电磁铁结构原理图，当线圈通电时，磁力线通过铁心、空气隙和衔铁构成的闭合磁路，由于衔铁和铁心都沿着同一方向被磁化，衔铁与铁心互相靠近的部分具有相异的极性（或者说，磁力线具有力图缩短的趋势，以减小磁阻，增加磁通 Φ），因此，铁心将把衔铁紧紧地吸合到一起。

当电磁铁已将衔铁吸合或接近于吸合（即气隙很小）时，作用于衔铁上的吸力为

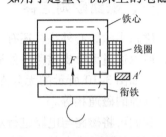

图 3-11　直流电磁铁结构原理图

$$F = \frac{10^7}{8\pi} B_0^2 A \qquad (3\text{-}14)$$

式中，F 为电磁吸力，单位为牛顿（N）；B_0 为气隙出的磁感应强度，单位是特拉斯（T）；A 为铁心于衔铁吸合处的横截面积，单位是平方米（m^2），在图 3-11 中，$A = 2A'$。

理论分析证明，交流电磁铁吸合时，作用于电磁吸力在一平均值 F_{av} 的上下波动，波动的频率是电源频率的二倍，振幅恰好等于平均 F_{av}；也就是说，在外加交流电压的一个周期内，电磁吸力两次达到最大值 $F_m = 2F_{av}$，两次为零值。

交流电磁铁吸合时的平均电磁吸力为

$$F_{av} = \frac{10^7}{16\pi} B_m^2 A = \frac{10^7}{16\pi} \times \frac{\Phi_m^2}{A} \qquad (3\text{-}15)$$

式中，B_m、Φ_m 分别为磁感应强度、磁通的最大值。

交流电磁铁是一个具有铁心线圈的交流电路，磁路中的某些变化将对电路的电抗产生明显的影响：一方面，由于磁饱和，使电抗减小；另一方面，磁路中空气隙的增大，也会使电抗减小。电抗减小的结果就使得励磁电流增大，这些现象是直流电磁铁所没有的。

交流电磁铁起动时，衔铁与铁心之间的气隙最大，电抗最小，这时线圈中的电流 I_{st} 称为起动电流；电磁铁吸合时，衔铁与铁心之间的气隙最小（近似为零），电抗最大，这时线圈中的电流 I_w 称为工作电流。

2. 电磁力在汽车上的应用

【专业指导】 汽车上采用线圈通电生磁的应用非常多，比如电磁阀、继电器等。

继电器是用较小的电流去控制较大电流的一种"可控开关"，不通电时开关状态由弹簧决定，通电时继电器利用线圈通电产生电磁吸力，克服弹簧控制开关动作。

如图 3-12a 所示，继电器的 85、86 端子之间为线圈，有两种情况：一是未通电时开关端子 30、87 之间的开关处于断开状态时，称为"常开触点"继电器；二是线圈未通电时开关处于接通时称为"常闭触点"继电器。

继电器分为普通型和电子型，图 3-12a 和 b 分别为普通型继电器和电子型继电器。普通型是指继电器线圈只受外部的一个或两

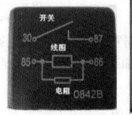
a) 普通型继电器

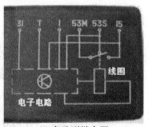
b) 电子型继电器

图 3-12　继电器

个开关控制，继电器内无控制用的电子电路，但常有一个给线圈续流的二极管或续流电阻。

电子型继电器是在电路板上使用电子元件做成电子电路（通常在壳体上标出），接收的开关信号经逻辑运算（信号间经"与""或"），运算结果的输出进行控制线圈通电，或继电器内部有振荡电路或延时电路。例如刮水器间歇继电器和后风窗加热继电器等延时电路，转向闪光继电器内部的振荡电路等，振荡电路和延时电路网上有很多，因为继电器不值得修理，更换即可。

有的几个普通继电器控制一个元件工作，例如发动机散热器风扇，通常要用两个或三个继电器组合在一起，才能控制，如图3-13所示的捷达空调风扇采用双继电器控制。

近几年流行直接把微型继电器或微型开关放在所在开关的内部，也有几个开关都集成在一个印制电路板上，电路板上集成多个微动开关和多个继电器，对于电流大的可用两个微型继电器并联。例如，图3-14为捷达仪表板上的空调开关、内循环开关、双闪开关、后风窗加热开关和行李箱开启开关（出租车型，本图中无）。

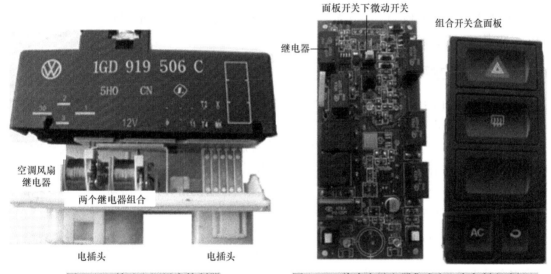

图3-13 捷达空调风扇控制器　　图3-14 将多个继电器集成在一个印制电路板上

对于电子型继电器，一般不做测量，多用换件法判断。无件可换时也可测量断路器上母插头的工作条件是否达到，有时需要两人协作，一人根据电路图，操作有故障电路相应开关，另一人测量母插头的电压信号是否正常，开关电路是否有供电。不正常时更换开关，正常时，同时利用已经测出的有电压的母插头与负极线为回路测量是否构成回路。这两步测量万用表用电压档。

【专业指导】 很多线路板中的微型继电器损坏后是可以更换的，这样几元钱可维修解决几十或几百元的故障部件。

第五节　涡　流

一、什么是涡流

涡流也是一种电磁感应现象，当变化的磁通穿过整块导体时，其中产生感应电动势，从而引起自成回路的旋涡形电流，称为涡流，如图 3-15 所示。

二、什么是涡流损耗

在交流电气设备中，交变电流的交变磁通在铁心中产生涡流，会使铁心发热面消耗电功率，称之为涡流损耗。它与磁滞损失合称为铁损。在磁饱和状态下，铁损的大小与铁心中磁感应强度的二次方（B_m^2）成正比。

为了减小铁心中的涡流，铁心通常采用 0.35~0.5mm 的硅钢片叠成，如图 3-15b 所示。硅钢片间有绝缘层

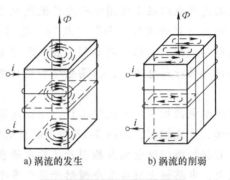

a) 涡流的发生　　b) 涡流的削弱

图 3-15　涡流（涡流方向是按 Φ 增加时画出的）

（涂绝缘漆或用表面氧化层）。由于硅钢片具有较大的电阻率和较小的剩磁，所以它的涡流损失与磁滞损失都比较小。

三、涡流的避免和应用

涡流在电机和变压器等电气设备中造成能量损耗，并使设备发热，是不利的，应尽量减弱它。因此，交流电机、变压器的铁心一般都用硅钢片叠成。但在另外一些场合，却是利用了涡流，如高频感应电炉是利用在金属中激起的涡流来加热或冶炼金属。如果涡流是由整块导体在磁场中运动引起的，它将受电磁力作用而阻碍导体的运动，这种电磁力的制动作用称为电磁阻尼作用。一些仪表中常利用涡流的电磁阻尼作用使指针减小摆动。瓦时计（俗称电度表）中的转动铝盘也是利用涡流的电磁阻尼作用来工作的。

【日常生活指导】　家庭生活中的电磁炉的工作原理是将交流电整流为直流电，再逆变为高频交流作用在线圈上，线圈产生的交变磁场作用到玻璃板上铁质材料的器皿上，在器皿的底部金属上产生电涡流而生热。

第六节　变压器的基本构造

一、什么是变压器

变压器是根据电磁感应原理制成的一种静止电器，用它可把某一电压的交流电变换成同频率的另一电压的交流电。

变压器是远距离输送电能所必需的重要设备。输送一定功率的电能时，电压越高，则电流越小，因而可以减少输电线路上的电能损失，并减小导线截面，节约有色金属。

发电厂的交流发电机发出的电压不能太高，因为电压太高，电机绝缘有困难。因此，要用升压变压器将发电机发出的电压升高，然后再输送出去。在用户方面，电压又不宜太高，太高就不安全，所以又需要用降压变压器把电压降低，供给用户使用。升压、降压都需用变压器。

用电设备所需的电压数值往往是多种多样的。例如，机床用的三相交流电动机，一般用

300V 的电压；机床上的照明灯，为了安全一般使用 36V 的电压；而指示信号灯又常用 6.3V 的电压。这就需用变压器把电网的电压变换成适合各种设备正常工作的电压。

变压器除用来变换电压外，在各种仪器、设备上还广泛应用变压器的工作原理来完成某些特殊任务。例如，冶金用的电炉变压器；整流装置用的整流变压器；输出电压可以调节的自耦变压器、感应调压器；供测量高电压和大电流用的电压互感器、电流互感器等；这些特殊用途的变压器，结构形状虽然各有特点，但其工作原理基本上是一样的。

二、变压器的构造

构成变压器的主要部件是铁心和绕组。

变压器铁心用磁滞损耗很小的硅钢片（其厚度为 0.35~0.5mm）叠装而成，片间相互绝缘，以减少涡流损失。

按绕组与铁心的安装位置，变压器可分为芯式和壳式两种。芯式变压器的绕组套在各铁心柱上，如图 3-16 所示；壳式变压器的绕组则只套在中间的铁心柱上，绕组两侧被外侧铁心柱包围，如图 3-17 所示。电力变压器多采用芯式，小型变压器多采用壳式。

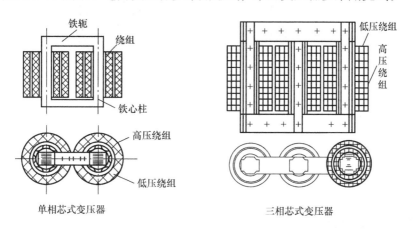

图 3-16 芯式变压器

变压器绕组可分为同心式和交叠式两类。同心式绕组的高、低压绕组同心地套在铁心柱上，为便于绝缘，一般低压绕组靠近铁心，如图 3-17 所示。同心式绕组结构简单，制造方便，国产电力变压器均采用这种结构。交叠式绕组都制成饼形，高、低压绕组上下交叠放置，主要用于电焊、电炉等变压器中。

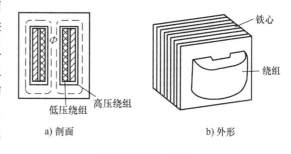

图 3-17 壳式变压器

变压器运行时因有铜损和铁损而发热，为了防止变压器因温度过高而烧坏，必须采取冷却散热措施。按冷却方式，变压器可分为自冷式和油冷式两种。小型变压器多采用自冷式，即在空气中自然冷却；容量较大的变压器多采用油冷式（见图3-18），即把变压器的铁心和绕组全部浸在油箱中。油箱中的变压器油（矿物油）除了使变压器冷却外，它还是很好的绝缘材料。为了容易散热，常采用波形壁来增加散热面。大型电力变压器常在箱壁上焊有散热管，这不但增加了散热面，而且还使油经过散热管循环流动，加强油的对流作用以促进变压器的冷却。

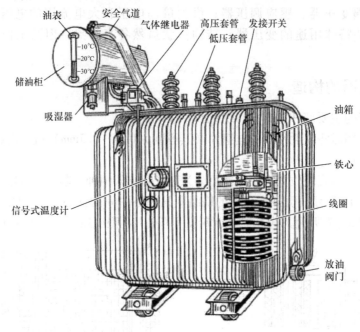

图3-18 三相油冷式变压器的外形

变压器从电源输入电能的绕组称为一次绕组（俗称原绕组或初级绕组）；向负载输出电能的绕组称为二次绕组（俗称副绕组或次级绕组）。变压器的电气符号如图3-19所示。

图3-19 变压器的电气符号

三、变压器的应用

【专业指导】 在汽车上，需要准确监测信号轮的位置、方向或转速三个参数（或其中两参数）时，通常采用旋转变压器。例如，汽车转向力矩传感器、大众汽车卧式加速踏板位置传感器、最新型的节气门位置传感器、电动汽车的电机转子位置传感器等都采用旋转变压器原理。

基本原理是控制器首先向变压器的一次线圈通入一个高频（通常5kHz、10kHz、12kHz、20kHz之一）正弦交流电（通常幅值为12V，也可低于12V），产生交变磁动势，在一次和二次线圈间放置转子的信号轮，信号轮为硅钢片轮，轮上通过加工出不同的桃尖代表不同转子位置，在转子转动时，改变一次和二次线圈之间的磁阻，这样在一个或两个二次线圈中产生同频交流。

典型案例：在电动汽车的永磁同步直流无刷电机上，变频器内部的电机控制器要知道每次起动车时的电机转子的位置在哪，通常要先通电对转子进行定位，然后，按变速杆确定的D位或R位来实现正转或反转。电动汽车的永磁同步直流无刷电机转子上通常次级采用一个正弦线圈和余弦线圈，正弦线圈产生和初级线圈同相位正弦信号，而余弦线圈产生和初级线圈同相位的余弦信号,两路电压信号经两通道高速数-模转换器转换,再经处理后直接输出位置、方向和转速信号。

【专业指导】 在汽车上,点火系统是发动机上一个最重要的系统,其中的点火线圈(也称升压变压器)就是采用了变压器的原理,只不过初级线圈通过脉冲直流电,次级线圈升压为脉冲直流高压电。

第七节 特殊变压器

一、自耦变压器

普通双绕组变压器一、二次绕组之间仅有磁的耦合,并无电的直接联系。自耦变压器只有一个绕组,如图 3-20 所示,即一、二次绕组共用一部分绕组,所以自耦变压器一、二次绕组之间除有磁的耦合外,又有电的直接联系。自耦变压器实质上就是利用一个绕组抽头的办法来实现改变电压的一种变压器。

以图 3-20 所示降压自耦变压器为例,将匝数为 N_1 的一次绕组与电源相接,其电压为 U_1;匝数为 N_2 的二次绕组(一次绕组的一部分)接通负载,其电压为 U_2。自耦变压器的绕组也是套在闭合铁心的铁心柱上的。工作原理与普通变压器一样,一次侧和二次侧的电压、电流与匝数的关系仍为

$$\frac{U_1}{U_2} \approx \frac{N_1}{N_2} = k \quad \text{及} \quad \frac{I_1}{I_2} = \frac{N_2}{N_1} = \frac{1}{k}$$

适当选用匝数 N_2,二次侧就可得到所需的电压。

三相自耦变压器通常是接成星形的(见图 3-21)。

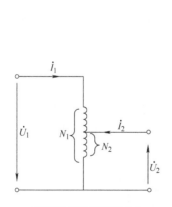

图 3-20 自耦变压器

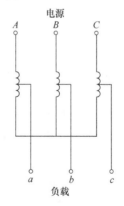

图 3-21 三相自耦变压器

自耦变压器的中间出线端,如果做成能沿着整个线圈滑动的活动触头,如图 3-22a 所示,这种自耦变压器称为自耦调压器,其二次电压 U_2 可在 0 到稍大于 U_1 的范围内变动。图 3-22b 所示为单相自耦调压器的外形。

小型自耦变压器常用来起动交流电动机;在实验室和小型仪器上常用作调压设备;也可用在照明装置上来调节光度。电力系统中也应用大型自耦变压器作为电力变压器。

因为自耦变压器的一、二次绕组有直接的电的联系,一旦公共部分断开,高压将引入低压边,造成危险。所以自耦变压器的变比不宜过大,通常选择变比 $k<3$。而且,不能用自耦变压器作为 36V 以下安全电压的供电电源。

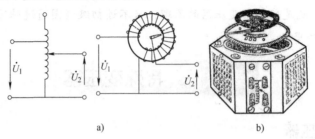

图 3-22 单相自耦调压器
a) 电路图 b) 外形

【专业指导】 在学校可发现一些单相交流电机在需要调速时,采用单相自耦调压器。

二、多绕组变压器

图 3-23 所示是多绕组变压器的电路图。这种变压器有几个二次绕组,可分别提供几种不同的电压。因此,它代替了几个变压器。

多绕组变压器可提高效率、节省材料;而且体积小,便于装置;因而应用很广。例如,工业电子技术中常用多绕组变压器来供给电子线路所需要的多种不同的电压。

电子技术中,为了减少干扰,常在小型多绕组变压器的一、二次绕组之间装有屏蔽层。图 3-23 中的虚线(接机壳)是表示屏蔽层的符号。

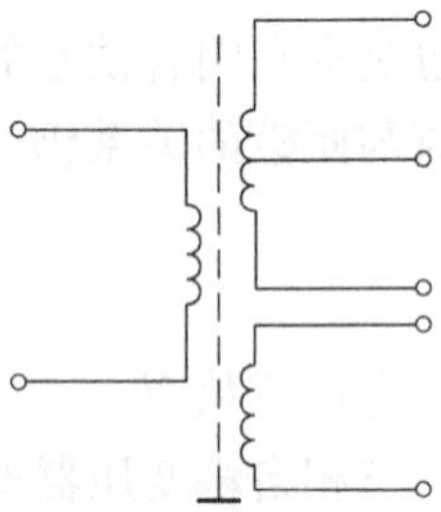

图 3-23 多绕组变压器

【专业指导】 在电动汽车变频器内部的电机控制板下有驱动 IGBT 的多抽头变压器来形成驱动 IGBT 导通的 +15V 和驱动 IGBT 截止的 -15 ~ -10V 电源。

三、电焊变压器

交流弧焊机应用很广。电焊变压器是交流弧焊机的主要组成部分,它是一种双绕组变压器,在二次绕组电路中串联一个可变电抗器。图 3-24 所示为它的原理图。

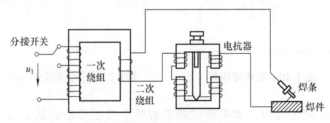

图 3-24 电焊变压器原理图

对电焊变压器的要求:空载时应有足够的引弧电压(60~75V),以保证电极间产生电弧。带载时,二次电压应迅速下降,当焊条与焊件间产生电弧并稳定燃烧时,约有 30V 的电弧压降。短路时(焊条与工件相碰瞬间),短路电流不能过大,以免损坏焊机。另外,为了适应不同的焊件和不同规格的焊条，焊接电流的大小要能够调节。

二次绕组电路中串联有铁心电抗器，调节其电抗，就可调节焊接电流的大小。改变电抗器空气隙的长度就可改变它的电抗，空气隙增大，电抗器的感抗随之减小，电流就随之增大。

为了调节引弧电压，一次绕组配备分接出头，并用一分接开关来调节二次侧的空载电压。一、二次绕组分装在两个铁心柱上，使绕组有较大的漏磁通，漏磁通只与各绕组自身交链，它在绕组中产生的自感电动势起着减弱电流的作用，因此可用一个电抗来反映这种作用，称为漏电流，它与绕组本身的电阻合称为漏阻抗。漏磁通越大，该绕组本身的漏电抗就越大，漏阻抗也就越大。我们知道，对负载来说，二次绕组相当于电源，那么二次绕组本身的漏阻抗就相当于电源的内部阻抗，漏阻抗大就是电源的内阻抗大，会使变压器的外特性曲线变陡，即二次侧的端电压 U_2 将随电流 I_2 的增大而迅速下降。这样，就满足了有载时二次电压迅速下降以及短路瞬间短路电流不致过大的要求。

【专业指导】 当然这种老式交流电焊机越来越少了，主要原因是体积大、不方便。现在修理厂多采用体积小的直流电焊机。

四、仪用互感器

专供测量仪表、控制和保护设备用的变压器，称为仪用互感器。仪用互感器有两种：电压互感器和电流互感器。利用互感器将待测的电压或电流按一定比率减小以便于测量，且将高压电路与测量仪表电路隔离，以保证安全。互感器实质上就是损耗低、变比精确的小型变压器。

图3-25所示为接有电压互感器和电流互感器的电路。由图看到，10kV的高压电路与测量仪表电路只有磁的耦合而无电的直接连通。为防止互感器一、二次绕组之间绝缘损坏时造成的危险，铁心以及二次绕组的一端应当接地。

电压互感器的主要原理是

$$\frac{U_1}{U_2}=\frac{N_1}{N_2}$$

为降低电压，$N_1 > N_2$，一般规定二次侧额定电压为100V。

电流互感器的主要原理是

$$\frac{I_1}{I_2}=\frac{N_2}{N_1}$$

为减小电流，$N_1 < N_2$，一般规定二次侧额定电流为5A。

使用互感器时，必须注意：由于电压互感器的二次电流很大，故决不允许短路；电流互感器的一次绕组匝数很少、而二次绕组匝数较多，这将在二次绕组中产生很高的感应电动势，因此电流互感器的二次侧决不允许开路。

便携式钳形电流表就是利用电流互感器原理制成的，图3-26所示为它的外形；其二次绕组两端接有电流表，铁心由两块U形元件组成，用手柄能将铁心张开与闭合。

测量电流时，不需要断开待测电路，只需张开铁心将待测的载流导线钳入，这根导线就成为互感器的一次绕组；于是可从电流表直接读出待测电流值。

【专业指导】 交流电流钳和直流电流钳

交流电流钳用于测量交流电电流，价格较便宜，原理较简单。

直流电流钳在汽车上用于测量直流电电流，直流电流钳也是采用类似的外形结构，但原理是霍尔电流传感器原理，原因是直流导线电流一定时，外界的磁场将不变其不能互感应出电流。

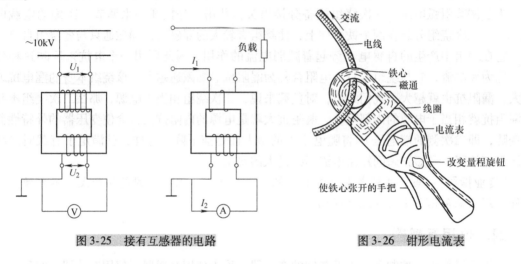

图 3-25　接有互感器的电路　　　　图 3-26　钳形电流表

第八节　变压器原理在汽车上的应用

汽车上利用线圈和线圈之间磁通耦合的应用有点火线圈和变压器式传感器。

一、加速踏板位置传感器

变压器式加速踏板位置传感器结构如图 3-27 所示。其工作原理如图 3-28 和图 3-29 所示，发动机控制单元给传感器提供 5V 供电和接地，在传感器的印制电路板上内部有一个正弦信号发生器，正弦信号的频率通常为 10kHz，幅值一般在 12V 左右，这个信号送到印制电路板的一次线圈，二次线圈会感应出同频的交流电。

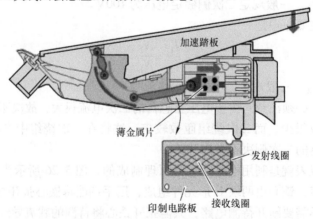

图 3-27　变压器式加速踏板位置传感器结构

二次线圈输出交流电的幅值大小，一是取决于一次线圈和二次线圈的匝数比，而通常为

1:1的匝数比；另外受一次线圈和二次线圈之间的薄金属片确定的磁阻影响。金属片的位置对应不同的磁阻，使二次侧输出信号的幅值不同，高速数-模转换器将这个输出电压和一次线圈的电压做对比从而确定金属片的位置，从而确定加速踏板的位置。

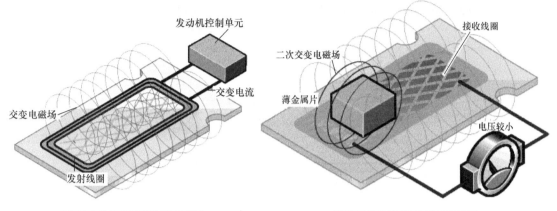

图 3-28　一次线圈励磁信号　　　　　图 3-29　二次线圈输出信号

二、变压器式节气门位置传感器

变压器式节气门位置传感器是最近几年才使用在节气门体上的，用于测量节气门的开度，由于要采用励磁和信号处理芯片，成本要比霍尔式高，但变压器位置采集的精度和可靠性要高于霍尔传感器。

其结构如图 3-30 所示，节气门电机齿轮通过两级传动带动塑料的半边齿轮，半边齿轮内部的节气门轴带动进气道的节气门阀（翻板），然而，不容易注意到的是半边齿轮内部内置了一个永磁体，用其来改变变压器之间的磁阻。

图 3-30　节气门电机减速机构

在图 3-31 中，节气门体端盖内部内置了一个印制电路板，电路板上有两部分结构：一是变压器的一次和二次线圈；另一个是专用集成电路，这个集成电路的作用是产生正弦励磁信号给一次线圈，同时接收二次线圈感应过来的电压信号。

具体工作原理如图 3-32 所示，当节气门体被供电后，在集成电路内部产生 10kHz 的正弦交流电（幅值一般与电源供电电压相同）给一次线圈，在二次感应出同频的交流电，但幅值受两个因素控制。一是一次和二次线

图 3-31　节气门电机端盖电路

圈的匝数比，会使输入和输出的电压比值是一个定值，前提是理想的变压器；另一个是一次和二次线圈之间的磁阻，改变磁阻，即可改变磁通量，从而在二次侧产生不同的电压。节气门轴半边齿扇内的永磁体转动可以改磁阻，二次侧输出的正弦交流电瞬时电压，这个电压信号经过专用的芯片高速数–模转换后即可知节气门体的节气门开度了。

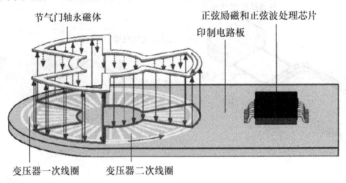

图3-32　变压器式位置传感器工作原理示意图

三、电动汽车电机转速（解角）传感器

电动汽车电机或电动转向电机的电机转子内装有对电机转子位置、转速和方向进行精细的识别的旋转变压器，旋转变压器可工作在高温和振动的环境中，而且精确度远高于霍尔传感器。

以丰田普锐斯混合动力汽车中的旋转变压器为例，结构如图3-33所示，传感器的定子包含3个线圈，一个一次线圈A，两个二次线圈B、C的变压器，输出线圈B和C的相位交错90°。

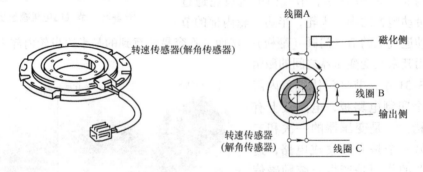

图3-33　旋转变压器传感器结构

工作原理：变频器内的电机控制ECU将直流12V经电机控制ECU内部的正弦振荡发生器芯片振荡为频率10kHz、幅值为12V的正弦交流电，电流通过线圈A后，在线圈B和C中感应出同频的正弦交流电，电动机转子端部的信号轮是椭圆的，椭圆形信号轮的转动导致B、C线圈内的磁通量Φ发生变化，而变化时间取决于A线圈的振荡频率，磁通量Φ的变化量取决于椭圆形转子外圆曲线，B、C线圈输出的幅值随转子位置变化。检测线圈B和C的输出电压，在电机控制ECU内部，通过高速模–数转换器将线圈B和C的输出电压转换为数字信号，再经旋转变压器信号专用处理芯片处理后，把信号传给微控制器（MCU）。为

了把旋转变压器用作一个速度传感器，MCU 内部的 CPU 计算出在一段预定的时间内位置的变化次数来计算电机转子转速。

这种传感器结构极其紧凑，具有高的稳定性。传感器可精确地检测到磁极位置，这对电机的有效控制起到了非常重要的作用。线圈 B 和 C 在转子静止时的波形如图 3-34 所示，在转子转动时的波形如图 3-35 所示。

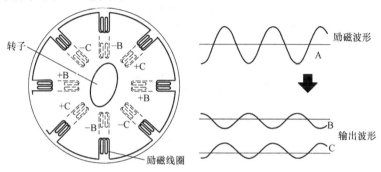

图 3-34　线圈 B 和 C 在转子静止时的波形（经测量励磁信号 A 的频率为 10kHz，幅值为 12V）

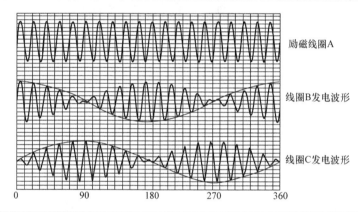

图 3-35　线圈 B 和 C 在转子转动时的波形（励磁信号 A 频率 10kHz，幅值为 12V）

四、变压器在点火系统上的应用

汽车上的点火线圈本质上就是变压器，如图 3-36 开磁路点火线圈结构所示。交流电压信号只能在变压器中变压，这是我们知道的。车上用的是 12V 直流电，要升压到 30kV 或更高则需要点火线圈（变压器）的初级线圈和次级线圈要有一定的匝数比，同时初级线圈要通过可变的电流信号。

如图 3-37 所示，利用电子开关 K 的作用和初级线圈的电感储能作用，控制初级线圈中电流的大小，控制了电感的储能数量，电子开关 K 瞬时断电时在初级电磁能换能至次级线圈中感应出高压电给火花塞。

技师指导：电子开关 K 的打开时刻取决于点火正时，点火能量取决于电子开关 K 闭合时间长短，闭合时间长，初级线圈电流能有时间增大到最大值，在次级线圈外围产生的磁场也达最大值，在初级线圈断电、磁场消失时，在次级产生的磁通量变化率也最大，结果产生的点火能量也最大。

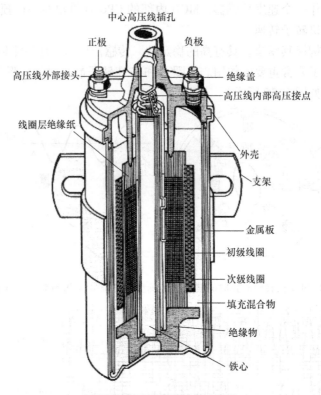

图 3-36 开磁路点火线圈结构

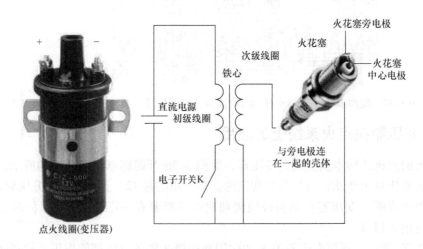

图 3-37 汽车点火线圈的工作原理

思考题与习题

一、思考题

3-1 将一矩形线圈放在磁铁的磁场内：(1) 电流的方向和磁铁极性如图 3-38a 所示，

线圈怎样转动？（2）电流的方向和线圈因受电磁力而转动的方向如图 3-38b 所示，磁铁的极性应该怎样？（3）磁铁极性和线圈因受电磁力而转动的方向如图 3-38c 所示时，电流的方向怎样？

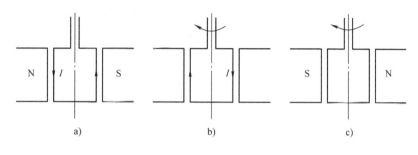

图 3-38

3-2 将一矩形线圈（它是闭合回路的一部分）放在磁铁的磁场内：（1）磁铁极性与线圈中感应电流的方向如图 3-38a 所示，线圈受原动力驱动时应怎样旋转？（2）线圈受原动力驱动而旋转的方向以及线圈感应电流的方向如图 3-38b 所示，磁铁的极性应该怎样？（3）磁铁的极性和线圈受原动力驱动而旋转的方向如图 3-38c 所示，感应电流方向怎样？

最后，再回答下列问题：（1）本题与前题用的图都是图 3-38，但据题意它们的因果关系是不同的，试分别说明之。（2）在本题中，线圈除受原动力作用外，在其旋转过程中，是否受到电磁力的作用？如果有电磁力作用，试说明其方向。

3-3 两个形状、大小和匝数完全相同的环形线圈，其一用木心，另一用铁心，当两线圈通以等值的电流时，木心和铁心中的 Φ、B 值是否相等？为什么？

3-4 两个形状、大小和匝数完全相同的环形铁心线圈，铁心的材料和几何尺寸也完全相同：但一个环形铁心有断裂隙缝，另一个完好无损。当两线圈通以等值的电流时，两铁心中 Φ、B 值是否相等？为什么？

3-5 变压器的铁心起什么作用？改用木心行不行？为什么铁心要用硅钢片叠成？

3-6 变压器能不能用来变换直流稳恒电压？若将一台 220/36V 变压器接入 220V 直流电源，会有什么后果？

3-7 已知一台 220/110V 单相变压器，一次绕组 400 匝，二次绕组 200 匝；可否一次绕组只绕两匝、二次绕组只绕一匝？为什么？

二、习题

3-1 一环形线圈的铁心是硅钢材料制成的，中心线周长 l =40cm，线圈匝数为 560 匝，通入电流为 0.5A。已知线圈中心线上各点的磁感应强度为 8.8T，试求此硅钢材料的相对磁导率 μ_r。

3-2 同心圆柱形起重直流电磁铁剖面如图 3-39 所示，中心磁极截面积 A_1 =750cm^2，其磁感应强度 B_1 =2T，外部圆筒截面积 A_2 = 1500cm^2。求该电磁铁的起重力。

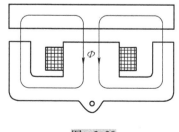

图 3-39

（提示：通过外部环形截面的总磁通等于中心磁极的磁通）

3-3 单相变压器一次侧接在电压为3300V的交流电源上，空载时二次侧接上一只电压表，其读数为220V。如果二次绕组有20匝，试求：（1）变压比；（2）一次绕组匝数。

3-4 一台额定频率f=50Hz的变压器，一次绕组为120匝，二次绕组为60匝。如果接在2300V的交流电源上，试求：（1）铁心中的最大磁通Φ_m；（2）空载时二次绕组的端电压。

第四章 汽车交流异步电机

> **情境引入**

在高中已学过简单直流电机的基本电磁工作原理，实用的工业电机大多是交流异步电机，部分电动汽车电机也是交流异步电机。交流异步电机可以直接使用电网中的工频50Hz三相正弦交流电，电网中的交流电幅值和频率不可调，在需要调速的场合限制了其直接使用。在大转速范围调速时，要将直流电先经变频器（将直流变换为三相交流电）再给三相交流异步电机供电，汽车中使用的方法是这种。

> **知识目标**

1）能说出交流异步电机的交流是什么意思。
2）能说出交流异步电机的异步是什么意思。
3）能说出交流异步电机的结构和材料组成。
4）能说交流异步电机定子线圈的两种结构形式。
5）能说出电机的损耗有哪些。

> **技能目标**

1）能用绝缘表对电机的定子绝缘进行检查。
2）能用万用表检查定子线圈的好坏。
3）能检查转子硅钢片的内部出现了间隙。
4）能在工业电机的接线盒内实现三角形接法和星形接法的转换。
5）能正确拆装车用交流异步电机。

第一节 概 述

一、电机的简单分类

发电机和电动机可统称为电机。按电源和电机之间是否有换流装置（变频器）分为控制电机和非控制电机。非控制电机（没有变频器）按电流种类的不同，又分为交流电机和直流电机两大类。交流电机分为异步电机和同步电机两种。

二、两种汽车用电机

1. 异步电机

异步电机（又称感应电机）的定子磁场转1周时，转子转不到1周，主要作为电动机应用。同步电机的定子磁场转1周时,转子也一定转1周,异步电机在工农业生产、科研以及生活中应用最广,其原因是它构造简单、价格低廉、工作可靠以及容易控制和维护等。

【专业指导】 电动汽车可采用异步电机驱动,效率较永磁同步电机低,但却很可靠耐用,所以在高档和低档电动汽车上都有应用。

同步电机中的发电机是现代交流发电机的主要型式。但作为电动机时,一般是在要求恒定转速和大容量的电力拖动方面被采用。

2. 永磁电机

【专业指导】 在电动汽车上,三相电机采用永磁体为电机转子提供磁场,称其为永磁电机。电机的三相供电采用变频器,变频器将直流电变换为三相正弦交流电为电机定子三相绕组供电,由于电机转子转速与变频器控制的频率同步,所以此类电机也被称为永磁同步直流无刷电机,永磁同步直流无刷电机在驱动汽车效率方面较异步电机高,但成本相对也高。

本章重点讨论异步电机的基本构造、工作原理、转矩特性以及起动、调速、制动、反转等方法。

第二节 三相异步电机

一、异步电机的构造

异步电机由两个基本部分组成:不动部分——定子;转动部分——转子。图4-1所示是普通笼型异步电机的主要部件。

异步电机的定子是在铸铁、铸钢或铸铝制成的机座内装有由0.5mm厚的硅钢片叠成的筒形铁心,铁心的片间绝缘以减少涡流损耗。铁心内表面上分布有与轴平行的槽(见图4-2和图4-3),槽内嵌有三相对称绕组。绕组是根据电机的磁极对数和槽数按照一定规则排列与连接的。

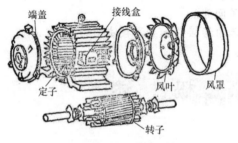

图4-1 笼型异步电机的主要部件　　图4-2 定子的硅钢片

定子绕组可以接成星形或三角形。为了便于改变接线,三相绕组的6根端线都接到定子外面的接线盒上,盒中接线柱的布置如图4-4所示,图4-4a所示为定子绕组星形接法,图4-b所示为定子绕组三角形接法。

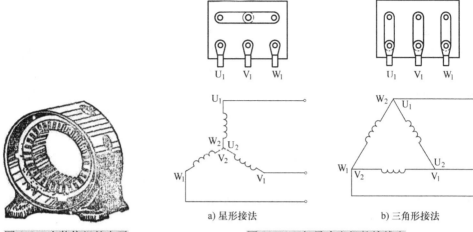

（图4-3 未装绕组的定子 / 图4-4 三相异步电机的接线盒）

a) 星形接法　　b) 三角形接法

目前我国生产的三相异步电机，功率在3kW及以下者定子绕组一般用星形接法；4kW及以上者一般采用三角形接法，以便于应用丫－△减压起动。

【专业指导】　当电机采用变频器供电起动时，电机外部不用减压起动电路仍可顺利启动，即有变频器供电时不用减压启动电路。电动汽车的三相异步或三相同步电机统一为星形接法。

异步电机的转子是由0.5mm厚的硅钢片（见图4-5）叠成的圆柱体，并固定在转子轴上，如图4-6所示。转子表面有均匀分布的槽，槽内放有导体。转子有两种型式：笼型转子和绕线转子。

笼型转子的绕组由安放在槽内的裸导体构成，这些导体的两端分别焊接在两个端环上。去除硅钢片后，它的形状像个松鼠笼子（见图4-7），所以称为鼠笼型转子，简称为笼型转子。

目前100kW以下的异步电机，转子槽内的导体、转子的两个端环以及风扇叶一起用铝铸成一个整体（见图4-8）。笼型电机是现在电动汽车上采用的电机之一。

图4-5 转子的硅钢片

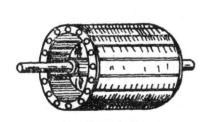
图4-6 笼型转子

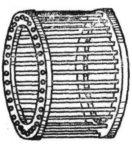
图4-7 笼型转子的绕组

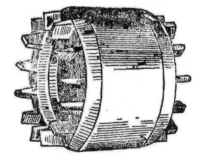
图4-8 铸铝的笼型转子

二、汽车电机的构造

【专业指导】 这里讲的异步电机由于工作在额定工况，所以可以使用风冷，电动汽车上的电机工作在变转速和变转矩工况，定子的铜损或铁损较大，转子的铝损（铜损）或铁损较大。因此需要在定子壳体上加工水道，由循环的冷却液带走电机定子绕组产生的热量。异步电机的转子铁心采用薄的硅钢片制成，可以减小电涡流生热，但由于电机密封太严，电机转子的热量散不出去，所以有的电动汽车电机在电机定子与转子的气隙里注有冷却介质（一般为绝缘度高的冷却油）。

具有上述笼型转子的异步电机称为笼型异步电机。这类电机之一的外貌如图4-9所示。

绕线转子的绕组与定子绕组相似，也是三相对称绕组，通常接成星形，3根端线分别与3个铜制集电环连接。环与环以及环与轴之间都彼此绝缘（见图4-10），具有这种转子的异步电机称为绕线转子异步电机。

【专业指导】 电动汽车电机不采用绕线转子异步电机。

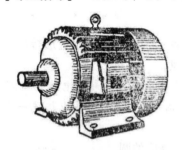
图4-9 三相异步电机的外貌

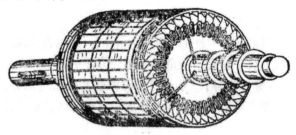
图4-10 绕线转子

第三节 旋转磁场的产生

一、异步电机旋转磁场的产生

先通过一个问题来说明异步电机的运转原理。

例 如图4-11所示，有一根直导线是无源闭合回路的一部分（图中仅画出它的横截面），将它放在磁铁的N极附近。假设将该磁铁向左方移动，试问：直导线将会怎样？

解 因为导线是无源回路的一部分，故导线中无电流。但因磁铁向左移动，使导线切割磁力线，以致导线中产生了感应电流。用右手定则判定这个感应电流的方向是背离读者指向纸面的（⊕）。

既然导线中有了感应电流，而且它仍处于磁铁的磁场中，因而这个载流直导线将受安培力的作用而移动，用左手定则判定安培力方向，即导线移动方向也是向左的。

此例说明，当一磁铁运动时，邻近的一个无源闭合回路中的一部分导线将会切割磁力线而产生感应电流，于是这个载流导线将因受安培力朝着磁铁的运动方向而运动。由此推知，如图4-12所示，将带有转轴的矩形闭合线圈放在一对磁极之间，假设让磁极转动起来，如沿逆时针方向旋转，则因磁力线切割导体（相当于导体反方向切割磁力线），导体中产生感应电动势和感应电流，用右手定则判定线圈中感应电流的方向如图所示。同时，载流的线圈受到安培力作用，形成电磁转矩而使线圈旋转，用左手定则可判定线圈所受电磁转矩的方向跟磁极的旋转方向一致。

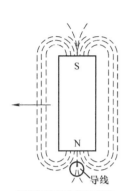

图 4-11 例题附图

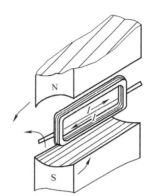

图 4-12 旋转着的磁场可以带动线圈同方向旋转

由此可见，旋转的磁场能带动闭合线圈沿同一方向转动。异步电机就是利用三相交流电通入定子三相对称绕组所产生的旋转磁场来使转子旋转的。

二、为什么会产生旋转磁场

为什么将三相交流电通入三相对称绕组中会产生旋转磁场呢？

设有 3 只同样的线圈放置在定子槽内，彼此相隔 120° 机械电角度，组成了最简单的定子三相对称绕组，如图 4-13a 所示。以 U_1、V_1、W_1 表示线圈的始端，U_2、V_2、W_2 表示末端。当线圈接成星形时，末端 U_2、V_2、W_2 连接成一中点；始端 U_1、V_1、W_1 与电源连接，如图 4-13b 所示。

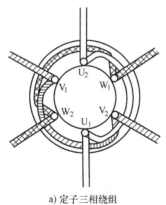

a) 定子三相绕组   b) 定子三相绕组作星形连接

图 4-13 定子三相对称绕组

将三相对称电流通入三相对称绕组，有

$$i_A = I_m \sin\omega t \quad （通入线圈 U_1 - U_2）$$

$$i_B = I_m \sin\left(\omega t - \frac{2\pi}{3}\right) \quad （通入线圈 V_1 - V_2）$$

$$i_C = I_m \sin\left(\omega t - \frac{4\pi}{3}\right) \quad （通入线圈 W_1 - W_2）$$

我们规定电流的正方向是从线圈的始端到末端，并在电流波形图的时间轴上分别标出不同的时刻 t_0、t_1、t_2、t_3、t_4，各线圈内的电流方向如图 4-14 所示。

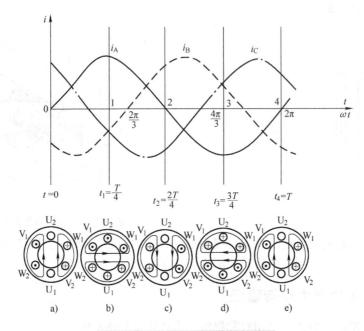

图 4-14 三相交变电流的旋转磁场

在 $t=t_0$ 的瞬时（见图 4-14a），线圈 U_1-U_2 中的电流为零；线圈 W_1-W_2 中的电流为正，即电流由 W_1 端（起端）流入、W_2 端（末端）流出，故 W_1 端的电流背向读者，而 W_2 端的电流朝向读者；线圈 V_1-V_2 的电流为负，即由 V_2 端（末端）流入、V_1 端（起端）流出，故 V_2 端电流背向读者，V_1 端电流朝向读者。然后再用右螺旋定则可以确定，三相电流在此瞬间（t_0）产生的合成磁场方向是从下至上的。

在 $t=t_1$ 的瞬时（见图 4-14b），i_A 为正，i_B 与 i_C 为负，故 A 相线圈中的电流由 U_1 端流入，U_2 端流出；B 相及 C 相线圈中的电流分别由 V_2、W_2 端流入，而由 V_1、W_1 端流出。因而此时合成磁场方向是指向右方的。由此可见，时间从 t_0 到 t_1，经过了 $T/4$（相当于各相电流改变了 $\pi/2$ 的相位角。T 为周期），三相电流产生的合成磁场在空间沿顺时针方向旋转 $\pi/2$；而当三相电流经历了 $1T$ 时，其合成磁场在空间沿顺时针方向刚好旋转了 2π。

综上所述，在空间相隔 $2\pi/3$ 的 3 个线圈中通入三相对称电流时，便产生 1 个 1 对磁极的旋转磁场，它在 $1T$ 内旋转 1 周（2π）。

由图 4-14 所示电流波形可见，U_1-U_2 线圈的电流 i_A 先达到最大值，过 $T/3$ 后 V_1-V_2 线圈的电流 i_B 才达到最大值，再过 $T/3$ 后 W_1-W_2 线圈的电流 i_C 才达到最大值，即 i_A 超前于 i_B，i_B 超前于 i_C。可见，三相电流为顺相序，即 A－B－C。

再从图 4-14 下半部所示的磁场可以看出，旋转磁场沿顺时针方向旋转，即同 U－V－W 的顺序一致（这时 i_A 通入 U_1-U_2 线圈，i_B 通入 V_1-V_2 线圈，i_C 通入 W_1-W_2 线圈）。如果将定子绕组接到电源 3 根端线中的任意两根对调一下，如将 B、C 两根线对调，也就是说，通入 V_1-V_2 线圈的电流是 i_C，而通入 W_1-W_2 线圈的电流是 i_B，则此时 3 个线圈中电流的相序是 U（i_A）－W（i_B）－V（i_C），因而旋转磁场的旋转方向就变为 U－W－V，即沿逆时针方向旋转，与未对调端线时的旋转方向相反。由此可知，旋转磁场的旋转方向总是与定子绕组中三相电流的相序一致。所以，只要将三相电源线中的任意两相与绕组端线的连接顺序对调，就可改变旋转磁场的旋转方向。

以上分析的是每相绕组只有 1 个线圈的情况，产生的旋转磁场具有 1 对磁极，它在空间每秒钟的转数与通入定子绕组的交流电的频率 f_1 在数值上相等，即每秒 f_1 转，因而每分钟的转速为 $60f_1$（r/min）。

如果每相绕组由两个线圈组成，三相共有 6 个线圈，各线圈的位置互差 $\pi/3$，并把两个互差 π 的线圈串联起来作为 1 个相绕组，如图 4-15a 所示。通入三相交流电时，便产生两对磁极（四极）的磁场。在图 4-15b 中绘出了 $t=t_0$、t_1、t_2、t_3 几个瞬时各线圈的电流流向及其合成磁场的方向；为了观察在交流电的 $1T$ 内磁场旋转的角度，可任意认定某一磁极（如图中标有符号▽的 1 个 N 极），不难发现，在交流电的 $1T$ 内，磁场仅旋转了半周，即其旋转速度比 1 对磁极时减慢了一半，即 $n_1 = \dfrac{60f_1}{2}$（r/min）

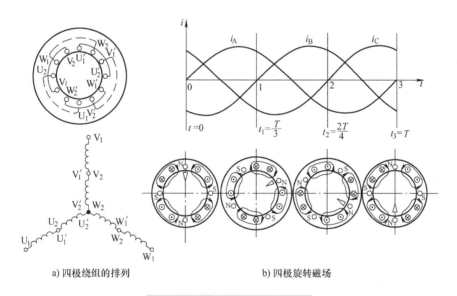

a) 四极绕组的排列　　　　　　b) 四极旋转磁场

图 4-15　四极绕组及其旋转磁场

如果线圈数目增为 9 个，即每相绕组有 3 个线圈，旋转磁场的磁极将增至 3 对，而旋转速度应为 $\dfrac{60f_1}{3}$（r/min）。一般地，若旋转磁场的磁极对数为 p，则它的转速为

$$n_1 = \frac{60f_1}{p} \tag{4-1}$$

式中 n_1 为旋转磁场的转速（r/min），又称电机的同步转速；f_1 定子绕组电流的频率（Hz）。

【专业指导】　异步电机的调速是通过调节频率实现的。在式（4-1）中可见，通过调频，电机的转速可以发生变化，在汽车起步时变频器将直流变换成低频三相交流输出，在需要高车速时再变换成高频三相交流输出。电机的转矩大小是由每一个正弦调制周期内直流脉冲波的宽度决定的。直流脉冲波的宽度小，电机能输出时转矩小；反之，直流脉冲波的宽度大，电机能输出的转矩也大。

三、异步电机的运转原理

如图 4-16 所示，定子绕组中通有三相对称电流，它的磁场以同步转速 n_1 沿顺时针方向旋转。此时，转子上的导体与旋转的磁力线相切割，相当于转子导体逆时针方向旋转而切割磁力线；因转子绕组为闭合回路，故在转子各导体中产生感应电流。感应电流的方向可以右手定则确定。

转子导体中感应电流与定子电流的磁场相互作用，结果使转子各导体受到电磁力 F，其方向用左手定则确定。这个力对转子的轴形成了一个电磁转矩，使转子沿着磁场旋转方向旋转，从而可以克服机械负载对转轴的阻转矩，输出机械功率。

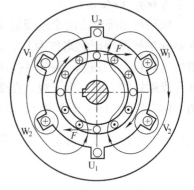

图 4-16　异步电机的运转原理

不难理解，异步电机正常运行时，转子转速 n_2 不可能达到同步转速 n_1。假设达到同步转速的话，两者之间就不存在相对运动，转子导体不再切割磁力线，因而转子导体中的感应电流随即消失，转子所受电磁力为零。此时即使转轴上不带机械负载，也会由于摩擦阻力的作用，使转子转速减慢；这就意味着转子与旋转磁场之间又有了相对运动，转子导体又开始切割磁力线，重新获得电磁转矩。可见，转子转速 n_2 总要低于同步转速 n_1，即转子不能与旋转磁场同步，这就是"异步"名称的由来。

当转子获得的电磁转矩 T 与轴上机械负载的阻转矩 T_L 相平衡（即 $T = T_L$）时，这时电机就以某一转速稳定运转。如果机械负载发生变化，电机的转速亦将发生相应的变化：当 $T_L > T$ 时，电机减速；当 $T_L < T$ 时，电机加速。

电机空载（即轴上不带机械负载）时轴上的阻转矩称为空载转矩，它是由轴与轴承之间的摩擦以及风的阻力等造成的，其值很小，因而这时转子产生的电磁转矩也很小。这时电机的转速 n_0（称空载转速）很高，接近于同步转速 n_1。

四、转差率

异步电机的转子转速 n_2 低于同步转速 n_1，两者的差值 $\Delta n = n_1 - n_2$，称为转差，转差就是转子与旋转磁场之间的相对转速。

转差 $(n_1 - n_2)$ 与同步转速的比值称为异步电机的转差率，以 s 表示，即

$$s = \frac{n_1 - n_2}{n_1} \tag{4-2}$$

转差率是异步电机的重要参数，它表示转子转速与磁场转速差异的程度，即电机的异步程度。它在分析异步电机的运转特性时极为重要。

转子尚未转动时，$n_2 = 0$，即 $s = 1$；当转子转速等于同步转速时（实际上不可能达到，只能以它为极限），则 $n_2 = n_1$，$s = 0$，因此，转差率的变化范围是 $0 \sim 1$，转子转速越高，转

差率越小。

异步电机在额定负载时对应的额定转差率一般为 $s_N = 0.01 \sim 0.05$。

根据式（4-2）和式（4-1）可得

$$n_2 = (1-s)n_1 = 60f_1(1-s)/p \tag{4-3}$$

例如，四极电机（$p=2$）在 $s=0.04$ 时的转速为

$$n_2 = \frac{60f_1}{p}(1-s) = \frac{60 \times 50}{2} \times (1-0.04) \text{ r/min} = 1440 \text{r/min}$$

反之，若已知某异步电机的额定转速 $n_{2N} = 955$r/min，可以判定它是六极电机（因为 $955 \approx 1000 = \frac{60 \times 50}{3}$，故 $p=3$）；并可算出额定转差率 $s_N = 0.045$。

【专业指导】 在异步电机控制（用变频器给电机供电）中，可以以转差率作为控制目标进行电机控制。

第四节 电动汽车用异步电机

汽车变频异步电机效率因影响因素较多，故效率范围较大（一般异步电机效率为75%~92%）、体积大，重量大的缺点。异步电机的优点有很多，比如低的成本价格和高的可靠性。

一、电动汽车用异步电机的种类

交流异步电机有两种类型：绕线转子异步电机和笼型异步电机。

由于绕线转子异步电机成本高、维护量较大、缺乏坚固性，因而没有笼型异步电机应用广泛，或者说是在电动汽车的电力驱动中根本无法应用。

笼型异步电机简称为异步电机。异步电机驱动除了具有无换向器电机驱动的共同优点外，还具有成本低、坚固等优点。这些优点超过了其控制复杂的缺点，推动了异步电机在电动汽车驱动中的广泛应用。

二、电动汽车用异步电机的结构

用于电动汽车的异步电机在原理上与工业中用的变频异步电机结构基本相同。然而，这种电机结构需要专门设计，不能直接使用工业电机应用于电动汽车。

交流异步电机的结构分为定子结构、转子结构、接线端子结构3部分，有的还加入了风扇。

1. 定子结构

如图4-17所示，定子铁心采用更薄的硅钢片叠成，电机定子绕组的绝缘等级要高，电机的电压等级需合理地采用高电压和低电流的电机设计，以减少功率变频器的成本和体积。铸铝或铸铁机壳内部采用水套，制成水冷电机。采用铸铝机座来减小电机总质量，定子壳体密封要好，防止进水。

异步电机的接线端子有星形和三角形两种，接线盒内无传统工业电机的壳体接地保护。

图 4-17　电动汽车用异步电机水冷外壳

电机壳体与车身间为等电位，即两者的金属导通，电机定子绕组和车身间采用绝缘检测。一旦出现三相定子和壳体间漏电时，仪表绝缘报警，同时电池上电继电器断开。

电动汽车用异步电机的接线端子仅有 U、V、W 3 个，不会有保护地线。

2. 转子结构

1）转子铁心也由薄硅钢片叠加而成，以减少铁损。

2）由于电机转速较工业电机高，所以要求转子的动平衡度要高，同时轴承质量要好。

电动汽车电机在爬坡时要求低转速、高转矩，巡航时要求高转速、低转矩，车辆超车时要求具有瞬时超负载能力。

三、电动汽车用异步电机铭牌

图 4-18 所示为电动汽车三相异步电机铭牌标准规范简单介绍，这个介绍主要从电机本身结构出发，并没有从控制角度介绍，下文汽车电机的铭牌介绍也包含了从控制角度的一部分铭牌内容。

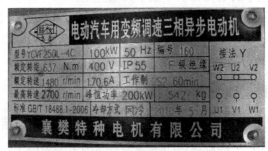

图 4-18　电动汽车三相异步电机铭牌

1. 型号

表示产品性能，结构和用途的代号，例如 YCVF250L-4C 中，"Y"表示 Y 系列笼型异步电机（"YR"表示绕线转子异步电动机），"VF"为变频电机，"250"表示电机的中心高为 250mm，"L"表示长机座（"M"表示中机座，"S"表示短机座），"4"表示 4 极电机。

2. 额定功率

在额定运行（指电压、频率和电流都为额定值）情况下，电机轴上所输出的机械功率为电机的额定功率,单位为 W 或 kW。

3. 额定电压

电机在额定运行情况下的线电压为电机的额定电压,单位为 V。一般规定电机的电压不应高于或低于额定值的 5%。

如三相定子绕组可有两种接法时,就标有两种相应的额定电压值。假如电压高于额定值,则励磁电流将增大,铁损增加,绕组有过热现象;电压低于额定值时,在电机满载的情况下,会引起转速下降,电流增加,使绕组过热;电压低时,电机的最大转矩也会显著降低。

4. 额定电流

指电机在额定电压、额定频率和额定负载下运行时,三相定子绕组中通过的线电流,单位为 A。由于定子绕组的连接方式不同,额定电压不同,电机的额定电流也不同。

例如,一台额定功率为 11kW 的三相异步电机,使用电源的额定频率为 50Hz,其绕组为三角形联结时,额定电压为 220V,额定电流为 37.2A。其绕组为星形联结时,额定电压为 380V,额定电流为 21.5A。也就是说,铭牌上标明接法三角形/星形,其额定电压 220/380V 和额定电流 37.2/21.5A。

5. 额定频率

指电机所接交流电源的频率,单位为 Hz,我国发电厂所生产的交流电,频率为 50Hz,频率降低时,转速降低,定子电流增大。

6. 额定转速

指电机在额定电压、额定频率和额定负载下运行时,转子每分钟的转数,单位为 r/min。其值略低于同步转速。

7. 接法

指电机在额定电压下定子绕组的接线方式。一般有星形和三角形两种接法,电动汽车中只有星形接法,没有保护接地端子,这是应用到电动汽车上的区别。

8. 绝缘等级

根据绕组所用的绝缘材料,按照它的允许耐热程度规定的等级,中、小型异步电机的常用绝缘等级有 B、F 和 H 级,各级耐温如下:B 级为 130℃;F 级为 155℃;H 级为 180℃。

电机的工作温度主要受绝缘材料的限制。若工作温度超出绝缘材料所允许的温度,则绝缘材料就会迅速老化,其使用寿命将大大缩短。修理电机时,所选用的绝缘材料应符合铭牌规定的绝缘等级。电动汽车电机更多是直接更换。

9. 温升

指电机长期连续运行时的工作温度比周围环境温度高出的数值,单位为 K。我国规定周围环境的最高温度为 40℃。电机的允许温升与所用绝缘材料等级有关。电机运行中的温升对绝缘材料的使用寿命影响很大,理论分析表明,电机运行中绝缘材料的温度比额定温度每升高 8℃,其使用寿命将缩短一半。

10. 工作定额

电机工作定额也称电机的工作制,是表明电机在不同负载下的允许循环时间。允许的循环包括起动、电制动、空载、断能停转,以及这些阶段的持续时间和先后顺序,工作制分 S1~S10 共 10 类。

1）S1 连续工作制。在恒定负载下的运行时间足以达到热稳定。按铭牌上规定的功率可长期运行。如水泵、通风机和机床设备上电机的使用方式都是连续运行方式。

2）S2 短时工作制。在恒定负载下按给定的时间运行，该时间不足以达到热稳定，随之即断能停转足够时间，使电机温度再度冷却到与冷却介质温度之差在2K以内后，方可再次起动运行。

3）S3 断续周期工作制。按一系列相同的工作周期运行，每一周期包括一段恒定负载运行时间和一段断能停转时间。这种工作制中的每一周期的起动电流不致对温升产生显著影响。如吊车和起重机等设备上用的电机就是断续运行方式。

4）S4 包括起动的断续周期工作制。按一系列相同的工作周期运行，每一周期包括一段对温升有显著影响的起动时间、一段恒定负载运行时间和一段断能停转时间。

5）S5 包括电制动的断续周期工作制。按一系列相同的工作周期运行，每一周期包括一段起动时间、一段恒定负载运行时间、一段快速电制动时间和一段断能停转时间。

6）S6 连续周期工作制。按一系列相同的工作周期运行，每一周期包括一段恒定负载运行时间和一段空载运行时间，但无断能停转时间。

7）S7 包括电制动的连续周期工作制。按一系列相同的工作周期运行，每一周期包括一段起动时间、一段恒定负载运行时间和一段快速电制动时间，但无断能停转时间。

8）S8 包括变速变负载的连续周期工作制。按一系列相同的工作周期运行，每一周期包括一段在预定转速下恒定负载运行时间，和一段或几段在不同转速下的其他恒定负载的运行时间，但无断能停转时间。

9）S9 负载和转速非周期性变化工作制。负载和转速在允许的范围内变化的非周期工作制。这种工作制包括经常过载，其值可远远超过额定负载。电动汽车用电机属于工作制。

10）S10 离散恒定负载工作制。包括不少于4种离散负载值（或等效负载）的工作制，每一种负载的运行时间应足以使电机达到热稳定，在一个工作周期中的最小负载值可为零。

11. 额定功率因数

额定功率因数指电机在额定输出功率下，定子绕组相电压与相电流之间相位角的余弦（为 0.70 ~ 0.90）。电机空载运行时，功率因数为 0.1 左右。功率因数越高的电机，发、配电设备的利用率越高。

12. 额定效率

对电机而言，输入功率与输出功率不等，其差值等于电机本身损耗功率，包括铜损、铁损和机械损耗等。效率是指输出功率与输入功率的比值，通常为 75% ~ 92%。

13. 起动电流

是指电机在起动瞬间的最大稳态电流，常用它与额定电流之比的倍数来表示。异步电机的起动电流一般是额定电流的 4 ~ 7 倍。

14. 起动转矩

起动转矩是指电机起动时的输出转矩，常用它与额定转矩之比的倍数来表示，一般是额定转矩的 1 ~ 1.8 倍。

15. 重量

指电动机本身的体重，以供起重搬运时参考。

思考题与习题

一、思考题

4-1 假如将异步电机的转子抽出,而定子三相绕组接上额定电压,试问有何不良后果?为什么?

4-2 异步电机定子绕组接上额定电压后,如果转子被堵住,长时间不能转动,对电机有何危害?遇到这种情况应当怎么办?

二、习题

4-1 试根据下列几台异步电机的额定转速,判断它们的同步转速与磁极对数(设电源频率为50Hz):(1) 980r/min;(2) 1460r/min;(3) 720r/min;(4) 2900r/min。

第五章 直流电机

情境引入

在高中已学过简单直流电机的基本电磁工作原理，实用直流电机的结构与简单电机之间在结构上还有一定的区别，电机的结构、工作特性、诊断方法以及必要的一些简单计算是工作实际中要应用到的。

知识目标

1）能说出简单有刷直流电机的工作原理。
2）能说出简单有刷永磁直流电机的有刷、永磁和直流分别指什么说的。
3）能说出直流电机在加负载后的电流变化。

技能目标

1）能更换汽车起动机。
2）能正确拆装汽车起动机。
3）能对汽车起动机进行必要的检查。
4）能说出汽车上大功率的有刷直流电机有哪些，功率分别大约是多少瓦。
5）通过钳形电流表和万用表测量汽车起动工况时起动机的实际功率是多少瓦。

第一节 概述

一、直流电机

直流电机的电源是直流电，电机电柜绕组内电流方向是变化的，不可错误理解为电流方向不变。

直流电机的主要优点：具有良好的调速性能，便于经济地在宽范围内做平滑的速度调节；并具有良好的起动性能。这是一般交流电机所不及的。因此，直流电机在电力拖动中仍占有一定地位。主要用来驱动电车、电传动机车、轧钢机、造纸机、电铲、矿井卷扬机等。

直流电机分为有刷直流电机和无刷直流电机两种，本章主要介绍有刷电机，无刷电机专门在电动汽车部分讲解。

二、汽车直流电机

【专业指导】 有刷直流电机在汽车上的应用如下：功率为几千瓦的汽车起动机；功率为几百瓦的散热器风扇电机、空调鼓风机电机和刮水器电机等；功率为100W附近的电机有电动窗或座椅电机等；功率为十几瓦的电机有中控锁电机；功率为几瓦的电机有观后镜调节电机。

三、电动汽车驱动电机是什么电机

可长时间工作的直流有刷电机的功率不能太大，一般不超过10kW（绕线异步电机功率可做得很大），功率大时换向器会出现环火烧毁换向器。无刷电机采用变频器对直流进行换流形成单相或三相交流电，使电机成为单相或三相电机，功率可以做到几百到上千千瓦，电动汽车采用的电机为无刷电机。

直流电机的主要缺点：消耗有色金属多，成本高；维护与检修都比较麻烦。

本章主要简单介绍直流电机的基本原理和构造、机械特性、起动与调速方法等。

第二节 直流电机的基本原理

一、直流电机的工作原理

图5-1所示为直流电机的原理结构图。在固定的磁极中间放着转子，称之为电枢，其铁心外表面嵌放着电枢绕组。绕组的两个引出端分别与两个相互绝缘的圆弧形铜片连接，这两个弧形铜片称为换向器。外加电源通过两只固定的电刷（A、B）分别与换向器片紧密接触，向绕组供给直流电。因固定电刷A（正极）总是与N极下的线圈边接触，电刷B（负极）总是与S极下的线圈边接触，所以，由左手定则可知，位于N极下的线圈边（图5-1a中的 ab 边和图5-1b中的 cd 边）总是受到向左方的电磁力；而位于S极下的线圈边（图5-1a中的 cd 边和图5-1b中的 ab 边）总是受到向右方的电磁力。于是，电枢获得电磁转矩而旋转（见图5-1，逆时针旋转）。

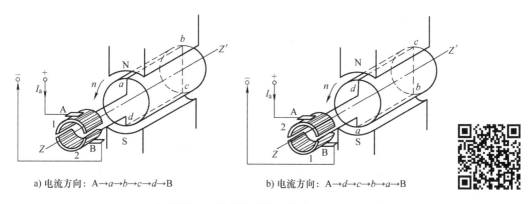

a) 电流方向：A→a→b→c→d→B　　b) 电流方向：A→d→c→b→a→B

图5-1 直流电机原理结构图

二、直流电机的简单计算

电枢旋转后，绕组的线圈边又因切割磁力线而产生感应电动势，用右手定则判断，它的方向与绕组中的电流方向是相反的，称为反电动势，记作 E_C。因此，直流电动机运转时，电枢中的电流为

$$I_a = \frac{U - E_C}{R_a}$$

式中，U 为外加电压；R_a 为电枢绕组的电阻。

于是得

$$U = E_C + R_a I_a \tag{5-1}$$

式（5-1）是直流电机电路的电压平衡方程式，显然 $E_C < U$。式（5-1）两边乘以电流 I_a，得功率平衡方程，即

$$U I_a = E_C I_a + R_a I_a^2 \tag{5-2}$$

式中，$E_C I_a$ 为电磁功率，它转化为电机的机械功率，如果不计摩擦损耗，它也就是电机输出的机械功率；$R_a I_a^2$ 为电枢绕组的铜损耗；$U I_a$ 为电源供给的电功率（不计铁损耗）。

直流电机的电磁转矩 T 与每极磁通 Φ 和电枢电流 I_a 成正比，即

$$T = C_T \Phi I_a \tag{5-3}$$

式中，C_T 为转矩常数，取决于电机结构。

反电动势 E_C 与每极磁通 Φ 和电机的转速 n 成正比，即

$$E_C = C_e \Phi n \tag{5-4}$$

式中，C_e 为电动势常数，由电机结构决定。

例 5-1 一台直流电机接入 $U = 220\text{V}$ 的直流电源，稳定运行时电枢电流 $I_a = 10\text{A}$，电枢绕组电阻 $R = 0.5\Omega$。试求电机的反电动势和电磁功率。若由于某种原因，电网电压下降为 190V，而电机的每极磁通和负载转矩保持不变，求电机在新的平衡条件下稳定运行时的反电动势和电磁功率；并问此时电机转速发生什么变化？

解 （1） $U = 220\text{V}$ 时，反电动势为

$$E_C = U - R_a I_a = 220\text{V} - 0.5 \times 10\text{V} = 215\text{V}$$

电磁功率为

$$P = E_C I_a = 215 \times 10\text{W} = 2150\text{W}$$

（2） $U = 190\text{V}$ 时，因 Φ 与 T 都不变，故电枢电流 I_a 也保持不变。达到新的平衡时，反电动势为

$$E'_C = U' - R_a I_a = 190\text{V} - 5\text{V} = 185\text{V}$$

电磁功率为

$$P' = E'_C I_a = 185 \times 10\text{W} = 1850\text{W}$$

这时，输出的机械功率减小，因而电机转速下降。这也可由式（5-4）$E_C = C_e \Phi n$ 看出，转速 $n = \dfrac{E_C}{C_e \Phi}$ 因 E_C 减小，n 也相应降低。

如果将图 5-1 所示外电路的直流电源撤除，改接电气负载。用某种原动机来拖动电枢旋转，使电枢绕组因切割磁力线而产生感应电动势，经过换向器、电刷与外电路接通，给负载

供电。这样，就成为一台直流发电机了。因此，直流电机具有可逆性，即从原理上讲，一台直流电机既可用作直流发电机，也可用作直流电动机。

三、直流电机的构造

图 5-2 所示为 Z2 系列直流电机结构图，它主要由定子（固定部分）和电枢（旋转部分）两大部分组成。图 5-3 所示为该直流电机的主要部件，图 5-4 所示为它的剖面图。

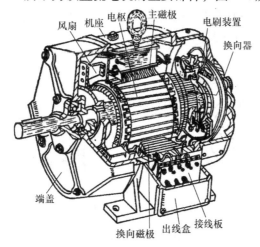

图 5-2　Z2 系列直流电机结构图

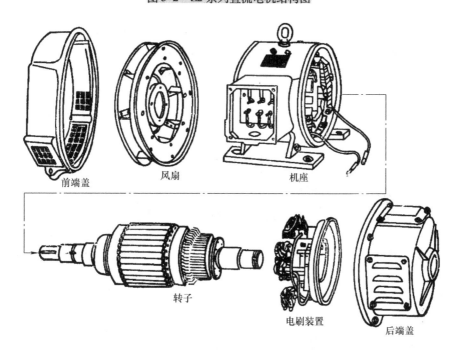

图 5-3　Z2 系列直流电机的主要部件

定子包括主磁极、换向磁极、机座、端盖和电刷装置等。

主磁极装在机座内壁，它的铁心由整块钢制造或用厚度为 1~1.5mm 的钢板叠成，其上套有励磁绕组。主磁极的作用是通入直流电流产生主磁通。

在相邻的主磁极之间装有换向磁极,它也是由铁心和绕组构成的,用来改善换向,使电机运行时,在电刷与换向器的接触面上不致产生有害的火花。

机座是电机磁路的一部分,并用以固定主磁极、换向磁极以及支承整台电机的重量。机座一般为铸铁或铸钢件,小容量的直流电机也可由钢板焊成或由钢管制造。

电刷通常用石墨制成,装在金属的刷握内,如图5-5所示。用弹簧将电刷压在换向器表面用作滑动接触。电刷数一般等于主磁极数,同极性的电刷经软连线汇在一起,作为电枢绕组的引出端。电刷装置固定在端盖上。

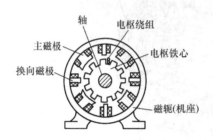

图 5-4 Z2 系列直流电机剖面图

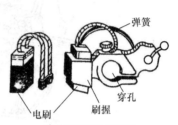

图 5-5 电刷装置

转动部分包括电枢铁心、电枢绕组和换向器等。

电枢铁心作为电机磁路的一部分,它由硅钢片叠成,钢片边缘冲有槽口,叠成圆柱体后外包面形成许多均匀分布的槽,槽内嵌放着绕组。

电枢绕组由许多绕组元件构成,它们按一定规则排列并连接到换向片上,使绕组本身连成有两个引出端的串并联电路。它是直流电机中实现能量转换的核心部分。

换向器如图5-6所示。它由许多梯形铜片组成,片间用云母片绝缘,外表呈圆柱形。换向片的一端有突起的"耳",用来与电枢的绕组元件出线端焊接。换向器装在电枢的一端,跟电枢一起旋转。换向器的作用是实现电枢绕组中的交流电与电刷两端直流电之间的转换。

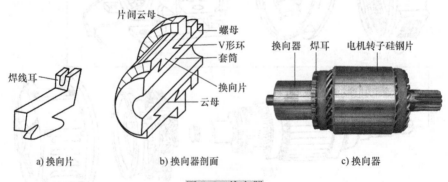

图 5-6 换向器

功率较大的直流电机还装有风扇,以加强散热冷却。

四、直流电机的励磁方式

直流电机的性能与它的励磁方式有密切的关系。按励磁电流供给方式的不同,直流电机可分为他励和自励两大类；其中，自励直流电机又分为并励、串励和复励 3 种。它们的电路如图 5-7 所示。

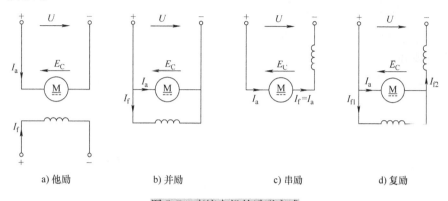

a) 他励　　　　b) 并励　　　　c) 串励　　　　d) 复励

图 5-7　直流电机的励磁方式

他励电机的励磁电流由另外的电源供给，励磁绕组与电枢绕组在电路上没有联系。

自励电机的励磁绕组与电枢绕组共用同一电源。并励电机的励磁绕组与电枢绕组并联；串励电机的励磁绕组与电枢绕组串联；复励电机的主磁极有两组励磁绕组，一组与电枢绕组并联，另一组与电枢绕组串联。

小容量直流电机的励磁也有采用永久磁铁的。

直流电机的额定电压有 110V、220V、330V、440V 等。目前我国推广应用的直流电机是 Z4 系列，它适合用硅整流器供电，采用 F 级绝缘。与过去的 Z2 系列相比，具有效率高、噪声低、体积小、重量轻等优点。

第三节　直流电机的特性

一、直流电机的转速特性

当直流电机的励磁绕组和电枢绕组同时接入直流电源时，载流的电枢绕组受主磁极磁场作用而产生电磁转矩 T，当 T 大于电枢轴上的机械负载阻转矩 T_L 时，电机起动并加速旋转；当电机以某一转速稳定运转时，$T = T_L$。设电机以转速 n 稳定运转时，机械负载转矩由 T_L 增至 T'_L，这时电磁转矩 $T < T_L$，转速立即下降，因为为 $E_C = C_e \Phi n$，所以电枢的反电动势 E_C 随之减小。又因为 $U = E_C + R_a I_a$，且外加电压 U 是定值，所以 E_C 的减小引起电枢电流 I_a 的增加，而 $T = C_t \Phi I_a$ 也随之增大，直到跟负载转矩重新平衡，即 $T = T'_L$ 时，电机的转速就不再下降，而以较低的转速 n' 稳定运转。如果负载减小，变化过程与上述相反，电机最后将以较原来高一些的转速稳定运转。

综上所述，直流电机的稳定运行状况取决于负载的大小；当负载发生变化时，电机的转速、电流、转矩都将自动地做相应的变化。

转速公式可由式（5-4）和式（5-1）得出，即

$$n = \frac{E_e}{C_e \Phi} = \frac{U - R_a I_a}{C_e \Phi} \tag{5-5}$$

式中,R_a 为电枢电路的电阻。

二、直流电机的转速特性

下面分别讨论几种直流电机的机械特性。

1. 他励或并励电机

由转速公式（5-5）和转矩公式（5-3），可得直流电机转速与转矩的关系式 $n = f(T)$ 为

$$n = \frac{U}{C_e \Phi} - \frac{R_a}{C_e C_t \Phi^2} T \qquad (5-6)$$

在 $T-n$ 坐标系中画出 $n = f(T)$ 的关系曲线，就是电机的机械特性曲线。

在他励或并励电机中，外加电压（即电枢电路的端电压）为一定值，不因负载而改变，同时励磁绕组的电压也一定，主磁极每极磁通近似保持不变。因此，式（5-6）中，除变量 T 与 n 之外的其余各量都是常数。

他励与并励电机的机械特性基本相同，由式（5-6）看出，转速将随转矩的增加而近似地按线性规律下降；但因电枢电阻 R_a 很小，转速下降的程度微小，如图5-8所示。从空载到额定负载，转速的降低仅为额定转速的 5%～10%。因此，他励与并励电机具有硬的机械特性。

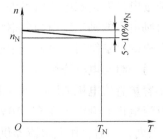

图 5-8　并励与他励电机的机械特性

并励或他励直流电机的应用很广，凡要求转速近似不变或需在较大范围调速的生产机械，都可采用。

必须注意，并励或他励电机运转时，切不可断开励磁绕组，否则，励磁电流为零，磁极上仅有微弱的剩磁，反电动势很小，电机的电流和转速都将急剧增大，以致超过安全限度，发生"飞车"现象。所以一般要设置失磁保护，当电机的磁场消失时，能自动跳闸，切断电源，使电机停止运转。

2. 串励电机

因为串励电机的励磁绕组与电枢电路串联，所以它的特点是磁通随负载而改变。当负载增加时，电流随之增加；当磁路未饱和时，可认为磁通量与电枢电流成正比，所以电磁转矩大为增加：

$$T = C_T \Phi I_a = C'_T I_a^2 \qquad (5-7)$$

同时，转速 n 却随电流 I 与磁通量 Φ 的增加而急剧下降，这可由串励电机的转速公式看出：

$$n = \frac{U - (R_f + R_a) I_a}{C_e \Phi} \qquad (5-8)$$

式中，R_f 为励磁绕组的电阻；R_a 是电枢绕组的电阻；它们串联组成电枢电路的电阻。

将 $\Phi \propto I_a \propto \sqrt{T}$ 这些比关系代入式（5-8）中得到

$$n = \frac{K_1}{\sqrt{T}} - K_2 \qquad (5-9)$$

K_1、K_2 均表示式（5-9）中出现的一些常数的组合。式（5-9）就是串励电机 $n = f(T)$

关系式，它的曲线如图 5-9 所示。可见，串励电机具有软机械特性。这种特性特别适用于起重、提升和运输等设备。因为当负载减少时，转速能自动升高，可提高生产率；当负载增大时，转速自动降低，可保证安全运行，并且此时电机的转矩大为增加，相对来说电流却增长不多，故具有较大的过载能力。

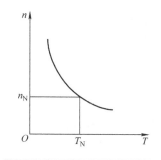

图 5-9 串励电机的机械特性

必须注意，串励电机不能空载或轻载运行，因为由图 5-9 可以看出，空载或轻载时转速很高，往往超过机械强度的允许限度，损坏电机。为此，串励电机与生产机械之间绝不允许采用传动带等传动方式，以免传动带等断裂或脱落时造成空载运行，转速过高而发生"飞车"的危险。

3. 复励电机

复励电机的机械特性介乎并励与串励之间，因而它兼有二者的某些优点：一方面它有较大的过载能力、起动转矩和较软的机械特性；另一方面，空载或轻载时，由于并联绕组的磁场存在，能限制转速不致过高。

第四节 直流电机的起动、调速和反转

一、电机的起动

电机起动的瞬间，转速 $n=0$，故 $E_C = C_e \Phi n = 0$，此时电枢电流称为起动电流，记作 I_{st}，由式 $I_a = \dfrac{U - E_C}{R_a}$ 得

$$I_{st} = \frac{U}{R_a}$$

由于电枢电阻 R_a 很小，故起动电流可达额定值的十几或几十倍，会损坏换向器和电枢绕组等，并使供电线路的电压下降。因此，起动时可降低加在电枢绕组上的电压，或在电枢电路中串联起动变阻器，以限制起动电流。选择起动变阻器的阻值 R_{st} 时，应使 I_{st} 在 $(1.5\sim2.5)I_N$ 范围内，即 R_{st} 可由下式确定：

$$I_{st} = \frac{U}{R_a + R_{st}} = (1.5\sim2.5)I_N \qquad (5\text{-}10)$$

现以并励电机为例说明串接起动变阻器的起动过程：起动前先检查励磁电路是否接通，并将串接在励磁电路中的磁场变阻器 R_f 置于阻值为零的位置，以便得到较大的励磁电流和主磁通，从而产生较大的起动转矩（见图 5-10 所示电路）；起动时，应将串接在电枢电路中的起动变阻器置于阻值 (R_{st}) 最大的位置，以限制起动电流，只要起动转矩大于负载阻转矩，电机便加速旋转；由于转速增加，反电动势变大，电枢电流变小，为了保持一定的加速净转矩，

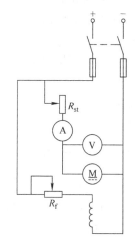

图 5-10 并励电机的电路图

电机在加速过程中，必须将起动变阻器的电阻 R_{st} 逐段切除；起动完毕时，起动变阻器的全部电阻均已切除，电机即进入正常运转状态。

二、电机的调速

由式（5-5）可以看出，直流电机的调速方法有三种：电枢串接电阻调速、弱磁调速和降低电源电压调速。

（1）电枢串接电阻调速

在电枢电路中串联调速变阻器 R_{st}，用以增加电枢电路的电阻，使转速降低。设 R_a 表示电枢绕组的电阻，则降低后的转速为

$$n = \frac{U-(R_s+R_a)I_a}{C_e\Phi}$$

改变 R_s，即可调节转速 n。因为 U、Φ、I_a 均为额定值时，转速额定值为

$$n_N = \frac{U_N - R_a I_{aN}}{C_e\Phi}$$

可见，这种调速方法只能在额定转速 n_N 以下做比较均匀的调节。这种调速方法消耗能量较多，故不经济；并且轻载时 I_a 很小，故调速范围较小，但方法简便。因此在功率较小的直流电机中应用较多。

（2）弱磁调速

在并励或他励电机的励磁电路中串联调速变阻器 R_f（即磁场变阻器，见图5-10），用来调节励磁电流 I_f，以改变磁通 Φ。当 I_f、Φ 减小时，转速增加；当 I_f、Φ 增大时，转速降低。由于 I_f 通常很小，故变阻器耗能较少，这种调速方法经济、方便，故应用很广。但是，I_f 只能在小于最大励磁电流（磁场变阻器置于阻值为零时的励磁电流）的范围内调节，也就是说，Φ 只能在小于额定值 Φ_N 的范围内进行调速（故称弱磁调速），所以，这种调速方法只能在额定转速 n_N 以上做均匀调速，且只能做辅助调速用。

（3）降低电源电压

直流电机常由单独的可调整流装置供电。目前用得最多的可调直流电源是晶闸管整流装置（SCR），调节电源电压就可均匀调速。因为加在电枢上的电压不能超过额定值 U_N，所以这种调速方法只能在额定转速 n_N 以下做均匀调速。

这种调速方法具有调速范围广、平滑性好等优点。但需要专用的直流调压电源。

实际应用中，常将以上介绍的前两种或后两种方法结合起来，从而获得平滑、范围宽广的调速。

三、电机的反转

直流电机的旋转方向取决于电枢电流的方向和主磁极磁场的方向，所以两者任变其一，就可使电机反转。并励电机通常是改变电枢电流方向使电机反转。这是因为励磁电路的电感很大，换接时将会产生很高的电动势，可能把绝缘击穿。

思考题与习题

一、思考题

5-1　为什么并励或他励直流电机工作时切不可断开励磁绕组?

5-2　为什么串励直流电机不能空载或轻载运行?

5-3　并励或他励直流电机起动时,为什么要把串接在励磁电路中的磁场变阻器置于阻值为零的位置?而串接在电枢电路中的起动变阻器则应置于阻值最大的位置?

5-4　若将接到自励直流电机的两根电源线对调,电机能否反转?

二、习题

5-1　某直流电机当它的转速为 1200r/min 时,产生 110V 的感应电动势;若将每极磁通 Φ 增加 6%,转速增至 1400r/min,试求此时的感应电动势。

5-2　一台他励直流电机接入 220V 的直流电源,以 750r/min 稳定运行时,电枢电流为 25A,电枢绕阻电阻为 0.4Ω。试求反电动势和电磁功率。若将外加电压升高到 236V,设电机的每极磁通和负载转矩不变,求电动机在新的平衡条件下稳定运行时的反电动势、电磁功率和转速。

5-3　一台并励电机,电枢电阻为 0.05Ω,励磁电路电阻为 57.5Ω,电源电压为 115V,输入电流为 102A。试求反电动势和电磁功率。

5-4　一台自励直流电机的额定电枢电流 $I_{aN}=26.6$A,端电压 $U=110$V。如果起动时不用起动电阻,直接接到额定电压上,则起动时电枢电流为 390A。今欲使起动时电枢电流为额定值的 2 倍,应加入起动电阻 R_{st} 为多少?

第六章 汽车永磁同步电机

情境引入

电动汽车的电机是永磁直流同步无刷电机，简称永磁同步电机。这种电机的总供电为直流电，直流电经变频器变换为三相交流电后，再给三相电机供电，这时三相交流电的电压幅值和频率是可调的，电机的转矩和转速可实现大范围的调节。

由于电机供电电压幅值和频率可调，电机在变频器控制下的工作特性与有刷直流电机有相同的地方，也有不同的地方。

知识目标

1) 能说出永磁同步直流无刷电机中的永磁、同步、直流、无刷分别指什么。
2) 能说出汽车变频器控制下的电机工作特性。
3) 能说出汽车变频器"两两导通"和"三三导通"的换流过程。

技能目标

1) 能更换汽车永磁直流同步无刷电机。
2) 能正确拆装汽车永磁直流同步无刷电机。
3) 能对汽车永磁直流同步无刷电机进行必要的检查。
4) 能对汽车永磁直流同步无刷电机的液冷系统进行检查。

第一节 电动汽车电机

一、电机种类

电机根据电源的电压幅值和频率是否变化分为驱动电机和控制电机两种。

二、驱动电机

驱动电机是电源的特征（电压幅值和频率）不发生变化的电机，工作机械特性只取决于负载阻力的大小。

例如，电机的端电压 $u = A\sin(\omega t + \varphi)$，在我国有三相电机和单相电机两种，我国工频电为 50Hz（$\omega = 100\pi$），线电压为 380V，相电压为 220V。因此有

三相电机：$u = 380\sqrt{3}\sin(100\pi t + \varphi)$ V

单相电机：$u = 220\sqrt{2}\sin(100\pi t + \varphi)$ V

由于电压幅值 A 不变、角频率 ω 不变、初始角 φ 不确定，整个电机的机械特性取决于电机的负载大小，这就是驱动电机（工频电机）。

三、控制电机

控制电机的电源是直流电，经变频器控制输出幅值和频率的电机，工作机械特性不仅取决于负载阻力的大小，也取决于变频器的控制申流输出大小。

控制电机的端电压仍为 $u = A\sin(\omega t + \varphi)$，电动汽车为三相电机，电机端电压随以下参数的变化而变化：

1）电压幅值 A：幅值 A 是变值。

2）角频率 ω：ω 也可以从零调节到几百赫兹（Hz）。

3）初始角 φ：φ 为确定值。

整个电机的机械特性取决于电机控制目标的大小，这就是控制电机。

汽车上的控制电机应用有很多，如电动汽车或传统汽车采用的电动转向电机，电动汽车驱动电机和空调驱动电机。

四、电动汽车对电机的要求

用于电动汽车的驱动电机与常规的工业驱动电机不同。电动汽车的驱动电机通常要求频繁地起动/停车、加速/减速，低速或爬坡时要求高转矩，高速行驶时要求低转矩，并要求变速范围大。而工业电机通常优化在额定的工作点。因此，电动汽车驱动电机比较独特，应单独归为一类。要求它们在负载要求、技术性能和工作环境等方面有着特殊的要求。

（1）过载能力要强

电动汽车驱动电机需要有 4~5 倍的过载，以满足短时加速或爬坡的要求，而工业电机只要求有 2 倍的过载就可以了。

（2）基速比要大

电机的最高转速和恒转矩控制的最高转速（基本速度）之比称为基速比。电动汽车的最高转速要求达到在公路上巡航时基本速度的 4~5 倍，而工业电机只需要达到恒功率是基本速度的 2 倍即可。

（3）设计目标要求高

电动汽车驱动电机需要根据车型和驾驶人的驾驶习惯设计，而工业电机只需根据典型的工作模式设计。

（4）功率密度要高

电动汽车驱动电机要求有高功率密度（一般要求达到 1kg/kW 以内）和好的效率图（在较宽的转速范围和转矩范围内都有较高的效率），从而能够降低车重，延长续驶里程。而工业电机通常对功率密度、效率和成本进行综合考虑，在额定工作点附近对效率进行优化。

（5）可控性要好

电动汽车驱动电机要求工作可控性高、稳态精度高（转速误差小）、动态性（加减速响应快）能好。而工业电机只有某一种特定的性能要求。

(6) 工作环境差

电动汽车电机非额定工况多,导致生热量多,加之汽车上空间狭小,要有专门的水冷却循环;由于工作在外界环境中,防尘和防水等级要高,一般为 IP55 或更高;因为工作在频繁振动等恶劣环境下,所以可靠性要高。而工业电机通常在某一个固定位置工作。

第二节 电动汽车永磁电机结构

电动汽车电机中,永磁无刷电机因其效率高(在 95% 以上),使其成为高、中档电动轿车中优先采用的电机。

一、永磁无刷电机的优点

1)电机转子由高磁能永磁材料制作,对于给定的输出功率,它的质量和体积能够大大减小,使得功率密度提高。

2)转子为永磁体,转子铜损耗小于感应电机,其效率高于感应电机。

3)电机发热主要集中在定子上,易于采取散热措施。

4)永磁体没有其他励磁制造缺陷、过热或机械损坏的限制,因而可靠性较高。

汽车永磁电机按有无换向电刷可分为两类:永磁有刷直流电机和永磁无刷直流电机。根据输入电机接线端的交流波形,永磁无刷电机可分为永磁同步电机(正弦波)和永磁无刷直流电机(矩形波)。正弦波产生的转矩基本是恒转矩,这与绕线转子同步电机相同。输入的是交流方波,采用离散转子位置反馈信号控制换向。由于方波磁场与方波电流之间相互作用而产生的转矩比正弦波大,所以,永磁无刷直流电机的功率密度大,但是由功率器件的换向电流引起的转矩脉动也大。

二、三相直流无刷电机

1. 三相原始电机基本结构

如图 6-1 和图 6-2 所示,三相直流无刷电机是在最简单的电机基础上将定子和转子同步加倍做成的,这就相当于多缸发动机是在单缸发动机的基础上罗列出来的。这里极数 P 相当于活塞个数,而 1 个活塞的配气机构是 3 个定子磁极。

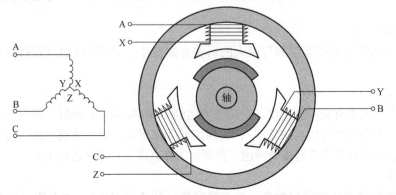

图 6-1 最简单的原始三相直流无刷电机(槽数 $Z=3$,极数 $2P=2$,相当于单缸发动机)

2. 加倍降波动

为了降低电机转子的转矩波动，通常要将定子相数和转子磁极数加倍，在两倍（相当于两缸发动机）原始电机 A 相中，A_1X_1 和 A_2X_2 串在一起构成 A 相，通电时会同时产生磁通。

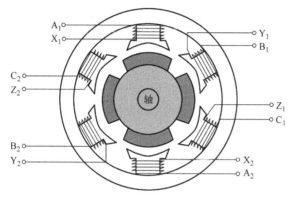

图 6-2 定子极数和转子极数量加倍（槽数 $Z=6$，极数 $2P=4$，相当于双缸发动机）

第三节　三相逆变过程

电机的转矩控制本质是两个要素的控制，第一是什么时间控制开关管导通；第二是开关管导通持续的时间（电角度）是多少。

一、变频器

图 6-3 所示为电动汽车电机"逆变"控制原理图，数字信号处理器（DSP）接收旋变变压器信号，信号经 DSP 的 3 个信号（CAP/IOPA3、4、5）捕捉端口进入，经过控制策略的处理后，再输给 DSP 内部的 ePWM 模块（ePWM 模块为 DSP 内部专门为驱动电机开发输出多段脉冲波的模块）形成六路 PWM 脉冲波，脉冲波经光隔离电路和反相驱动电路后接入开关管 $V_1 \sim V_6$ 的控制栅极（G）。

二、电流导通方式

目前电动汽车无刷直流电机驱动方式为全桥驱动方式，由 $V_1 \sim V_6$ 共 6 只功率晶体管构成的全桥可以控制三相绕组 A、B、C（有的书写为 U、V、W 三相绕组）的通电状态。按照功率晶体管的通电方式可分为"两两导通（120°导通）"和"三三导通（180°）"两种控制方式。

1. 两两导通

在两两导通方式下，每一瞬间有两个功率晶体管导通，每隔 1/6 周期（即 60°）换相一次。每次换相一个功率晶体管，每只功率晶体管持续导通 120°。每个绕组正向通电、反向通电各 120°电角度，对应每相绕组持续导通 120°，在此期间对于单相绕组电流方向保持不变。假设流入绕组的电流产生正的转矩，流出绕组的电流产生负的转矩。每隔 60°换相一次意味着每隔 60°合成转矩方向转过 60°，大小保持为 $\sqrt{3}$ 倍的转矩。

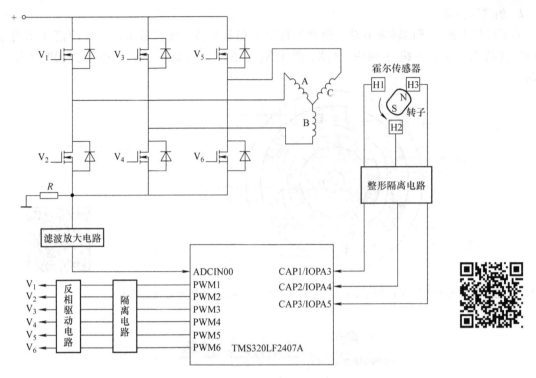

图 6-3 电动汽车电机"逆变"控制原理图

"两两导通"要比"三三导通"好理解,为了便于说明,以"两两导通"为例,电机转动以60°出现一次换流,图6-4所示为电机定子的"两两导通"控制方式。

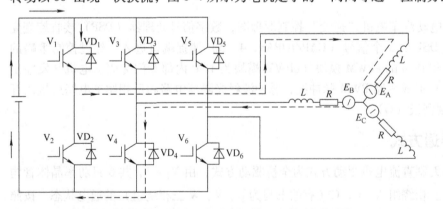

图 6-4 电机定子的"两两导通"控制方式(IGBT 换流)

"两两导通"工作原理如下:

以电机转子在0°为始点,先让 V_1 导通120°,这期间 V_4 先导通60°,电流先经 $V_1 \to U$ 相 $\to V$ 相 $\to V_4$ 流至蓄电池负极。控制 V_4 截止,再控制 V_6 导通60°,电流先经 $V_1 \to U$ 相 $\to W$ 相 $\to V_6$ 流至蓄电池负极。电机转动120°,距始点为120°。

以电机转子在120°为始点,让 V_3 导通120°,这期间 V_2 先导通60°,电流先经 $V_3 \to V$ 相 $\to U$ 相 $\to V_2$ 流至蓄电池负极。控制 V_2 截止,再控制 V_6 导通60°,电流先经 $V_3 \to V$ 相 $\to$

W 相→V_6 流至蓄电池负极。电机转动 120°，距始点为 240°。

以电机转子在 240° 为始点，让 V_5 导通 120°，这期间 V_2 先导通 60°，电流先经 V_5→W 相→U 相→V_2 流至蓄电池负极。控制 V_2 截止，再控制 V_4 导通 60°，电流先经 V_5→W 相→V 相→V_4 流至蓄电池负极，电机转动 120°，距始点为 360°，完成一个圆周运动。

只要根据磁极的不同位置，以恰当的顺序去导通和阻断各相出线端所连接的可控晶体管，始终保持转子线圈所产生的磁动势领先磁极磁动势一定电角度的位置关系，便可使该电机产生一定方向的电磁转矩而稳定运行。

另外，通过借助逻辑电路来改变功率晶体管的导通顺序，即可实现电机正、反转。

电机的"两两导通"方式和发动机的进、排气门开启有些类似，有些类似于发动机的两气门"一进一排"方式。

2. 三三导通

每一瞬间有 3 只功率晶体管通电，每 60° 换相一次（见图 6-5），每只功率晶体管通电 180°。对于三三通电方式，每一瞬间有 3 只功率晶体管导通，每隔 60° 换相 1 次，每一功率晶体管通电 180°。每隔 60° 换相 1 次意味着每隔 60° 合成转矩方向转过 60°，合成转矩大小为 1.5 倍单相绕组所产生的转矩。

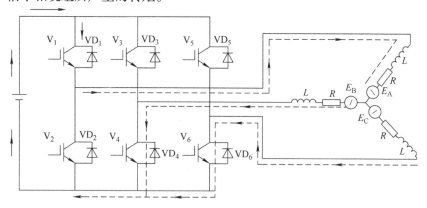

图 6-5　电机定子的"三三导通"控制方式（IGBT 换流）

三、定时和定量控制

电机的定子绕组为三相星形联结，位置传感器与电机转子同轴，控制电路对位置信号进行逻辑变换后产生驱动信号，驱动信号经驱动电路放大后控制变频器的功率开关管，使电机的各相绕组按一定的顺序工作。

1. 三相电流定时控制

三相原始电机转子相当于指南针，N 极 F_d 总是意图指向合成磁场 F_a，F_a 的大小以及 F_a 和 F_d 的夹角是控制系统要控制的内容，这就相于发动机喷油量和喷油提前角控制。以图 6-6 所示为无刷直流电机系统来说明无刷直流电机定时控制的作用。

2. 三相电流定量控制

在三相定子线圈的"两两导通"或"三三导通"方式中，控制 IGBT 的导通角内导通时间接近合导通，则定子线圈的电流就大，产生的转矩就高。反之，控制 IGBT 有较小的导通时间，则定子线圈的电流就小，产生的转矩就小。

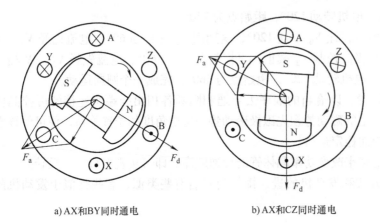

a) AX和BY同时通电 b) AX和CZ同时通电

图6-6 电机三相电流定时控制作用

第四节 电机转子位置传感器

一、电机转子初始角

功率晶体管的换相信号需要从电机转子位置传感器的状态得出,换相时刻即相序信号状态改变的时刻。因此,电机转子位置和三相绕组相对关系对于电机的正确方向运行非常重要。

电机转子位置传感器分为有传感器型和无传感器型两种,电机位置传感器即电机转子转速传感器,由于表达过于冗长,一般称为电机解角传感器。

二、电机转子位置识别

1. 有位置传感器型

永磁直流无刷电机位置传感器是组成无刷直流电机系统的三大部分(电机、变频器、位置传感器)之一,也是区别于有刷直流电机的主要标志。其作用是检测电机转子在运动过程中的位置,将转子磁极的位置信号转换成电信号,为逻辑开关电路提供正确的换相信息,以控制功率晶体管的导通与截止,使电机电枢绕组中的电流随着转子位置的变化按次序换向,形成气隙中的旋转磁场,驱动永磁转子连续不断地旋转。

安装时,转子位置传感器有偏差,可能造成不正确的导通角,不正确的导通角偏差会引起电机额外的损耗。

通常位置和速度类传感器的种类一般有霍尔式、电磁式、光电式、磁敏式和旋转变压器式五种。但从抗温度影响、抗污染、抗振动方面,目前霍尔式和旋转变压器式有着广泛的应用,特别是旋转变压器式的应用更广泛。

2. 无位置传感器型

三段式起动法:电机静止时的转子停留的位置决定了变频器第一次应触发哪两个功率晶体管,而在没有位置传感器时判断转子初始位置很复杂;可以先让变频器任意两相导通,并控制电机电流,通电一段时间后,转子就会转到与该导通状态相对应的一个预知位置,完成转子的定位;转子定位后,根据驾驶人变速杆的位置(D 或 R),就可知道接下来应触发的变频器功率器件。

基于以上这种想法,人们提出了三段式起动法。三段式起动法是信号发生器控制同步电机的运行状态从静止开始加速,直至转速足够大到产生可识别的反电势信号,再切换至反电势法控制无刷电机运行状态,实现电机起动。这个过程包括转子定位、加速和运行状态切换三个阶段,所以也称"三段式起动法"。

其他测量方法有预定位起动法、升频升压同步起动法、短时检测脉冲转子定位起动法等。

思考题与习题

一、思考题

6-1 有刷电机为什么不能实再现大功率?有刷电机经过什么改造才能变为无刷电机实现大功率?

6-2 汽车永磁电机为什么有较高的效率?电机为什么还要采用水冷?

6-3 汽车永磁电机的变频器如果给一个电阻型负载供电时,用示波器测量供电线上的波形是脉冲直流,还是其他?

二、习题

6-1 试根据下列几台永磁同步电机的额定转速,判断它们的同步转速与磁极对数(设变频器输出的电源频率为100Hz):(1)2000r/min;(2)3000r/min;(3)1500r/min;(4)6000r/min。

第七章 安全用电

情境引入

安全用电在汽车上主要用于电动汽车充电的3种情况：一是在家中利用墙壁单相三孔充电；二是在学校、商场等公共场合的采用单相220V或三相380V交流电为交流供电桩供电，交流供电桩只供电，不进行交直流转换；三是在城市或高速服务区的快速充电站，由三相380V交流电为直流充电桩供电。供电桩和充电桩是不同的，交流供电桩说明充电机在汽车上；直流充电桩说明充电机在车外。安全用电涉及电动汽车充电过程的保护。

知识目标

能说出保护接零和保护接地的工作过程。

技能目标

1) 能对电机做出保护接零保护。
2) 能对电机做出保护接地保护。

安全用电

一、电流对人体的作用

人体触电时，电流通过人体，就会产生伤害。电流对人体的伤害，按其性质可分为电击和电伤两种。

1. 电击

电击是指电流使人体内部器官受到损害，触电时肌肉发生收缩，如果触电者不能迅速摆脱带电部分，电流将持续通过人体，最后因神经系统受到损害，使心脏和呼吸器官停止工作而趋死亡。所以电击的危险性最大，而且也是经常遇到的一种伤害。

2. 电伤

电伤是指因电弧或熔体熔断时飞溅的金属沫等对人体的外部伤害，如烧伤、金属沫溅伤等。电伤的危险虽不像电击那样严重，但也不容忽视。

二、触电伤害程度

人体触电伤害程度取决于通过人体电流的大小。如果通过人体（心脏）的电流在

0.05A（50mA）以上，就会有生命危险，而达 0.1A（100mA）时就足以致命。人体的电阻从 800Ω 到几万欧不等，皮肤潮湿或有污垢时会使人体电阻大大降低。

三、什么是安全电压

安全电压与工作领域有关，我们所说的安全电压大小必须在一定的领域下提出才是有效的。比如是电动汽车领域，还是变压器之后的工业交流用电领域（TN 网络）。因为它们的电网络是不同的，变压器之后的工业交流用电领域为"TN 网络"，电动汽车为"IT + TN 网络"。网络不同导致安全程度和防护方法不同。

最后，要说的是安全电压也与是交流电还是直流电有关，同样电压的直流电和交流电的触电结果是不同的。

在电工领域：接触交流 36V 以下的电压，通过人体（心脏）的电流不致超过 0.05A，故安全电压通常规定为交流 36V；但在潮湿及地面能导电的厂房，安全电压则规定为交流 24V、交流 12V。这是对一般人而言的，不针对特殊不健康人群。

在电动汽车领域：电动汽车规定在维修电动汽车时，安全电压为直流 60V。这也是对一般人而言的。

四、电动汽车的所谓"高压"是真的吗

国家规定，电动汽车上动力蓄电池的电压在 750V 以下，在 300~400V 之间的居多，一部分轻混型混合动力汽车，汽车装载少量的动力蓄电池，动力蓄电池电压不高，一般在 200~300V 之间，为提高电机的效率采用对动力电池升压后给电机供电的技术，升压后通常最高可为 650V，这些汽车上的电压是高电压吗？如果不是，为什么大家这样称呼？

对此，我们解答如下：纯电动汽车或混合动力汽车上的所谓高压的本质是低压，因为电压不高于 1000V，750V 以下在低压领域，不会有电离空气的触电危险，只要不触摸就没有危险。但在汽车领域，为了区分汽油汽车 12V 电系或柴油汽车 24V 电系两种电压，又因为这两种电系只有电烧伤的可能，但没有电击伤的可能，而几百伏的电动汽车直流电压却有电击伤人员的可能，所以称其为"高压"，纯电动汽车和混合动力汽车也称为"高压车"。事实上电动汽车上电压的危险性要比交流单相 220V 或三相 380V 要小得多，从事电动汽车维修的危险概率要比低压电工操作人员（从事变压器下面的 380V）要安全得多，修理电动汽车的危险远比我们每天插笔记本电脑电源线、手机充电器、家用电饭锅等要安全得多。

电动汽车非常安全，但电动汽车从业者的从业人员素质有高有低，并以低居多。再加之从原来燃油汽车过渡过来的从业人员会将 12V 电系的操作习惯应用到电动汽车的几百伏电压上，就有一定的危险了，所以将其暂称为"高压"或"高压车"。

【作者特别指出】 电动汽车电击致死事件少见，电动汽车自燃失火和碰撞失火造成车主伤亡的例子倒是很多，可见电动汽车安全并不在电压上，而在自燃失火和碰撞失火上。

触电的原因，可能是人体直接接触带电导体，也可能是绝缘损坏，工作人员接触带电的金属外壳。大多数事故是后一种情况。为了防止这种危险，可采用保护接地或保护接中线的装置。

五、中性点不接地系统的保护接地

图 7-1 所示为电机的保护接地装置：将电机外壳与接地干线连接，而接地干线又与接地体连接。

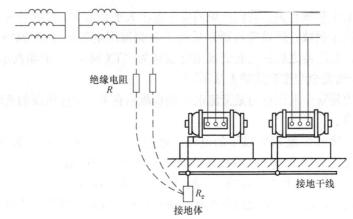

图 7-1 电机的保护接地装置

按地装置中，可利用自然接地体，如敷设于地下的金属水管或房屋的金属框架等。若自然接地体达不到要求，则采用人工接地体。人工接地体一般用长 2~3m、直径 35~50mm 的钢管垂直打入地下，接地体与埋在地下的钢条（干线）相连。接地电阻一般应小于 4Ω。

保护接地适用于电压小于 1000V、电源中性点不接地的场合，其目的是一旦电气设备绝缘损坏，使外壳对地电压降低到安全数值以下，如图 7-2 所示，图中画出的电阻符号 R 表示电源对地的绝缘电阻。人体触及电机漏电的外壳，由于外壳已接地，接地电阻 R_e 远远小于人体电阻 R_b，故漏电电流主要流向大地，几乎不通过人体，保证了人身安全。

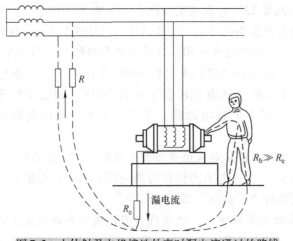

图 7-2 人体触及电机接地外壳时漏电流通过的路线

六、中性点接地系统的保护接地

在中性点直接接地的 1kV 以下的电网中，如采用保护接地，则保护作用很不完善。如

图 7-3 所示，设电源中性点接地装置与电机接地装置的电阻 R_e 各为 4Ω，电源相电压为 220V，则当绝缘破坏发生碰壳短路时，接地装置内有电流流过，这个电流数值为

$$I = \frac{220}{4+4}\text{A} = 27.5\text{A}$$

这个电流不一定能将熔丝熔断，因而电机外壳将长期存在一个对地电压，即

$$U = R_e I = 4 \times 27.5\text{V} = 110\text{V}$$

此时，若工作人员触及机壳，就会发生危险。要使熔丝在碰壳短路时能迅速熔断，切断电源，解决办法就是减小电阻 R_e，加大流过熔丝的故障电流。一种做法是将设备的金属外壳接至 PEN 线（系统的 PE 线和 N 线是合一的，称为 PEN 线），如图 7-4 所示。这样，发生某相碰壳时，就会使熔断电流很大进而熔断熔丝，迅速切断电源，免除触电危险。

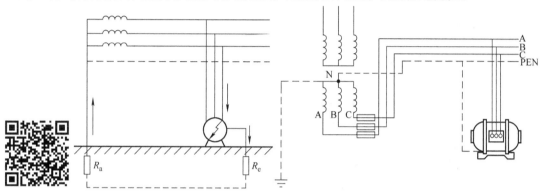

图 7-3 电源中性点接地时电机外壳接地　　图 7-4 中性点接地系统的保护接地

七、工业用电安全知识

1) 对高、低压电气设备均应制订并严格遵守安全操作规程。

2) 低压设备中，应采取措施防止偶然触及带电部分，如闸刀开关的闸刀、变阻器的接触点等均应有适当的保护装置；凡会触及的金属部分，虽然不是电路的一部分，但只要在绝缘损坏时有可能与带电部分相接触，都要采用保护接地或保护接中性线。

3) 工厂车间内一般只允许使用 36V 的手提灯；在金属结构架上和特别潮湿的屋内，则只允许使用不超过 12V 的手提灯。

4) 使用低压电器时，变压器一次电压必须是 380V 或 220V 而不能过高，变压器外壳必须接地；不准用自耦变压器、扼流圈或变阻器来降压用电。

5) 任何情况下都不得用手来鉴定导体是否带电。

6) 电源未切断时，不得更换熔丝。不得任意加大熔丝的断流容量。

7) 防止绝缘部分破损或受潮。为了防止电线受损，下列情况必须避免：把电线挂铁钉上；在电线上勾挂物件、晾晒衣服；用金属丝把两根相线扎在一起；将重物压在电线上；电线受潮；乱拉电线等。

8) 遇有人触电时，如在开关附近应立即切断电源；如附近无开关，应尽快用干燥的绝缘棍棒打断电线或拨开触电者（对 250V 以下的低压情况而言），切勿直接用手去拉触电者。当触电者脱离电源后，根据具体情况，耐心地施行人工呼吸，切勿打强心针。

八、工业电机的主要安全操作规程

1) 电机的旋转部分，如联轴器、带轮、风扇等，应当可靠地遮护起来。
2) 接线端必须盖好，以免无意中触及。
3) 电机及其起动装置不得在运行中进行修理。
4) 高压电机的开关及其起动设备，必须严格关锁，使用时要专人负责，开关附近应备有安全用具，以备操作时使用。

思考题与习题

一、思考题

7-1 电击和电伤的区别是什么？
7-2 多个用电器共用一个熔丝时，是否能起保险作用？
7-3 电动汽车有保护接地电路吗？
7-4 电动汽车有保护接零电路吗？

二、习题

7-1 在中性点直接接地的1kV以下的电网中，如采用保护接地，则保护作用很不完善。如图7-3所示。设电源中性点接地装置电阻为6Ω，电机按地装置的电阻R_e为4Ω，电源相电压为220V，则当绝缘破坏发生碰壳短路时，接地装置内有电流流过，这个电流数值为多少？这个电流会使电机外壳将长期存在一个对地电压，这个电压是多少？

第八章 整流滤波电路

> **情境引入**

汽车发动机带动三相交流发电机发出三相正弦交流电，而汽车用电器要采用直流12V供电，所以，要把汽车交流发电机发出的三相正弦交流电经整流电路变为直流后供电，整流后的电压波有一定的纹波电流，经滤波电路和稳压电路后输出直流电。

> **知识目标**

1) 能说出半波整流和全波整流的区别。
2) 能说出滤波电路的滤波方法。

> **技能目标**

能用电子元器件制作一个12V的交流整流电路，并加滤波电路。

第一节 概 述

一、什么是半导体

导电能力介于导体与绝缘体之间的物质称为半导体，如硅、锗、硒以及大多数金属氧化物和硫化物。纯净半导体导电能力差，绝缘性能也不强，既不宜用作导电材料，也不适合用作绝缘材料，因而长期未被人们重视。

后来，人们逐渐发现：温度、光照、掺杂质等外界条件能引起半导体导电性能的显著变化；即半导体具有热敏、光敏、掺杂等特性。其中，最引人注目的是掺杂特性：在纯净半导体中掺进微量的某种杂质，对其导电性能影响极大。例如，在纯硅中掺入百万分之一的硼，可使其导电能力增加几十万倍以上。半导体技术飞跃发展的基础，主要是利用了半导体的这种掺杂特性。

二、什么是晶体管

在同一电力网中，不允许一部分设备采用保护接地，而另一部分设备采用保护接中性线。这是因为，如果某一保护接地的设备因绝缘损坏发生碰壳短路时，会使中性线上出现危险的对地电压，因而所有接中性线的设备上也都将出现危险的电压。

半导体一般都呈晶体状态，晶体有单晶与多晶之分。所有原子都按一定规律整齐排列的称为单晶体；大量的单晶颗粒杂乱排列就组成多晶体。制造半导体器件需用纯度很高的单晶材料，所以半导体管也称为晶体管。

自从第一个晶体管（俗称三极管）于1948年试制成功以来，半导体技术发展极为迅速。由于晶体管、集成电路等半导体器件具有体积小、重量轻、耗电少、寿命长、工作可靠等一系列优点，在电子技术中逐步取代了电子管器件，使电子装置在微型化、可靠性方面不断进步，在现代生产与科技的各个领域中获得了广泛的应用。

第二节　PN 结

一、半导体的导电方式

半导体中的电子不像在绝缘体中被束缚得那样紧，由于热运动或受光照射，有少量电子获得足够的能量，就能挣脱束缚而成为自由电子。在外电场作用下，这些自由电子就逆着电场方向移动而形成电流。这种导电方式称为电子导电，是半导体中的一种导电方式。

每当一个电子挣脱束缚成为自由电子时，就留下一个空位，称为空穴。中性的原子因失去一个电子而带正电，同时形成了一个空穴，故可认为空穴是带正电的。在外电场作用下，带正电的空穴沿着电场方向移动而形成电流（实际上是邻近的电子填补了空穴，而又留下新的空穴，新空穴再吸引邻近的电子，…从而形成空穴的"移动"）。这种导电方式称为空穴导电，它是半导体的又一导电方式。

半导体中同时存在着电子导电和空穴导电，这是它导电方式的基本特点，也是它与金属在导电上的本质差别。自由电子和空穴都称为载流子。

在纯净半导体中，自由电子和空穴总是成对出现的，称为电子空穴对。自由电子和空穴也会重新结合，称为复合。在一定温度下，载流子的产生与复合达到相对平衡，于是半导体中的载流子便维持一定数目。温度越高，载流子的浓度就越高，所以温度对半导体器件性能的影响很大。

纯净的半导体称为本征半导体，常温下本征半导体的载流子浓度很低，导电能力很差。可是，利用其掺杂特性，在本征半导体中有控制、有选择地掺入微量的有用杂质，就能制成具有特定导电性能的掺杂半导体。

二、两种（N 型与 P 型）半导体

1. N 型半导体

现代电子技术用得最多的半导体材料是硅（Si）与锗（Ge），它们都是四价元素，即有四个价电子。单晶硅（或锗）中掺入微量的五价元素磷 P（或砷 As、锑 Sb），晶体结构中多余的一个价电子很容易脱离原子核的束缚而成为自由电子。于是半导体中的自由电子增多，显著提高了它的导电能力。因为这种半导体的主要导电方式是电子导电，故称之为电子型半导体或 N 型半导体。在 N 型半导体中，自由电子是多数载流子，简称多子；空穴是少数载流子，简称少子。

2. P 型半导体

单晶硅（或锗）中掺入微量的三价元素硼 B（或铟 In、铝 Al、镓 Ga），硼原子只有三个价电子，在晶体结构中因缺少一个电子而形成一个空穴。这样就出现大量空穴，其主要导电方式是空穴导电，故称之为空穴型半导体或 P 型半导体，其中，多数载流子是空穴，少数载流子是自由电子。

应当注意的是，不论 N 型还是 P 型半导体，虽然它们都有一种载流子占多数，但整个晶体仍然呈电中性。这是因为本征元素和杂质元素的每两个原子本来就是中性的，所以从宏观上看，掺杂半导体并不带电。

三、PN 结及其单向导电性

一块 P 型或 N 型半导体，虽具有较强的导电能力，但将它接入电路中，只起电阻作用，不称其为半导体元件。如果把一块 P 型半导体和一块 N 型半导体结合在一起，它们的结合处就会形成 PN 结，PN 结是构成各种半导体器件的基础。

1. PN 结的形成

在一整块单晶体中，采取一定的工艺措施，使其两边掺入不同的杂质，一边形成 P 区，另一边形成 N 区。P 区内空穴浓度高，而自由电子浓度低；N 区内自由电子浓度高，而空穴浓度低。由于两侧载流子浓度上的差异，引起分界处两侧载流子的互相扩散，如图 8-1a 所示。扩散的结果是在分界处附近的 P 区薄层内留下一些负离子、N 区薄层内留下一些正离子。于是，分界处两侧就出现了一个空间电荷区：P 区薄层带负电，N 区薄层带正电。这个空间电荷区就是 PN 结。PN 结所产生的电场称为内电场，它的方向是由 N 区指向 P 区，如图 8-1b 所示。

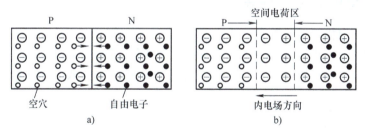

图 8-1 PN 结的形成

内电场对多子的扩散运动起阻挡作用，故空间电荷区又称阻挡层。可是，内电场对少子（即 P 区的自由电子和 N 区的空穴）却能推动它们越过空间电荷区，即 P 区的自由电子可移入 N 区，N 区的空穴可移入 P 区。少数载流子在内电场作用下的这种运动称为漂移运动。

2. PN 结的单向导电性

如果在 PN 结上加正向电压（也称正向偏置），即 P 区接电源正极、N 区接电源负极，如图 8-2a 所示。这时，电源 E 产生的外电场与 PN 结的内电场方向相反，内电场被削弱，使阻挡层变薄，多子的扩散运动增强，形成较大的扩散电流——正向电流。这时 PN 结呈现的电阻很低，电子正向导通状态。正向导通时，外部电源不断向半导体供给电荷，使电流得以维持。

如果给 PN 结加反向电压（也称反向偏置），即 N 区接电源正极、P 区接电源负极，如

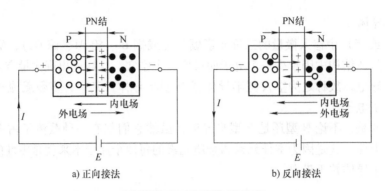

图8-2 PN结的单向导电性

图8-2b所示。这时,外电场与内电场方向一致,增强了内电场,使阻挡层变厚,这就削弱了多子的扩散运动、增强了少子的漂移运动,从而形成微小的漂移电流——反向电流。这时PN结呈现的电阻很高,处于反向截止状态。反向电流由少子漂移运动形成,少子的数量随温度的升高而增多,所以温度对反向电流的影响很大,这正是半导体器件的温度特性很差的根本原因。

综上所述,PN结正向偏置时,处于导通状态;反向偏置时,处于截止状态。这说明PN结具有单向导电性,这是PN结的基本特性。

第三节 二 极 管

一、二极管的分类和符号

将PN结装上电极引线及管壳,就制成二极管。

按结构型式分,二极管有点接触型和面接触型两种,图8-3a、b所示为二极管的外形和结构图;图8-3c所示为它的图形符号。P区引出的电极称为二极管的正极,N区引出电极称为负极。

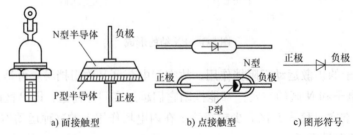

图8-3 二极管

二、二极管的伏安特性

二极管的管芯就是一个PN结,因此它具有单向导电的特性。它的伏安特性曲线如图8-4所示。由图看出,外加正向电压很小时,因外电场还不足以克服内电场对多子扩散运动的阻挡作用,故正向电流很小,这时二极管呈现较大的电阻,这一段称为死区。硅二极管的死区电压为 0~0.5V（见图 8-4 中的 OB 段）；锗二极管为 0~0.2V（见图 8-4 中的 OA 段）。外加正向电压超过死区电压以后，内电场被大大削弱，二极管的电阻变得很小，正向电流随电压的上升而迅速增长，很快就达到其最大允许值。二极管正向导通时的正向电压很小。硅二极管一般为 0.6~0.7V，锗二极管一般为 0.2~0.3V。

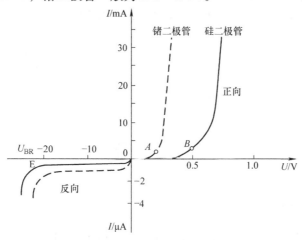

图 8-4 二极管的伏安特性

二极管加反向电压时，因少子的漂移运动形成很小的反向电流。反向电流有两个特点：一是它随温度的上升而增长很快；二是在反向电压不超过某一范围时，它的大小基本恒定，不随反向电压变化，这是因为少子数量很少，在一定温度下，只要有一定的反向电压就能使其所有的少子漂移形成反向电流，即使在一定范围内增加反向电压，也不能再使反向电流增加了。所以，反向电流又常称为反向饱和电流。通常硅二极管的反向电流只有锗二极管的几十分之一或几百分之一，因此硅二极管的温度稳定性比锗二极管好。

当反向电压增大到一定数值时（以锗二极管为例，见图 8-4 中的 E 点），外电场强到足以把原子的外层电子拉出来形成自由电子，这时载流子数量急剧增多，造成反向电流骤然猛增，这种现象称为反向击穿；此时的反向电压称为反向击穿电压，记作 U_{BR}。一般二极管反向击穿后，很可能导致 PN 结烧坏。因此，二极管在工作时，承受的反向电压应小于其反向击穿电压。

三、二极管应用

利用二极管的单向导电性，可将它用作检波、整流、钳位、开关等。

四、二极管参数

二极管的参数有很多，从使用角度来说，主要参数有两个：

1）最高整流电流 I_{FM}：即二极管长时间使用时允许流过的正向平均电流。它由材料和 PN 结的面积决定。电流超过这个允许值时，二极管将因过热而损坏。

2）最高反向工作电压 U_{RM}：即保证二极管不被击穿而给出的最高反向电压，一般是反向击穿电压的一半或三分之二。

此外，还有最大反向电流、正向电压、工作频率等参数，选用二极管时也应注意。

稳压二极管是一种特殊的二极管，它工作于反向击穿区，可起稳压作用，第十二章中将专题讲述。图8-5所示为稳压二极管的图形符号。

利用半导体导电过程中电子与空穴复合时的辐射发光效应，可制成发光二极管（LED）。制造发光二极管常用的材料有磷砷化镓、磷化镓、砷化镓等。选用不同的材料能发出红、绿、黄等色的可见光以及红外线辐射。发光二极管常用作数字显示器件，图8-6所示为它的图形符号。

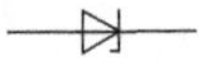

图8-5　稳压二极管的图形符号 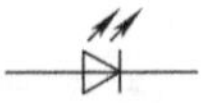　　　　图8-6　发光二极管的图形符号

第四节　整流电路

一、什么是整流

所谓整流，就是把交流电变成直流电。按所用交流电源相数，可分为单相和三相整流；按负载上所得整流波形，可分为半波和全波整流。（注：相是电机线圈的个数，一个线圈为一相）

为简化分析，下面讨论的整流电路除特殊说明外，一般认为负载是纯电阻性的，而且整流元器件（主要是硅二极管）和变压器都是理想的，即认为硅整流二极管的正向电阻为零，反向电阻为无穷大，不考虑变压器损耗等。

二、单相半波整流电路

单相半波整流电路如图8-7a所示。图中，T_r是电源变压器，又称整流变压器；VD是二极管；R_L是负载电阻；R_0是整流电路的内阻（包括变压器线圈电阻和二极管正向电阻），前已说明可忽略不计。

正半周时，设变压器二次电压u_2的瞬时极性是1点为正、2点为负。这时二极管正向导通，导电路径为1点→VD→R_L→2点→1点。忽略内阻R_0，负载两端电压瞬时值就是u_2。

负半周时，u_2的瞬时极性与正半周相反，2点为正、1点为负。此时二极管反向截止，负载电阻R_L上无电流、无电压。

u_2、u_o、i_o、u_D的波形如图8-7b所示。u_o和i_o分别表示R_L上的电压和电流；u_D表示二极管VD上的电压。

整流后，负载上得到的是半个正弦波脉动的直流电压u_o和直流电流i_o。通常用一个周期的平均值来说明它们的大小，记作U_o和I_o，分别称为整流电压和电流的平均值，简称整流电压、整流电流。

可以证明，在忽略内阻R_0的情况下，单相半波整流电压与二次电压有效值U_2的关系为

$$U_o = \frac{\sqrt{2}U_2}{\pi} \approx 0.45 U_2 \text{ 或 } U_2 = 2.22 U_o \tag{8-1}$$

单相半波整流电流I_o（即流过二极管的电流平均值I_D）为

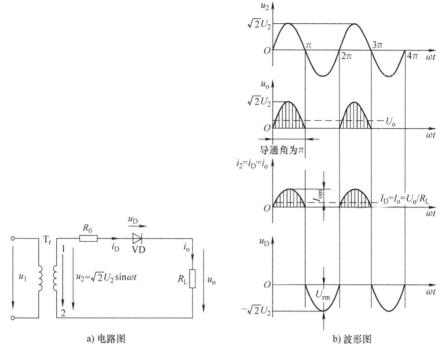

a) 电路图 b) 波形图

图 8-7 半相半波接流电路及波形图

$$I_D = I_o = \frac{U_o}{R_L} \approx \frac{0.45U_2}{R_L} \text{ 或 } U_2 = 2.22R_L I_o \tag{8-2}$$

选择整流元器件时，还应考虑它在截止时承受的最高反向电压 U_{rm}。由 u_D 的波形图看出 U_{rm} 等于二次电压的幅值，即

$$U_{rm} = U_{2m} = \sqrt{2}U_2 = \pi U_o \tag{8-3}$$

为了安全工作，二极管的最高反向工作电压必须高于此值。

半波整流电路虽然结构简单，但变压器利用率低，整流电压脉动程度大。为克服这些缺点，广泛采用桥式全波整流电路。

三、桥式全波整流电路

电路如图 8-8 所示，将四只二极管接成电桥形式。正半周时，1 点为正、2 点为负。因 VD_1 的正极接到最高电位 1 点上，VD_3 的负极接到最低电位 2 点上，所以 VD_1、VD_3 同时正向导通。导电路径是 1→VD_1→R_L→VD_3→2→1，如图 8-8a 中虚线所示。电流沿自上而下的方向流过 R_L。此时，因 VD_2、VD_4 都受反向电压作用而截止。

负半周时，1 点为负、2 点为正。现 VD_2、VD_4 两二极管同时导通，而 VD_1、VD_3 两二极管截止。导电路径为 2→VD_2→R_L→VD_4→1→2，如图 8-8b 中虚线所示。电流也是自上而下地流过 R_L。

由此可见，一周期内 VD_1、VD_3 与 VD_2、VD_4 轮流导电，在负载电阻 R_L 上得到的整流电压 u_o 在正、负半周内都有，而且是同一方向，如图 8-9 所示，称为全波整流。整流电压比半

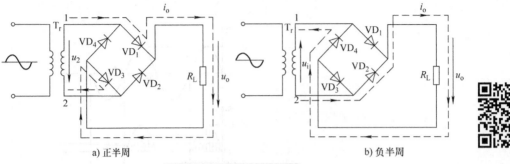

a) 正半周　　　　　　　　　　　　　　b) 负半周

图 8-8　单相桥式整流电路

波整流时高了一倍，负载中的电流 $i_o = i_{D1} + i_{D2}$，也是由两个半波合成为同一方向的全波。

U_o 和 U_2 的关系为

$$U_o = 2 \times \frac{\sqrt{2}}{\pi} U_2 \approx 0.9 U_2 \text{ 或 } U_2 \approx 1.11 U_o \quad (8\text{-}4)$$

负载电流（整流电流的平均值）为

$$I_o = \frac{U_o}{R_L} \approx \frac{0.9 U_2}{R_L} \text{ 或 } U_2 \approx 1.11 R_L I_o \quad (8\text{-}5)$$

流过每只二极管的电流平均值为负载电流的一半，即

$$I_D = \frac{1}{2} I_o \quad (8\text{-}6)$$

由图 8-8a 可以看出，当 VD_1、VD_3 导通时，若忽略二极管的正向电压，截止二极管 VD_2 和 VD_4 的负极电位就等于 1 点的高电位，它们的正极电位就等于 2 点的低电位，所以，截止二极管承受的最高反向电压就是变压器二次电压 u_2 的幅值，即

$$U_{rm} = \sqrt{2} U_2 = \sqrt{2} \times \frac{U_o}{0.9} = 1.57 U_o \quad (8\text{-}7)$$

桥式整流电路的其他画法如图 8-10 所示。

例 8-1　已知负载电阻 $R_L = 120\Omega$，负载电压 $U_o = 18V$。采用单相桥式整流电路，如何选用二极管？

解　负载电流为

$$I_o = \frac{U_o}{R_L} = \frac{18}{120} A = 0.15 A = 150 mA$$

每只二极管通过的平均电流为

$$I_D = \frac{1}{2} I_o \times 150 mA = 75 mA$$

变压器二次电压的有效值为

$$U_2 = \frac{U_o}{0.9} = \frac{18}{0.9} V = 20V$$

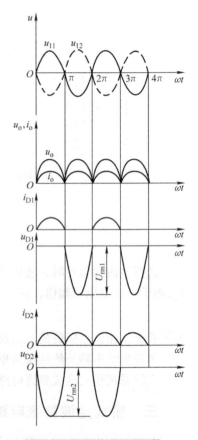

图 8-9　全波整流的波形图

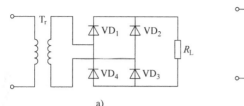
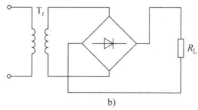

图 8-10　单相桥式全波整流电路的其他画法

于是

$$U_{rm} = \sqrt{2}U_2 = \sqrt{2} \times 20\text{V} \approx 28\text{V}$$

因此，可选用 2CZ52B 二极管，其最大整流电流为 100mA，最高反向工作电压 U_{rm} 为 50V。

第五节　滤波电路

整流得到的直流电脉动较大，含有很大的交流成分，这在要求较高的仪器设备中会带来严重不良影响。为此，整流之后还需滤波——将脉动的直流电变为比较平滑的直流电。

一、电容滤波

在如图 8-11 所示的单相半波整流电路中，与负载电阻 R_L 并联的电容器 C 就是一个最简单的滤波器，称之为滤波电容。

由电路图看出，二极管导通时，电路在给负载供电的同时，对电容器 C 充电。若忽略二极管的正向电压，充电电压 u_C 随着正弦电压 u_o（即的正半波）升至峰值，如图 8-12 中 $O1$ 段波形所示。当 u_2 由峰值下降时，u_C 下降较慢，当 $u_2 > u_C$ 时（即 2 点），二极管的负极电位就高于正极电位，于是它受反向电压而截止。此时，C 对负载电阻 R_L 按指数规律放电，如图中 12 段所示。放电的时间常数 R_LC 较大，一般大于电源电压周期的二倍，因此放电很慢。一直到下一个正半周到来并出现 $u_2 > u_C$（即 2 点）为止，二极管又重新导电，电源再一次给负载供电，且对 C 充电，如图中 23 段；当 u_2 再由峰值下降到 $u_2 > u_C$ 时（即 3 点），电容 C 再一次放电；……，如此重复不已，出现了如图 8-12 中实线所示的 u_o 波形，因此负载得到的是在全周期内都变化不大的平滑直流电。也就是说，不仅波形脉动程度大为减小，而且负载得到的整流电压数值也提高了。

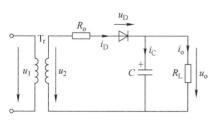
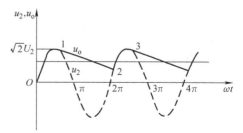

图 8-11　具有电容滤波的单相半波整流电路　　　图 8-12　半波整流电容滤波波形图

图 8-13 所示为具有电容滤波的桥式全波整流电路及其工作过程波形图。

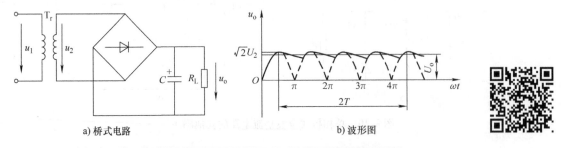

a) 桥式电路　　　　　　　　　　　　b) 波形图

图 8-13　具有电容滤波的桥式全波整流电路及其工作过程波形图

由波形图可以看出，具有电容滤波的全波整流，一周期内电源两次对电容器充电、电容器两次对负载电阻放电，使负载得到的电压、电流波形比半波整流电容滤波的波形更加平滑，且输出整流电压的平均值更高。

电容滤波效果的好坏由电容器放电的快慢来决定。放电时间常数 $\tau = R_L C$，若 τ 较大，则放电较慢，波形平滑程度较好；反之，若 τ 较小，则放电较快，波形平滑程度较差。为获得较好的技术经济效果，通常选择

$$\tau = R_L C = (3 \sim 5)\frac{T}{2} \tag{8-8}$$

式中，T 为交流电源的周期，如果是 50Hz 的工频电，欠 $T = 0.02\mathrm{s}$，则

$$\tau = R_L C = (3 \sim 5)\frac{0.02}{2}\mathrm{s} = 30 \sim 50\mathrm{ms} \tag{8-9}$$

可以证明，若取 $R_L C = 4 \times \frac{T}{2} = 2T$，则电容滤波后的整流电压可按下列近似等式估算：

半波整流　　　　　　　　　　$U_o \approx U_2$ 　　　　　　　　　　　　(8-10)

全波整流　　　　　　　　　　$U_o \approx 1.2 U_2$　　　　　　　　　　　(8-11)

电容滤波器简单轻便，但外特性较差（即当负载电阻 R_L 较小时，电容 C 放电快，于是 U_o 下降，这说明它带负载的能力较差）。因此，适用于负载电流较小且变化不大的场合，例如各种电子测量仪器、收录音机、电视机等。

例 8-2　单相桥式整流、电容滤波电路如图 8-13a 所示。电源频率 $f = 50\mathrm{Hz}$，负载电阻 $R_L = 120\Omega$。要求直流输出电压 $U_o = 30\mathrm{V}$。试选择整流二极管及滤波电容。

解　(1) 选二极管

流过二极管的电流为

$$I_D = \frac{1}{2}I_o = \frac{1}{2} \times \frac{U_o}{R_L} = \frac{1}{2} \times \frac{30}{120}\mathrm{A} = 0.125\mathrm{A}$$

据式 (8-11) 可得

$$U_2 \approx \frac{U_o}{1.2} = \frac{30}{1.2}\mathrm{V} = 25\mathrm{V}$$

二极管承受的最高反向电压为

$$U_{rm} = \sqrt{2}U_2 = \sqrt{2} \times 25\mathrm{V} \approx 35\mathrm{V}$$

故可选用二极管 2CZ53C（最大整流电流为 800mA，最高反向工作电压 U_{rm} 为 100V）。

(2) 选滤波电容

可取 $RC = 5 \times \dfrac{T}{2}$,即

$$R_L C = 5 \times \dfrac{T}{2} = 5 \times \dfrac{0.02}{2}\text{s} = 0.05\text{s}$$

于是

$$C = \dfrac{0.05}{R_L} = \dfrac{0.05}{120}\text{F} \approx 4.17 \times 10^{-4}\text{F} = 417\mu\text{F}$$

故选用 $C = 500\mu\text{F}$、耐压为 50V 的电解电容器。

二、电感滤波

在桥式整流电路和负载电阻 R_L 之间串接一个铁心线圈 L,构成如图 8-14a 所示电感滤波电路。因电流变化时电感线圈中要产生自感电动势阻止电流的变化,故当电流增加时,线圈中自感电动势与电流反向,限制了电流的增加,同时将一部分电能转换为磁场能量;当电流减小时,自感电动势与电流同向,阻止电流减小,同时线圈释放磁场能量,使电流减小的速度变慢。因此通过负载的电流的脉动受到抑制,波形变得平滑。L 值愈大,滤波效果愈好。

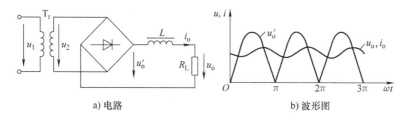

图 8-14 电感滤波电路及波形图

图 8-14b 所示为桥式整流电感滤波电路工作稳定后的电压、电流波形。若忽略线圈的电阻,线圈端电压的平均值应为零。故负载电阻 R_L 上的电压平均值为

$$U_o \approx 0.9 U_2 \tag{8-12}$$

负载电流平均值为

$$I_o = \dfrac{U_o}{R_L} \approx 0.9 \dfrac{U_2}{R_L} \tag{8-13}$$

可见,R_L 上的电压、电流平均值与电感大小无关。电感的作用是使整流后电压的交流成分大部分降落在它的上面,从而大大减少 R_L 上电压 u_o 的交流分量。当 L 呈现的感抗显著大于 R_L 阻值时,u_o 的交流成分接近于零。

电感滤波的主要优点是外特性好,适用于负载电流较大以及负载变化较大的场合。它的主要缺点是体积大、笨重、成本高。

三、复式滤波

1. LC 滤波器

在滤波电容之前串接一个铁心线圈,组成电感电容滤波器,简称 LC 滤波器,如图 8-15 所示。

整流电压中的交流成分大部分降落在 L 的上面;再经并联的 C 进一步滤波,使负载上

到更加平滑的直流电。

LC 滤波器的外特性与电感滤波相同,但滤波效果更好。适用于电流较大且要求电压脉动小的场合。

2. π型 LC 滤波器

在 LC 滤波器前面再并联一个滤波电容,构成 π 型 LC 滤波器,如图 8-16 所示。它的滤波效果更好,但外特性要差一些。

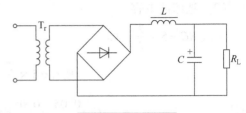

图 8-15 LC 滤波器

3. π型 RC 滤波器

LC 滤波器因铁心线圈体积大、笨重、成本高,故有时可用电阻 R 代替 L,构成 π 型 RC 滤波器,如图 8-17 所示。电容的交流阻抗很小,脉动电压的交流成分较多地降落在电阻 R 上,从而起到滤波作用。R、C(C_1、C_2)越大,滤波效果越好。但是 R 太大将使直流压降增加,所以这种滤波电路主要适用于负载电流较小而又要求输出电压脉动很小的场合。

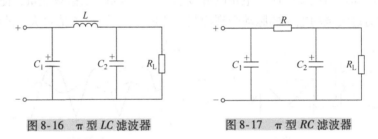

图 8-16 π 型 LC 滤波器　　　图 8-17 π 型 RC 滤波器

设整流并经 C_1 滤波后的输出电压平均值为 U'_o,对于直流,C_2 相当于开路,因此负载电阻 R_L 上的电压为

$$U_\mathrm{o} = U'_\mathrm{o} - RI_\mathrm{o} \tag{8-14}$$

第六节　整流、滤波和稳压电路在汽车上的应用

一、三相全波整流器

整流器的作用是把三相同步交流发电机产生的三相交流电变成直流电输出,它一般由 6 个硅二极管接成三相桥式全波整流电路。汽车交流发电机用整流二极管的内部结构和工作原理与一般工业用二极管基本相同,但其外形结构却与一般二极管不同。有的将二极管外壳锡焊到金属散热板上,有的将 PN 结直接烧结在金属散热板上,有的将二极管做成扁圆形焊在金属散热板上或夹在两块金属板之间,如图 8-18a 所示;有的压装在金属散热板上的二极管安装孔中,如图 8-18c 所示。这些二极管的显著特点是工作电流大,反向电压高。根据汽车行业标准 QC/T 422—2000《机动车用硅整流二极管》规定:ZQ50 型二极管的正向平均电流为 50A、峰值电流为 600A、反向重复峰值电压为 270V、反向不重复峰值电压为 300V。

(1) 正极管

正极管中心引线为二极管的正极,外壳为负极,在管壳底上一般标有红色标记。在负极搭铁的交流发电机中,3 个正极管的外壳压装在元件板的 3 个座孔内,共同组成发电机的正

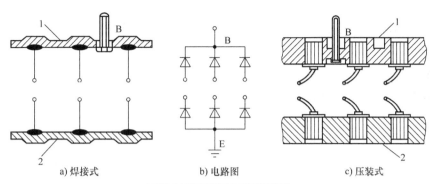

图 8-18 二极管安装示意图
1—正整流板　2—负整流板

极,由一个与后端盖绝缘的元件板固定螺栓通至机壳外,作为发电机的相线接线柱 B 或 B+ 向蓄电池充电。

（2）负极管

负极管中心引线为二极管的负极,外壳为正极,管壳底部一般有黑色标记。3 个负极管的外壳压装在后端盖的 3 个孔内,和发电机外壳一起成为发电机的负极。元件板上二极管的数目:一般交流发电机的整流器采用 6 只二极管。罕见少数定子槽中两套定子线圈,采用 12 管整流,相当于并联发电。在 6 管基础上增加 3 只小功率磁场（励磁）二极管,专门用来供给励磁电流,这样可以提高发电机的电压调节精度,变成 9 管发电机。采用磁场二极管后,仅用简单的充电指示灯即可指示发电机的发电情况,节省了一只充电指示灯继电器。有些发电机为了提高发电机高速时的输出功率,在 11 管的基础上增加了两只二极管,对中性点电压进行整流,汇入发电机的输出端,同时具备上述两种功能的发电机整流器共有 11 只硅二极管。

技师指导：大多数教材上讲,在判别这些整流二极管是否损坏时,可采用电阻档测二极管的单向导通电阻和反向截止电阻,这种做法只是在已确认整流板上有二极管损坏时才用万用表去查找是哪个二极管损坏,但不能在不拆发电机前确定整流板上有二极管损坏,真正判别元件板上是否有二极管损坏时,最好要用示波器对发电机输出进行示波检查。

二、三相车用发电机整流

当外加的直流电压作用在励磁绕组的集电环上时,励磁绕组中便有电流通过,产生轴向磁场,两块爪形磁极磁化,一端是 N 极,另一端是 S 极,形成了 6 对相间排列的磁极。磁极的磁力线经过转子与定子之间的气隙、定子铁心形成闭合磁路。当转子旋转时,磁力线旋转扫描定子绕组,在三相绕组中产生交流电动势,电压幅值实际很高,在发动机转速高时,甚至达几百伏。

1. 六管整流原理

六管交流发电机的整流装置实际是一个由 6 个硅整流二极管组成的三相桥式整流电路,图 8-19a 所示为三相交流发电机的电压波形。图 8-19b 中,3 个二极管 VD_2、VD_4、VD_6 组成共阳极组接法,3 个二极管 VD_1、VD_3、VD_5 组成共阴极组接法。每个时刻有 2 个二极管同时导通,其中一个在共阴极组,一个在共阳极组,同时导通的两个二极管总是将发电机的电压加在负载两端，二极管导通顺序 $\frac{1}{6}T$（VD_1、VD_5）$\rightarrow \frac{2}{6}T$（VD_1、VD_6）$\rightarrow \frac{3}{6}T$（VD_2、VD_6）$\rightarrow \frac{4}{6}T$（VD_2、VD_4）$\rightarrow \frac{5}{6}T$（VD_3、VD_4）$\rightarrow \frac{6}{6}T$（VD_3、VD_5），以此类推，周而复始，在负载上便可获得一个比较平稳的直流脉动电压。

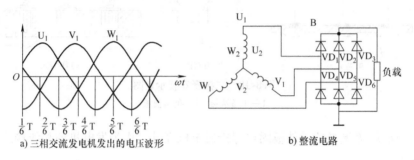

图 8-19 整流器工作原理

【专业指导】 以上整流过程也适用于三相 380V 正弦交流电的整流过程，比如在电动汽车的三相充电中，车载充电机将三相交流电整流成 380V 直流电。若动力电池标称电压高于直流 380V，则通过直流升压达到蓄电池的充电电压（一般为动力电池标称电压的 110%～115%）。若动力电池标称电压低于直流 380V，则通过直流降压达到蓄电池的充电电压。

2. 八管交流发电机的特点

在普通交流发电机的基础上加装 2 只整流二极管，即可组成八管交流发电机。连接在发电机中性点 N 与输出端 B 以及与搭铁端 E 之间的 2 只整流二极管，称为中性点二极管，如图 8-20 中 VD_7、VD_8 所示。八管交流发电机的显著特点是能够提高输出功率，原理如下。

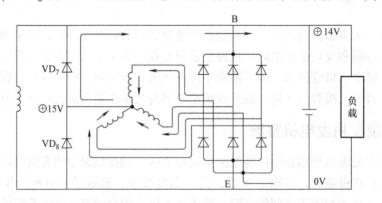

图 8-20 中性点瞬时电压 U_N 高于输出电压 U 时的电流路径

当中性点的瞬时电压 U_N 高于输出电压平均值 U 时，二极管 VD_7 导通，从中性点输出的电流如图 8-20 中箭头方向所示，其路径为定子绕组→中性点二极管 VD_7→输出端 B→负载和蓄电池→负极管→定子绕组。当中性点瞬时电压 U_N 低于 0V（搭铁电位）时，二极管 VD_8 导通，流过中性点二极管 VD_8 的电流如图 8-21 中箭头方向所示，其路径为定子绕组→正极管→输出端子 B→负载和蓄电池→中性点二极管 VD_8→定子绕组。

由此可见，只要在中性点处连接两只整流二极管，就可利用中性点输出的交流电压来增

第八章 整流滤波电路

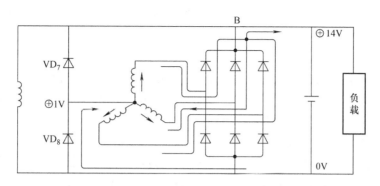

图 8-21 中性点瞬时电压 U_N 低于 0V 时的电流路径

加交流发电机的输出电流。试验表明，在不改动交流发电机结构的情况下，加装两只整流二极管后，当发电机中高速（发电机转速超过 2000r/min，发动机转速大约超过 800r/min）时，其输出功率与额定功率相比就可增大 11%～15%。

3. 九管交流发电机的特点

在普通交流发电机的基础上增设 3 只小功率二极管 VD_7、VD_8、VD_9，即可组成九管交流发电机。装备九管交流发电机的充电系统电路如图 8-22 所示。

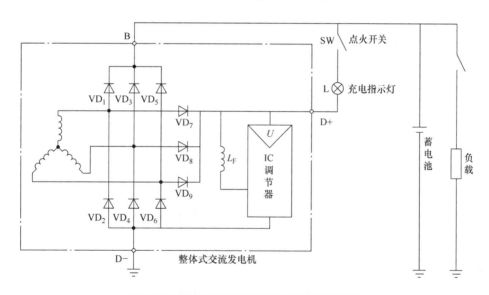

图 8-22 装备九管交流发电机的充电系统电路

当发电机工作时，定子绕组产生的三相交流电动势经 6 只整流二极管 VD_1～VD_6 组成的三相桥式全波整流电路整流后，输出直流电压向负载供电并向蓄电池充电。VD_7、VD_8、VD_9 与 3 只负极管 VD_2、VD_4、VD_6 组成三相桥式整流电路，专门供给磁场电流，故增设的 3 只小功率二极管（称为磁场二极管）。九管交流发电机不仅可以控制充电指示灯来指示蓄电池充电情况，而且还能够指示充电系统是否发生故障。

当接通点火开关 SW 时，蓄电池电流便经点火开关 SW→充电指示灯→发电机端子 D+→磁场绕组 L_F→调节器内部大功率晶体管→搭铁→蓄电池负极构成回路。此时充电指示灯发亮，指示磁场电流接通并由蓄电池供电。当发动机起动后，随着发电机转速升高，发电机 D + 端电压随之升高，充电指示灯两端的电位差降低，指示灯亮度变暗。当发电机电压升高到蓄电池端电压时，发电机 B 端与 D + 端电位相等，充电指示灯两端电位差降低到零而熄灭，指示发电机已正常发电，磁场电流由发电机自己供给。当发电机高速运转、充电系统发生故障而导致发电机不发电时，因为 D + 端无电压输出，所以充电指示灯两端电位差增大而发亮，警示驾驶人应当及时排除故障。

4. 十一管交流发电机的特点

整流器总成具有 3 只正极管（VD_1、VD_3、VD_5）、3 只负极管（VD_2、VD_4、VD_6）、3 只磁场二极管（VD_7、VD_8、VD_9）和 2 只中性点二极管（VD_{10}、VD_{11}）的交流发电机，即为十一管交流发电机，其充电系统电路如图 8-23 所示。

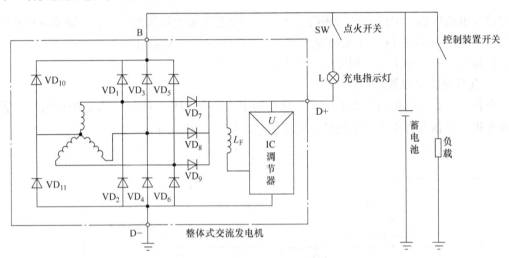

图 8-23　十一管交流发电机充电系统电路

十一管交流发电机是综合八管交流发电机和九管交流发电机的优点设制而成的，其不仅具有提高输出功率的功能，而且还有反映充电系统工作情况的功能，原理如上所述。国外有采用双套整流器并联，而在 11 管基础上又增加 6 管整流器，以增大流过电流，整个发电机共 17 个二极管。

三、汽车稳压电路应用

电压调节器以稳压二极管作为电压感受元器件，控制末级功率晶体管的通断来调节励磁电流，使发电机电压保持稳定。现在多为集成电路调节器（可分为非智能型和智能型），但为说明方便，原理仍用分立元件说明。对于集成电路式的电压调节器，由于控制原理与分立元件相同，电压调节器损坏实际中没有修理价值，只要会接外围电路即可。

JFT106 型晶体管电压调节器属于负极外搭铁式电压调节器，它可与 14V、750W 的九管交流发电机配套使用，也可与 14V、功率小于 1000W 的负极外搭铁式六管交流发电机配套使用。CA1091 型汽车用 JFT106 型晶体管电压调节器电路原理图如图 8-24 所示，该调节器共有"+""F"和"-"三个接线柱，其中，"+"接线柱与发电机的"F2"接线柱连接后经熔断器接至点火开关，"F1"接线柱与发电机的"F"接线柱连接，"-"接线柱经 E

搭铁。

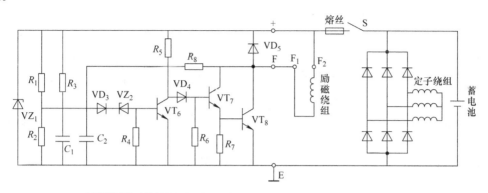

图 8-24　CA1091 型汽车用 JFT106 型晶体管调节器电路原理图

该调节器由电压敏感电路和二级开关电路组成。

R_1、R_2、R_3 和稳压二极管 VZ_1 构成了电压敏感电路，其中 R_1、R_2、R_3 为分压器，将交流发电机的端电压进行分压后反向加在稳压二极管 VZ_1 的两端；稳压二极管 VZ_1 为稳压器件，随时感受着发电机端电压的变化。当交流发电机的端电压在稳压二极管 VZ_1 上的分压低于稳压二极管 VZ_1 的稳压值时，稳压二极管 VZ_1 截止；当交流发电机的端电压在稳压二极管 VZ_1 上的分压高于稳压二极管 VZ_1 的稳压值时，稳压二极管 VZ_1 导通。可见，电压敏感电路可以非常灵敏地感受出交流发电机端电压的变化，起到控制开关电路的作用。

晶体管 VT_6、VT_7、VT_8 组成复合大功率二级开关电路，利用其开关特性控制磁场电路的接通或断开。

1）起动发动机并闭合点火开关时，蓄电池通过分压器将电压加在稳压二极管 VZ_1 两端，由于此电压低于稳压二极管 VZ_1 的稳压值，VZ_1 截止，使 VT_6 截止，VT_7、VT_8 导通，这时蓄电池经大功率晶体管 VT_8 供给励磁电流，使发电机处于他励状态，建立电动势。

2）发动机带动发电机，转速逐渐升高。当发电机端电压高于蓄电池端电压时，发电机便由他励转为自励的正常发电工作。由于此时转速尚低，输出电压未达到调节电压值，VT_6 仍然截止，VT_7、VT_8 仍然导通，因此，发电机的端电压可以随转速和自励电流的增大而升高，逐渐提高输出电压。

3）当发电机转速升至一定值，使输出电压达到调压值时，经分压器加至稳压二极管 VZ_1 两端的反向电压达到稳压值，VZ_1 反向击穿导通，使 VT_6 导通，VT_7、VT_8 截止，断开了励磁电路，发电机端电压便下降。当发电机端电压下降到调压值以下时，经分压器加至稳压二极管 VZ_1 两端的反向电压又低于稳压值，使 VT_6 又截止，VT_7、VT_8 又导通，又一次接通了励磁电路，发电机端电压又上升。如此循环下去，就能自动调控发电机的端电压，使其恒定在调压值上。

JFT106 型晶体管调节器中其他一些电子元器件的作用如下：

电阻 R_4、R_5、R_6、R_7 为晶体管的偏置电阻。稳压二极管 VZ_2 起到过电压保护作用，利用稳压二极管的稳压特性，可对发电机负载突然减小或蓄电池接线突然断开时，发电机所产生的正向瞬变过电压起保护作用，并可以利用其正向导通特性，对开关断开时电路中可能产生的反向瞬变过电压起保护作用。

二极管 VD_3 接在电压敏感电路中的稳压二极管 VZ_1 之前，以保证稳压二极管安全可靠的工作。当发电机端电压很高时，它能限制稳压二极管 VZ_1 电流不致过大而烧坏；当发电机端电压降低时，它又能迅速截止，保证稳压二极管 VZ_1 可靠截止。二极管 VD_4 接在 VT_6 集电极与 VT_7 基极之间，提供 0.7V 左右的电压，使 VT_7 导通时迅速导通，截止时可靠截止。二极管 VD_5 反向并联于发电机励磁绕组两端，起续流作用，防止 VT_8 截止时，磁场绕组中的瞬时自感电动势击穿 VT_8，保护晶体管 VT_8。

反馈电阻 R_8，具有提高灵敏度、改善调压质量的作用。电容 C_1、C_2 能适当降低晶体管的开关频率。

技师指导：在图 8-24 中，若蓄电池正、负极接错不仅导致蓄电池通过整流板的 6 个二极管和稳压二极管 VZ_2，损坏电压调压器或整流板。

四、汽车滤流电路应用

有一些发电机在外壳上加有一个电容 C，电容 C 在电路中的位置如图 8-25 所示。由于蓄电池本身也是一个大容量的电容器，所以大多数车上不增加这个电容器。

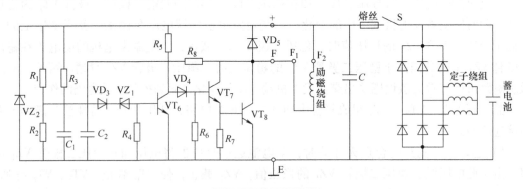

图 8-25 滤波电容 C

在一些高档汽车（如奔驰等）在行李箱的蓄电池通过电缆将电通到仪表台下侧，仪表台下侧一个大的电容器也是起滤波作用的。

思考题与习题

一、思考题

8-1 PN 结两端加上正向或反向电压时，参与导电的是多数载流子还是少数载流子？

8-2 半导体中的少数载流子是怎样产生的？为什么环境温度升高时，PN 结的反向电流会增大？

8-3 单相半波整流的输出电压只有半波，电源电压的另外半波降在何处？整流电路接通负载后，变压器的输出电流是否仍为正弦波？

8-4 图 8-8 单相桥式整流电路中，如果二极管 VD_1 存在：(1) 极性接反；(2) 被击穿；(3) 虚焊；各将出现什么情况。

8-5 计算桥式整流电路中每只二极管承受的最大反向电压 U_{rm} 时,有人认为,既然导通的两二极管是串联关系,截止的两二极管也该是串联关系,因此反向电压 U_{rm} 应等于 $\frac{1}{2}\sqrt{2}U_2$,你认为如何?又怎样解释?

8-6 直流电磁铁、直流电磁工作台以及三相异步电机做能耗制动,若由整流电路供给直流电,通常不加滤波器,为什么?

8-7 单相半波整流电路采用电容滤波时,对整流二极管的耐压要求提高了一倍。试说明理由。

8-8 试列表比较几种滤波电路。

二、习题

8-1 一只二极管加正向电压时的电流值见表 8-1。

表 8-1 一只二极管加正向电压时的电流值

U/V	0.2	0.4	0.5	0.55	0.6	0.65	0.66	0.67	0.68	0.69	0.7	0.72	0.74	0.76	0.8
I/A	0.0000004	0.000001	0.00005	0.0003	0.02	0.15	0.20	0.31	0.46	0.67	1.0	2.1	4.6	10	46

(1) 画出这只二极管的正向伏安特性曲线(为了简便,只画 $U=0.5\sim0.72V$ 这一段)。

(2) 设二极管正常工作时,正向电流约为 1A。试指出:此二极管的死区范围和正常工作的正向电压;它是锗二极管还是硅二极管?

(3) 二极管正常工作时的正向电阻 r 约为多少?

(4) 求 $U=0.66\sim0.7V$ 之间二极管的动态电阻 r_d ($r_d=\frac{\Delta U}{\Delta I}$)。

(5) 求 $U=0.6V$、$0.5V$ 时二极管的正向电阻以及 $U=0.5\sim0.6V$ 之间的动态电阻。

(6) 如果将一节 1.5V 的干电池直接加到此二极管两端,做正向偏置,将发生什么后果?

(7) 如果将这只二极管与一只耳机串联后再与 1.5V 的干电池连接,做正向偏置;设测得此时二极管的正向电压 $U=0.6V$,求电流和耳机的电阻值。

8-2 一只二极管的反向饱和电流在 25℃ 时是 10μA。设温度每升高 10℃ 反向电流增加一倍,问在 65℃ 时,该二极管的反向电流是多少?

8-3 单相半波整流电路如图 8-7a 所示。已知负载电阻 $R_L=300\Omega$,变压器二次电压 $U_2=12V$。试求整流电压、电流的平均值 U_o、I_o,二极管截止时承受的最大反向电压 U_{rm},并选用二极管。

8-4 有一电压为 110V、电阻为 55Ω 的直流负载,采用单相桥式整流电路(不带滤波器)供电。试求变压器二次电压和电流的有效值,并选用二极管。

8-5 单相桥式整流电路中,不带滤波器,已知负载电阻 $R=360\Omega$,负载电压 $U_o=90V$。试选择适当型号的二极管。

8-6 半波整流滤波电路如图 8-11 所示。设电源电压 220V,输出直流电压 $U_o=40V$,电流 $I_o=20mA$。试求变压器的变比,电容器 C 的容量;并选择适当型号的二极管($f=$

50Hz)。

8-7 今要求输出电压和电流分别为 $U_o=30\text{V}$，$I_o=150\text{mA}$；采用桥式整流电容滤波电路。已知交流频率为50Hz，试选用管子型号和滤波电容。

8-8 在图8-17所示具有 π 型 RC 滤波器的全波整流电路中，已知变压器二次电压 $u_2=6\text{V}$，今要求负载电压 $u_o=6\text{V}$，负载电流 $I_o=80\text{mA}$。试计算滤波电阻 R 的阻值。

第九章 汽车放大电路

情境引入

晶体管有放大和开关的作用,在汽车中,放大电路最好的应用是汽车音响。汽车上应用的传感器的输出信号不用放大处理,因为在选传感器时就避免再用到信号放大处理电路,一般仅用滤波电路或整形电路。

知识目标

1) 能说出晶体管放大和场效应晶体管放大的区别。
2) 能说出晶体管放大电路的工作原理。
3) 能说出场效应晶体管放大电路的工作原理。

技能目标

1) 能用电子元器件制作一个简单收音机,并研究其放大电路。
2) 能用电子元器件制作一个开晶体管起开关作用的电路,并研究其开关电路。

第一节 概述

生产与科研中,经常需要将微弱的电信号放大,以便有效地进行观察、测量、控制或调节。例如,在电动单元组合仪表中,先要把反映温度、压力、流量等被调节量的微弱电信号经过晶体管放大器放大,然后送到显示单元做出指示或记录,同时又送到调节单元,实现自动调节。又如在收音机和电视机中,也需要把天线收到的微弱信号放大,才足以推动扬声器和显像管工作。

放大器一般都由电压放大和功率放大两部分组成。电压放大器的任务是将微弱的电信号放大,再去推动功率放大器,电压放大器通常工作在小信号情况下;功率放大器的任务是输出足够的电功率去推动执行元件,它通常工作在较大信号的情况下。

工业电子技术中最常用的交流放大器是低频放大器,其频率在低频(20~200kHz)范围内。本章主要介绍晶体管的结构与特性,以及低频放大器的基本工作原理、基本分析方法及常用典型电路。

第二节 晶体管

一、晶体管结构

晶体管俗称三极管，是应用很普遍的一种半导体器件。晶体管的基本结构是在一整块半导体基片上，用一定的工艺方法形成两个 PN 结，如果两边是 N 区而中间夹着 P 区，就称为 NPN 型晶体管；如果是两个 P 区中间夹着 N 区，就称为 PNP 型晶体管。如图 9-1a、b 所示。国产硅晶体管（以硅单晶为基片）多为 NPN 型，锗晶体管（以锗单晶为基片）多为 PNP 型，二者工作原理相同。

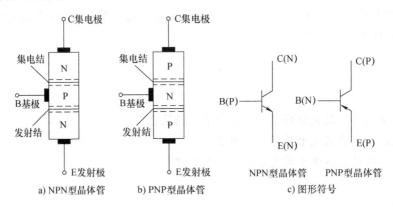

图 9-1　晶体管结构示意图及符号

晶体管有三个导电区，分别引出三个电极：中间的 P 区或 N 区称为基区，由此引出基极 B；两边分别称为发射区和集电区，分别引出发射极 E 和集电极 C，发射极是发射载流子的，集电极是收集载流子的。图 8-1c 所示为晶体管的图形符号，其中发射极箭头方向表示通过晶体管的电流方向。基区与发射区之间形成的 PN 结称为发射结，基区与集电区之间的 PN 结称为集电结。

由于工作性能的要求，晶体管在构造工艺上应具有两个主要特点：一是基区必须做得很薄，而且掺杂很轻，故基区中的载流子浓度很低；二是发射区的掺杂较重，即发射区的载流子浓度比基区的要高得多，比集电区的也要高，而且发射结的面积比集电结的小。

由于这些特点，发射结和集电结通过基区而互相联系、互相影响，使两个 PN 结组成一个整体，表现出与两个单独的 PN 结完全不同的特性。

图 9-2 所示为晶体管的外形与管脚排列。识别管脚时，一般可面对管脚，空位在右，则左面是 B、上面是 C、下面是 E。但也有其他排列方式。大功率晶体管常将其外壳兼作 C。

二、电流放大作用

晶体管具有放大作用和开关作用。现在先讲它的放大作用，第十一章数字电路中再讲它的开关作用。

普通晶体管具有电流放大作用，即输入一个较小的信号电流，经过放大，输出一个较大

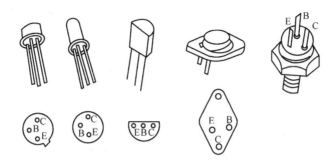

图9-2 晶体管的外形与管脚排列

的信号电流。

先看一个实验结果,实验电路如图9-3所示。这个实验用的是NPN型晶体管。由图可以看出,晶体管的发射结是正向偏置,而集电结是反向偏置(这是很重要的,必须如此,才能获得电流放大作用)。因此,如果改用PNP型晶体管,就应将基极电源U_{BB}和集电极电源U_{CC}的极性都倒过来,三个电流I_B、I_C、I_E的方向也都要反过来。

改变基极回路中的可调电阻R_B,就可改变

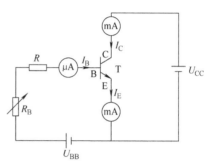

图9-3 晶体管电流放大实验电路

基极电流(又称偏流)I_B,集电极电流I_C与发射极电流I_E也都随之变化。这个实验的测试结果见表9-1。

表9-1 晶体管电流放大实验测试数据

电流 /mA	实验次数					
	1	2	3	4	5	6
I_B	0	0.01	0.02	0.03	0.04	0.05
I_C	≈0	0.56	1.14	1.74	2.33	2.91
I_E	≈0	0.57	1.16	1.77	2.37	2.96

从这些测试数据中,我们可以得出如下结论:

1)三个电流符合基尔霍夫定律,即

$$I_E = I_C + I_B \tag{9-1}$$

并且基极偏流I_B很小,而I_C与I_E相差不多,即

$$I_B = I_C \approx I_E \tag{9-2}$$

2)基极偏流的微小变化(ΔI_B)能引起集电极电流的很大变化(ΔI_C)。例如,由第3、4两次测试数据可得,$\Delta I_B = 0.03\text{mA} - 0.02\text{mA} = 0.01\text{mA}$;$\Delta I_C = 1.74\text{mA} - 1.14\text{mA} = 0.6\text{mA}$。$\Delta I_C$与$\Delta I_B$之比$\dfrac{\Delta I_C}{\Delta I_B} = \dfrac{0.6}{0.01} = 60$,我们把这个比值称为电流放大系数,记作$\beta$,即

$$\beta = \frac{\Delta I_C}{\Delta I_B} \tag{9-3}$$

β值是由晶体管的结构特点和制造工艺决定的；并且与工作电流的大小有关。例如，表9-1中的第2、3两次测试数据表明

$$\beta = \frac{\Delta I_C}{\Delta I_B} = \frac{1.14 - 0.56}{0.02 - 0.01} = \frac{0.58}{0.01} = 58$$

与前面计算的 $\beta = 60$ 就有些出入。

3）$I_B = 0$（即基极开路）时的 I_C 值，称为穿透电流 I_{CEO}，记作 I_{CEO}，由表9-1可知

$$I_{CEO} \approx 0 \text{（微安级）}$$

这时，晶体管相当于两个反极性串联的二极管，穿透电流 I_{CEO} 是在电源 U_{CC} 作用下穿过这两个PN结的电流。

4）如 I_C 与 I_B 的关系：I_C 与 I_B 的比值称为直流电流放大系数，记作 $\bar{\beta}$，即

$$\bar{\beta} = \frac{I_C}{I_B} \tag{9-4}$$

因为 $I_B = 0$ 时，$I_C = I_{CEO}$，当基极偏流由0增至 I_B 时，集电极电流相应地由 I_{CEO} 增至 I_C，故有

$$\Delta I_B = I_B - 0, \quad \Delta I_C = I_C - I_{CEO}$$

$$\beta = \frac{\Delta I_C}{\Delta I_B} = \frac{I_C - I_{CEO}}{I_B - 0}$$

于是

$$I_C = \beta I_B + I_{CEO} \tag{9-5}$$

式（9-5）表明了 I_C 与 I_B 的关系。但因一般 $I_C \gg I_{CEO}$，所以

$$I_C \approx \beta I_B \quad \text{或} \quad \beta \approx \frac{I_C}{I_B} - \bar{\beta} \tag{9-6}$$

为了区别，β 称为交流电流放大系数。式（9-6）说明 β 与 $\bar{\beta}$ 近似相等，故在工程上两者不必严格区分，估算时，β 与 $\bar{\beta}$ 可以通用。

常用的小功率晶体管 β 约为 20～150。β 太小，放大能力差；但 β 过大，工作稳定性差。β 值随 I_C 的变化而有差异，特别在 I_C 很小（微安级）或很大（接近最大允许工作电流）时，β 值将明显下降。此外，由于工艺上的分散性，即使同一型号的晶体管，β 值也会有所不同。

例9-1 某晶体管的电流分配关系见表9-1所示。试求在 $I_B = 0.01\text{mA}$ 和 $I_B = 0.04\text{mA}$ 时的 β 与 $\bar{\beta}$ 值，并进行比较。

解 $I_B = 0.01\text{mA}$ 时，

$$\bar{\beta} = \frac{I_C}{I_B} = \frac{0.56}{0.01} = 56$$

$$\beta = \frac{\Delta I_C}{\Delta I_B} \approx \frac{1.14 - 0}{0.02 - 0} = 57$$

$I_B = 0.04\text{mA}$ 时，

$$\bar{\beta} = \frac{I_C}{I_B} = \frac{2.33}{0.04} \approx 58.3$$

$$\beta = \frac{\Delta I_C}{\Delta I_B} = \frac{2.91 - 1.74}{0.05 - 0.03} = \frac{1.17}{0.02} = 58.5$$

可见，$\beta \approx \bar{\beta}$。

三、电流放大原理

现以 NPN 型晶体管为例简要说明晶体管内载流子传输过程的三个环节，如图 9-4 所示，从而说明晶体管为什么具有电流放大作用。

（1）发射区向基区发射电子

因发射结处于正向偏置，N 型发射区的多子（电子）在外电场作用下注入基区，形成发射极电流 I_E。

（2）电子在基区中扩散与复合

电子注入基区后，一方面向集电结扩散，形成集电极电流 I_C；一方面与基区中的多子（空穴）复合，形成基极电流 I_B。基区做得很薄、多子浓度低，正是为了减少电子与空穴复合的机会。因而使得 $I_C \gg I_B$，从而获得较大的电流放大系数。

（3）电子被集电极收集

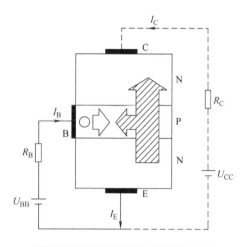

图 9-4 晶体管内载流子的传输过程

由于集电结处于较大的反向偏置，加厚了阻挡层，它只是阻挡 N 型集电区中的电子向 P 型基区扩散，面对从基区向集电结扩散的电子来说，则是加速电场。因此，电子只要扩散到集电结附近，就被这个电场加速越过集电结，被集电极收集而形成集电极电流 I_C。

第三节　晶体管特性

晶体管的伏安特性曲线用来表示各电极的电流和电压之间的关系，实际上是晶体管内部特性的外部表现，在分析晶体管电路时是很有用的。

晶体管的特性曲线主要有输入特性和输出特性两组曲线。图 9-5 所示为测绘这些曲线的测试电路。

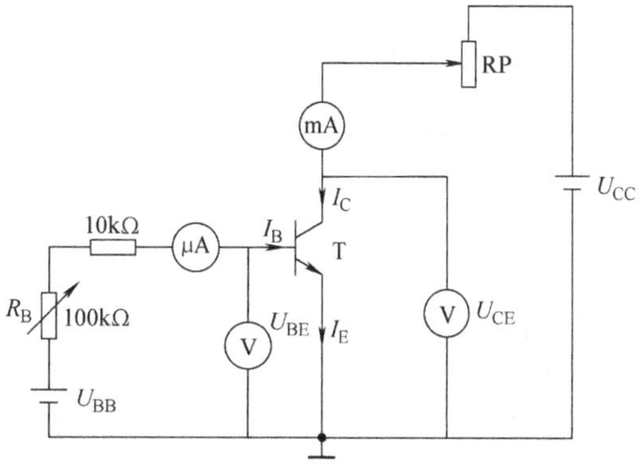

一、输入特性曲线

输入特性曲线是指集电极与发射极之间的电压（简称管压降）U_{CE} 为一定值时，基极电流 I_B 与发射结电压 U_{BE} 之间的关系曲线，即

$$I_B = f(U_{BE}) \big|_{U_{CE}=常数}$$

图 9-5 晶体管特性曲线的测试电路

先调节电位器 RP 使 $U_{CE}=0V$，即集电极与发射极短路。这时 $I_C=0$，相当于发射结和集电结两个正向偏置的 PN 结并联（见图 9-6），所以，此时的输入特性曲线与二极管的正

向伏安特性曲线很相似，如图 9-7 中的曲线Ⅰ。

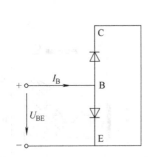

图 9-6　$U_{CE}=0$ 时晶体管的等效电路

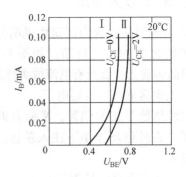

图 9-7　晶体管的输入特性

增大 U_{CE}，使 $U_{CE}>U_{BE}$，例如 $U_{CE}=2V$，则集电结变为反向偏置，发射区注入基区的载流子将有较多的部分扩散到集电区而形成集电极电流 I_C。因此，在相同的 U_{BE} 下，I_B 将减小。这时输入特性为图 9-7 中的曲线Ⅱ。

继续增大 U_{CE}，曲线向右移动很少。实际上，在 $U_{CE}=1\sim20V$ 范围内，输入特性变化不大。这是因为，只要 U_{BE} 一定，发射区注入基区的载流子数也就一定，并且只要 $U_{CE}>1V$，集电结的反向电压已可将大部分载流子收集到集电区，此时再增大 U_{CE}，已不能使 I_B 再明显减小了。故在晶体管手册中，通常只需画出 $U_{CE}>1V$ 的一条输入特性曲线。

输入特性曲线是非线性的，起始段与二极管相似，也有一段死区（硅晶体管约为 0.5V，锗晶体管约为 0.2V）；中间一段近似于直线，为线性区，属于放大工作的范围。正常工作时发射结电压值不大，硅晶体管约为 0.7V，锗晶体管约为 0.3V。最后是很陡的一段，如果 U_{BE} 过大，则将导致 I_B 急剧增大，损坏晶体管，故在基极回路中常串接一个固定的限流电阻，如图 9-5 中的 10kΩ 电阻就是用来限制基极电流的。

二、输出特性曲线

输出特性曲线是指基极电流 I_B 一定时，集电极电流 I_C 与管压降 U_{CE} 之间的关系曲线，即

$$I_C = f(U_{CE})\bigg|_{I_B=常数}$$

对一个确定的 I_B 值，可得一条 I_C - U_{CE} 曲线，取若干个不同的 I_B 值，就得到一个曲线族，如图 9-8 所示。

当已知 $I_B=0$ 时，$I_C=I_{CEO}$。I_B 增大时，各条特性曲线的形状相似，现取其中一条（例如 $I_B=40\mu A$ 加以说明。起始阶段曲线很陡，U_{CE} 稍有增加，I_C 增长很快。但在 $U_{CE}>1V$ 以后，集电结的电场已足够强，能将扩散到基区的电子大部分吸引到集电区，再增加 U_{CE}，对 I_C 的影响已经不大了，所以这时曲线接近水平。这表明，在 $U_{CE}>1V$ 后，I_C 只受 I_B 控制，而与 U_{CE} 基本无关，只要 I_B 不变，I_C 就基本不变，要想改变 I_C 就得改变 I_B。可见，晶体管具有恒流特性。这是晶体管的一个重要特性。同时也说明了，晶体管是一种电流控制器件，通过控制微小的基极电流 I_B，可达到控制较大的集电极电流 I_C 或发射极电流 I_E 的目的。

从输出特性曲线上可以直接求得 β 值。例如在图 9-8 中，在 $U_{CE}=6V$ 处，做横坐标的垂线（图中的细实线），与 $I_B=40\mu A$、$I_B=60\mu A$ 两条曲线相交，两个交点的纵坐标分别为 $I_C=2.3mA$ 与 $1.5mA$，于是

$$\beta = \frac{\Delta I_C}{\Delta I_B} = \frac{2.3-1.5}{0.06-0.04} = 40$$

三、三种工作状态

如图 9-9 所示，晶体管可工作于三个不同的区域，每一个工作区域代表一种工作状态。

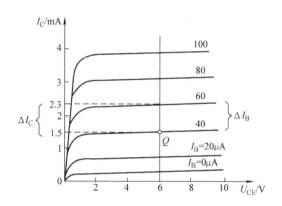

图 9-8 晶体管的输出特性曲线

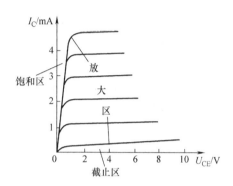

图 9-9 晶体管的三种工作状态

1. 放大状态

在输出特性曲线族上，晶体管具有电流放大作用的区域，称为放大区。放大区大致在 $I_B=0$ 的曲线上方以及各曲线近似水平的部分。晶体管工作在放大状态时的基本特点是发射结处于正向偏置，集电结处于反向偏置。

2. 截止状态

曲线 $I_B=0$ 以下的区域称为截止区。这时 $I_B \leq 0$、$I_C \approx 0$，因为集电极电压较高（U_{CE} 基本上等于集电极电源电压 U_{CC}），所以相当于一个开关的断开。晶体管工作于截止状态的基本特点是发射结反向偏置或正向偏置电压小于死区电压。这时晶体管呈现高电阻状态。

3. 饱和状态

输出特性曲线族的左侧 I_C 明显上升的区域，称为饱和区。此时管压降 U_{CES} 为饱和压降，U_{CES} 很低，一般硅晶体管约为 $0.3V$，锗晶体管约为 $0.1V$，因此相当于一个开关的接通。此时电流主要由外电路决定：

$$I_C \approx \frac{U_{CC}}{R_C} \tag{9-7}$$

这时，I_B 的增加对 I_C 的影响很小，晶体管失去线性的电流放大作用。晶体管工作于饱和状态的基本特点是发射结和集电结都处于正向偏置。

因此，晶体管除具有放大作用外，还具有开关作用——工作在饱和与截止状态。

第四节 主要参数

晶体管的参数是用来表征它的性能和适用范围的，可作为设计、调整和使用时的参考。晶体管的参数有很多，除前面讲过的电流放大系数 β 之外，这里再介绍几个常用参数，并择要说明温度对一些参数的影响。

一、极间反向电流

（1）集－基极反向漏电流 I_{CBO}

又称集－基极反向饱和电流，它为 $I_E=0$（即发射极开路）时的 I_C 值；这时的电路如图 9-10a 所示，因为集电极电位高于基极电位，这时晶体管相当于一个二极管处于反向偏置，电流由少子的漂移形成，即

$$I_C = -I_B = I_{CBO} \quad (I_E = 0)$$

（2）集－射极反向漏电流 I_{CEO}

也就是前面讲过的穿透电流，这时电路如图 9-10b 所示。可以证明：

$$I_{CEO} = (1+\bar\beta)I_{CBO} \approx (1+\beta)I_{CBO} \tag{9-8}$$

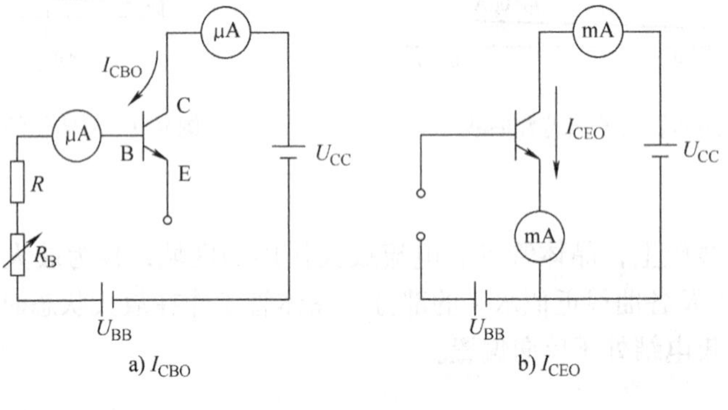

图 9-10 I_{CBO} 与 I_{CEO}

二、极限参数

（1）集电极最大允许电流 I_{CM}

集电极电流 I_C 超过一定值时，晶体管的参数会发生变化，特别是 β 值会下降。将 β 值下降到正常值的 $\frac{1}{2}$ 或 $\frac{1}{3}$ 时的集电极电流，称为集电极最大允许电流。使用时，如果 $I_C > I_{CM}$，不一定损坏晶体管，但 β 值下降很多。工作时 U_{CE} 较大的晶体管，不允许 $I_C > I_{CM}$，因为可能引起过大的功率损耗而损坏晶体管。

小功率晶体管的 I_{CM} 约为几十毫安，大功率晶体管在几安以上。

（2）集－射极击穿电压 $U_{(BR)CEO}$

基极开路时加在集、射极之间的最大允许电压，称为集－射极击穿电压。当 $U_{CE} >$

$U_{(BR)CEO}$时，I_C骤然大幅度上升，说明晶体管已被击穿。

（3）集电极最大耗散功率P_{CM}

集电极电流通过集电结有功率损耗，使集电结发热，结温升高。为使结温不超过允许值，规定了集电极耗散功率$U_{CE}I_C$的最大允许值，称之为集电极最大耗散功率。

在输出特性曲线族中，$U_{CE}I_C > P_{CM}$为过损耗区（见图9-11）。使用晶体管时，应使$U_{CE}I_C < P_{CM}$，并适当留有余地，以免结温过高烧坏晶体管。

图9-11中，$U_{CE}I_C < P_{CM}$、$I_C < I_{CM}$、$U_{CE} < U_{(BR)CEO}$所限定的范围为安全工作区，简称工作区。

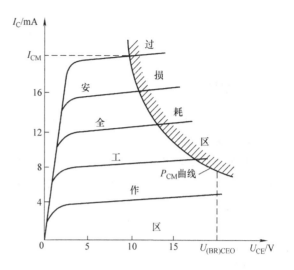

图9-11 晶体管的安全工作区与过损耗区

三、温度的影响

半导体的主要缺点是热稳定性差。晶体管的各种参数几乎全都受温度变化的影响，了解参数随温度而变化的规律，才便于在电路中采取克服的措施。温度对下列参数和特性的影响最值得注意：

（1）温度对β的影响

温度升高时β值增大，其结果是在相同的I_B情况下，I_C随温度升高而增大。

（2）温度对I_{CBO}、I_{CEO}影响

I_{CBO}受温度影响很大，一般来说，温度每升高10℃，锗晶体管或硅晶体管的I_{CBO}就要增加一倍。因为$I_{CEO} \approx (1+\beta)I_{CBO}$，故$I_{CEO}$受温度影响更大，尤其$\beta$值大的晶体管热稳定性更差。故选晶体管时，要求$I_{CBO}$尽可能小些，而$\beta$一般以不超过100为宜。

（3）温度对$U_{(BR)CEO}$的影响

升温时，$U_{(BR)CEO}$值将降低。手册中的$U_{(BR)CEO}$一般是常温（25℃）时的值。工作温度高于25℃的场合，工作电压应在小于击穿电压的$\frac{1}{3} \sim \frac{1}{2}$之间选择。

（4）温度对输出特性的影响

如图9-12所示，温度升高时，输出特性曲线族向上移动，而且线与线的间隔变宽，I_{CBO}与β都增大。

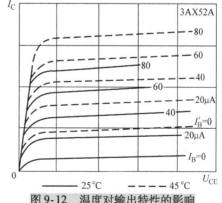

图9-12 温度对输出特性的影响

第五节 基本放大电路

一、单管放大电路

图 9-13 所示为一个简单的单管交流放大器。被放大的交流信号电压 u_i,从晶体管的基极和发射极输入,放大后的信号电压 u_o 则从集电极和发射极输出,因为输入、输出端共发射极,故称为共发射极放大电路,简称共射电路。它是应用最普遍的电路,也是晶体管放大器的基本放大电路。除晶体管 VT 之外,基本放大电路中有如下各组成部分。

(1) 电源 U_{CC}

它是放大器的能源;同时,适当选定电阻 R_B、R_C 的阻值,可使发射结正向偏置、集电结反向偏置。图 9-13a 是按 NPN 型晶体管画出的。如果晶体管是 PNP 型,电源 U_{CC} 的极性就要反过来。图 9-13b 是基本放大电路的习惯画法。

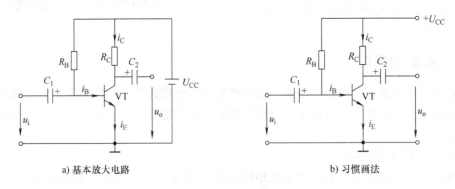

a) 基本放大电路　　b) 习惯画法

图 9-13　单管放大器

【专业指导】 在汽车中,晶体管主要是开关作用,也就是晶体管 VT 开关压降最小的状态。汽车执行器如发动机喷油器电磁阀、炭罐电磁阀、电机等的线圈就是 R_C 的位置,差别是电阻 R_C 换成了一个线圈,这种接法通常称为集电极开路接法。

(2) 电阻 R_B 和 R_C

串接在基极回路中的电阻 R_B 称为基极偏流电阻。R_B 的阻值决定基极偏流 I_B 的大小,适当调节 R_B 可使放大器获得合适的静态工作点。

晶体管不仅可以放大电流,而且可以利用它实现电压放大;只要在集电极回路中接入一个适当的电阻 R_C(称为集电极负载电阻),就可将电流的变化转换为 R_C 上电压的变化。因此,R_C 又称为转换电阻。

(3) 电容 C_1 和 C_2

它们分别接在电路的输入端和输出端。利用电容器来隔断直流,简称隔直;而电容器对交流电的阻抗很小,交流电流很容易通过,简称耦合。因此,C_1、C_2 称为隔直耦合电容。它们的作用如下:一方面将放大器与信号源和负载之间的直流联系隔断;另一方面保证二者之间的交流通道畅通。

二、单管放大原理

为了区分放大电路中电压、电流的静态值(直流分量)、信号值(交流分量)以及二者之和(叠加),我们约定按表9-2所列的表示方式,即,静态值的变量符号及其下标都用大写字母;交流信号瞬时值的变量符号及下标都用小写字母;交流信号幅值或有效值的变量符号大写而其下标为小写;总量(静态值+信号,即脉动直流)的变量符号小写而其下标则为大写。

表9-2 放大电路中变量表示方式

变量类别		直流静态值	交流信号			总量(静态+信号)
			瞬时值	幅值	有效值	瞬时值
变量名称	基极电流	I_B	i_b	I_{bm}	I_b	i_B
	集电极电流	I_C	i_c	I_{cm}	I_c	i_C
	发射极电流	I_E	i_e	I_{em}	I_e	i_E
	集–射电压	U_{CE}	u_{ce}	U_{cem}	U_{ce}	u_{CE}
	基–射电压	U_{BE}	u_{be}	U_{bem}	U_{be}	u_{BE}

我们知道,为使晶体管工作在放大状态,必须保证发射结正向偏置、集电结反向偏置。下面分别讨论静态和动态两种情况下的工作原理。

(1)静态

放大器未加输入信号,即 $u_i = 0$、$i_i = 0$ 时,电路的工作状态称为静态,这时的电路如图9-14所示。因为这时电路中的电压、电流只有直流成分,所以静态时的电路也就是基本放大电路的直流通道。

静态时的 I_B、I_C、U_{CE} 对应于晶体管输出特性曲线上的一点,记作 Q,称为放大电路的静态工作点。静态工作点是放大器工作的基础,它设置的是否合理以及稳定与否,直接影响放大器能否正常工作以及性能质量的高低,以后还要专门讨论它。这里只是介绍它的估算。

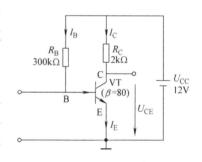

图9-14 单管放大器的直流通道

在图9-14所示的直流通道中,应用KVL,得

$$R_B I_B + U_{BE} = U_{CC}$$

$$I_B = \frac{U_{CC} - U_{BE}}{R_B} \qquad (9\text{-}9)$$

小功率硅晶体管,按 $U_{BE} \approx 0.7\text{V}$ 估算;锗晶体管按 $U_{BE} \approx 0.3\text{V}$ 估算。

一般 $U_{CC} \gg U_{BE}$,故

$$I_B \approx \frac{U_{CC}}{R_B}$$

然后可根据 β 值,估算出

$$I_B \approx \frac{U_{CC}}{R_B} \qquad (9\text{-}10)$$

同理可得

$$R_C I_C + U_{CE} = U_{CC}$$
$$U_{CE} = U_{CC} - R_C I_C \tag{9-11}$$

例如，根据图 9-14 电路中的数据，可求得静态工作点如下：

$$I_B = \frac{12 - 0.7}{300 \times 10^3} A \approx 4 \times 10^{-5} A = 40 \mu A$$

$$I_C \approx \beta I_B \approx 80 \times 40 \mu A = 3.2 mA$$

$$U_{CE} = U_{CC} - R_C I_C \approx 12V - 2 \times 10^3 \times 3.2 \times 10^{-3} V = 5.6V$$

（2）动态

放大器输入端接收交流信号电压 u_i 时，电路的工作状态称为动态。这时，基－射极电压 u_{BE} 就是在静态值 U_{BE} 的基础上叠加一个交变信号电压 u_i，即

$$u_{BE} = U_{BE} + u_i \tag{9-12}$$

基极电流为

$$i_B = I_B + i_b \tag{9-13}$$

式中，i_b 为信号电压 u_i 引起的电流，经过放大，集电极电流为

$$i_C = I_C + i_c \tag{9-14}$$

正常工作时，i_c 与 i_b 按同一规律变化。例如，设 i_b 为正弦量，则 i_c 也是同频率正弦量，而且二者相位相同，但 i_c 的幅值 I_{cm}（或有效值 I_c）是 i_b 幅值 I_{bm}（或有效值 I_b）的 β 倍。

在输出回路中，据 KVL，得

$$u_{CE} = U_{CC} - R_C i_C = U_{CC} - R_C (I_C + i_c) = U_{CC} - R_C I_C - R_C i_c$$

应用式（9-11）$U_{CE} = U_{CC} - R_C I_C$，可得

$$u_{CE} = U_{CE} - R_C i_C \tag{9-15}$$

可见，管压降 u_{CE} 也由直流分量 U_{CE} 和交流分量 $-R_C i_C$ 组成。由于 C_2 隔直和耦合，输出电压只有交流成分，即输出信号电压为

$$u_o = u_{ce} = -R_C i_C \tag{9-16}$$

只要 R_C 取值适当，就可使输出信号电压 u_o 比输入信号电压 u_i 大很多倍，从而实现电压放大。由式（9-16）可以看出，输出交流电压 u_o 与负载电阻上的交流压降 $R_C i_C$ 在数值上相等而在相位的上却是相反。因为 u_i、i_b、i_c、u_{RC} 都是同相位的，所以 u_o 与 u_i 的相位差 π，这种现象称为倒相或反相作用。

图 9-15 所示为基本放大电路的交流通道，它是将基本放大电路中的电容以及直流电源都短路后形成的，因为对于频率较高的交流信号，电容器相当于短路，同时，一般直流电源内阻很小（可忽路不计），故对交流也可认为是短路的。

图 9-16 所示为假设输入信号电压为正弦量，放大器动态时各电压、电流的波形。注意：图中输入、输出电压信号的相位相反；i_B、i_C、u_{CE} 都是在各自的静态值上叠加交流波形而成的。

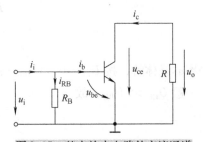

图 9-15 基本放大电路的交流通道

以上讨论的是共射电路，若以基极为输入、输出回路的公共端，则称为共基极放大电路，简称共基电路。共基电路一般应用于宽频带放大器中，本书不予讨论。

还有一种放大电路，如图9-17所示，它以集电极为输入、输出回路的公共端，称为共集电极放大电路，简称共集电路。共集电路也常应用，本章第九节中讨论的射极输出器就是这种电路。

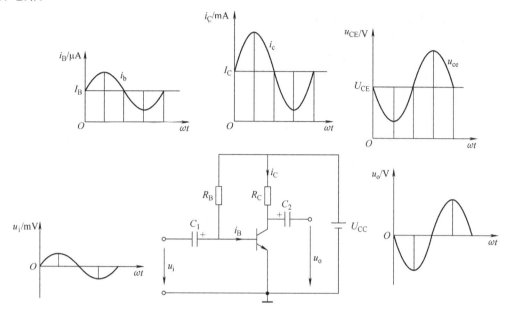

图9-16 放大器动态时各电压、电流的波形

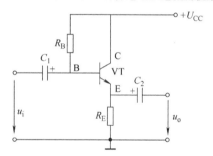

图9-17 共集电极放大电路（NPN型晶体管）

第六节 放大器的基本分析方法

本节将对基本放大器做一些定量分析，分析的主要问题有两个：一是确定静态工作点Q；二是估算电压放大倍数A_u。

放大器的基本分析方法有两种：一种是图解法；另一种是小信号等效电路法。为了简便，本节只讲述用图解法确定静态工作点，而用简化了的小信号等效电路法来估算电压放大倍数。

一、图解法求静态工作点

图9-18所示为未接交流负载的基本放大电路，以它为例来说明如何利用输出特性曲线和直流负载线求放大器的静态工作点。

将基本放大电路中的输出网路单独画出,如图 9-19a 所示。为了便于分析,以 AB 为界,人为地将输出网路分成左右两部分:左边是非线性器件晶体管,其集电极电流 I_C 与管压降 U_{CE} 的关系由它的输出特性曲线表示,如图9-19b所示;右边是一个线性电路, U_{CE}、I_C 分别是它的端电压与输出电流,其关系可由式 (9-17) 决定:

$$U_{CE} + R_C I_C = U_{CC}$$

$$I_C = \frac{1}{R_C}(U_{CC} - U_{CE}) = \frac{1}{R_C}U_{CC} - \frac{1}{R_C}U_{CE} \quad (9\text{-}17)$$

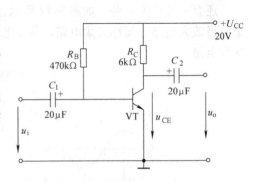

图 9-18 未接交流负载的基本放大电路

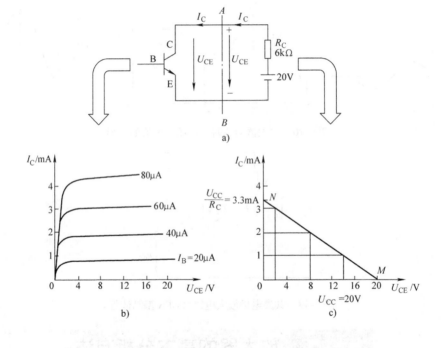

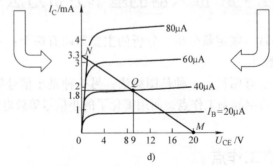

图 9-19 基本放大电路的静态图解分析

式（9-17）是一个线性方程式，其图像是一条直线，称为直流负载线，如图 9-19c 所示。

设直流负载线在两坐标轴上的截点分别为 M、N。横轴上截点 M 表示 $I_C = 0$ 时的状态，即电路从 AB 处断开，此时电压 $U_{CE} = U_{CC}$ 为开路电压，故截点 M（U_{CC}，0）称为开路电压点。纵轴上截点 N 表示 $U_{CE} = 0$ 时的状态，即电路在 AB 处短路，此时电流 $I_C = \dfrac{U_{CC}}{R_C}$ 为短路电流，点 N（0，$\dfrac{U_{CC}}{R_C}$）称为短路电流点。因此，若已知电路的 U_{CC}、R_C，则在横坐标轴上截取 $OM = U_{CC}$，纵坐标上截取 $ON = \dfrac{U_{CC}}{R_C}$；然后连接 MN 就是该电路的直流负载线。直流负载线的斜率（取正值）为

$$|\tan\alpha| = \frac{ON}{OM} = \frac{U_{CC}/R_C}{U_{CC}} = \frac{1}{R_C} \qquad (9\text{-}18)$$

仅由集电极负载电阻 R_C 决定。

从左边看，U_{CE} 与 I_C 在晶体管输出特性曲线上变化；从右边看，U_{CE} 与 I_C 在直流负载线上变化。实际上，左右两边连在一起构成输出回路的统一整体。所以，通常把图 9-19b、c 合起来画成图 9-19d。

只要基极偏流 I_B 一经确定，在输出特性曲线族中就确定了一条曲线，这条曲线与直流负载线的交点 Q 就是这个放大电路的静态工作点。

例如，按图 9-18 所示电路的参数，根据式（9-9）可求得静态偏流为

$$I_B = \frac{U_{CC} - U_{BE}}{R_B} \approx \frac{20}{470 \times 10^3}\text{A} \approx 4 \times 10^{-5}\text{A} = 40\mu\text{A}$$

做直流负载线：M 点的 $U_{CE} = U_{CC} = 20\text{V}$；$N$ 点的 $I_C = \dfrac{U_{CC}}{R_C} = \dfrac{20}{6 \times 10^3}\text{A} \approx 3.3\text{mA}$。

$I_B = 40\mu\text{A}$ 的一条输出特性曲线与直流负载线 MN 相交于 Q 点，Q 点的坐标就是管压降和集电极电流的静态值，用图解法求得 Q 点坐标是（9V，1.8mA）。于是求出这个放大电路的静态工作点为

$$\begin{cases} I_B = 40\mu\text{A} \\ I_C = 1.8\text{mA} \\ U_{CE} = 9\text{V} \end{cases}$$

二、用小信号等效电路法求电压放大倍数

晶体管是非线性器件，其输入、输出特性曲线都不是直线，不能简单地应用欧姆定律进行电路运算，因而分析计算很不方便。为使分析计算简化，可将非线性电路化成等效的线性电路，然后就可应用欧姆定律等有关线性电路的规律来求解。但是，将非线性电路线性化，必须是变化范围比较小的电信号，因为只有较短的一段曲线才可近似看作是直线段。所以这种等效电路法只适用于小信号的场合。一般低频电压放大级的输入信号都比较小（微伏或毫伏数量级），故可采用这种分析方法。

(1) 晶体管的简化等效电路

如图9-20a所示,从基本放大电路的输入端看,B、E两极间加信号电压 u_{be} 时,就产生一个输入的基极信号电流 i_b,从其效果上看,B、E之间恰似一个等效电阻 r_{BE},即

$$r_{BE} = \frac{u_{be}}{i_b} \quad (9\text{-}19)$$

r_{BE} 这个等效电阻称为晶体管的输入电阻,它就是晶体管基 – 射极输入端的等效

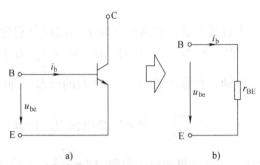

图9-20 晶体管的等效输入电阻

电阻,如图9-20b所示。r_{BE} 也常记作 h_{ie},它的数值,有些晶体管可从手册直接查到。一般可用下列近似公式估算(只适用于共射电路):

$$r_{BE} = 300\Omega + (1+\beta)\frac{26\text{mV}}{I_E(\text{mA})} \quad (9\text{-}20)$$

式中,r_{BE} 基极电阻,对一般低频小功率晶体管来说,$r_B = 300\Omega$。又因 $I_B = (1+\beta)I_B$,故式(9-20)也可写成

$$r_{BE} = 300\Omega + \frac{26\text{mV}}{I_B(\text{mA})} \quad (9\text{-}21)$$

以图9-18的电路为例

$$r_{BE} = 300\Omega + \frac{26\text{mV}}{0.04\text{mA}} = 950\Omega$$

实验证明,小功率晶体管在 $I_E < 5\text{mA}$ 的情况下,用式(9-20)算出的 r_{BE} 值与实测结果是比较接近的;而用于大功率晶体管时则误差较大。

一般情况下,r_{BE} 的值在几百欧到几千欧之间。常用的小功率晶体管,当 $I_E = 1 \sim 2\text{mA}$ 时,r_{BE} 为 $1\text{k}\Omega$ 左右。

现在再看晶体管的输出端。前面讲过,晶体管具有恒流特性。因此可将晶体管的C、E两极等效为一个恒流源,它输出的电流 $i_c = \beta i_b$ 即恒流源的电激流。把输入端和输出端结合起来,就可得到晶体管的等效电路,如图9-21所示。因为我们忽略了一些次要因素(例如,严格地说,输出端C、E间应当等效为一个恒流源与一个较大的内阻并联的电路),所以,图9-21所示为晶体管简化小信号等效电路。

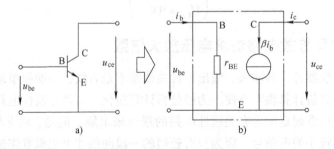

图9-21 晶体管简化小信号等效电路

（2）估算电压放大倍数

现仍按图9-18 未接交流负载的基本放大电路，推导出估算电压放大倍数的一般公式。图9-22a 是将此电路重画出来，图9-22b 是它的简化小信号等效电路图。

从等效电路很方便地得出

$$u_i = r_{BE} i_b, \quad i_c = \beta i_b$$
$$u_o = -R_C i_c = -\beta R_C i_b$$

于是电压放大倍数为

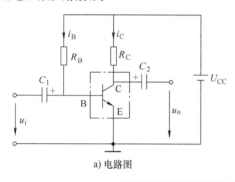
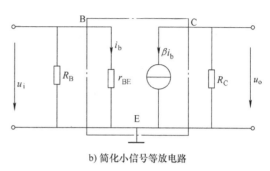

a) 电路图　　　　b) 简化小信号等放电路

图9-22　未接交流负载的基本放大电路及其等效电路

$$A_u = \frac{u_o}{u_i} = \frac{-\beta R_C i_b}{r_{BE} i_b} = -\beta \frac{R_C}{r_{BE}} \tag{9-22}$$

A_u 为负值表示共射放大电路具有倒相作用。

如果在输出端接有交流负载，其阻值为 R_L，则 R_L 与 R_C 并联的等效电阻 $R'_L = \dfrac{R_L R_C}{R_L + R_C}$ 就是总的交流等效负载电阻。这时的小信号等效电路如图9-23 所示。这时输出电压为

$$u_o = -R'_L i_c$$

所以，电压放大倍数为

$$A'_u = -\beta \frac{R'_L}{r_{BE}} \tag{9-23}$$

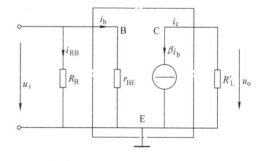

图9-23　带负载的小信号等效电路

一般，$R'_L < R_C$，$A'_u < A_u$。

例9-2　按图8-18所示的电路参数，并且已知晶体管 $\beta = 45$。试用简化等效电路法估算：(1) 不接交流负载时的电压放大倍数；(2) 接交流负载 $R_L = 4\text{k}\Omega$ 时的电压放大倍数。

解　前已算出 $r_{BE} = 0.95\text{k}\Omega$，则

(1) $$A_u = -\beta \frac{R_C}{r_{BE}} = -45 \times \frac{6}{0.95} \approx -284$$

(2) $$R'_L = \frac{R_C R_L}{R_C + R_L} = \frac{6 \times 4}{6 + 4}\text{k}\Omega = 2.4\text{k}\Omega$$

$$A'_u = -\beta \frac{R'_L}{r_{BE}} = -45 \times \frac{2.4}{0.95} \approx -114$$

第七节 静态工作点的设置与稳定

一、静态工作点的设置

(1) 工作点设置不合理将引起波形失真

放大器的静态工作点对于保证放大器有一个合适的工作：静态 Q 非常重要的。静态工作点 Q 的位置过高或过低，都将产生波形失真。

仍以图 9-18 的电路为例，用图解法在晶体管的输出特性曲线上画出直流负载线，如图 9-19d 所示。现将该图重新画出，如图 9-24 所示，但现在考虑动态的情况，即假设有输入正弦电压信号 u_i，它将使得基极电流在静态值 I_B 的基础上叠加一个正弦量 i_b（参阅式 (9-13)。设 i_b 的幅值为 $20\mu A$，则

$$i_B = 40\text{mA} + 20\sin\omega t \mu A$$

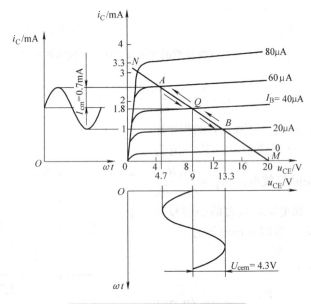

图 9-24　放大电路的动态图解分析

这表明基极电流 i_B 在 $(40\pm20)\mu A$（即 $20\sim60\mu A$ 之间）做周期性变化，所以 i_c 与 u_{ce} 的关系不再是唯一的一条 $I_B=40\mu A$ 的特性曲线，而是范围在 $i_B=20\sim60\mu A$ 之间的一组特性曲线。设直流负载线与 $i_B=60\mu A$ 和 $i_B=20\mu A$ 两条特性曲线分别相交于 A、B 两点，则放大电路的动态工作状况应当是以静态工作点 Q 为基准，沿着负载线在 A、B 之间往复变化，如图 9-24 所示。

可见，放大器的动态工作点沿着负载线的 AB 线段，以 Q 为中心来回移动，与此同时 i_c 与 u_{ce} 叠加在各自的静态值 I_C 与 U_{CE} 上做周期性变化。Q 点既是静态工作点，又是各交流分量瞬时值变到零值时的动态工作点。一般情况下，Q 点应设置在负载线 MN 的中点附近，这样，只要幅值不太大，就可使 A 点不进入饱和区、B 点不进入截止区。

图 9-25 表示 Q 点设置过高或过低将引起波形失真的情况（设 i_b 为正弦波形）。如果静

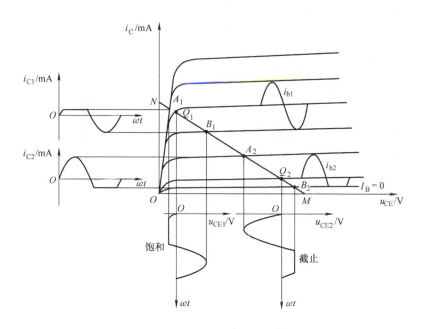

图 9-25 静态工作点过高或过低引起波形失真

态工作点设在 Q_1 点,位置过高,负载线上的 Q_1A_1 线段接近或进入饱和区,且动态范围的一部分进入饱和区,由于特性曲线的这部分弯曲而间距小,故在输入信号的前半周期内,相应的 i_c 与 u_{ce} 数值偏低,即它们的波形畸变成扁平状,这种情况称为饱和失真。如果静态工作点设置在图中所示的 Q_2 点,位置过低,线段 Q_2B_2 接近或进入截止区,即动态范围的一部分进入截止区,则在输入信号的后半周期内,i_c、u_{ce} 的波形被截去一段,波形也发生严重畸变,称为截止失真。

此外,输入信号 u_i 不能太大,否则也会引起失真。

(2)合理设置工作点

为了避免饱和失真和截止失真,可采取下述改变参数的方法:

1)适当改变 r_b。这可使基极偏流 I_B 适当增大或减小,将静态工作点沿负载线适当移动,使放大器脱离饱和区或截止区工作。这是最常用的方法。

2)适当改变 R_C。这可适当改变负载线的斜率,将静态工作点沿输出特性曲线确定适当位置。

3)适当改变电源 U_{CC}。U_{CC} 增大,可使负载线向右平移;U_{CC} 减小,可使负载线向左平移。这样也可以适当调整静态工作点的位置。

二、静态工作点的稳定

前面讲过,温度升高将使整个输出特性曲线族向上移动,因此事先设置好的 Q 点将向上移动;同时,由于 I_c 增大,使集电极损耗增加,管温升高,进一步使输出特性曲线上移,晶体管不能正常工作,甚至烧坏晶体管。

图 9-18 所示基本放大电路中的基极偏流 $I_B \approx \dfrac{U_{CC}}{R_B}$,偏流电阻 R_B 一经选定,I_B 也随之确

定为恒定值，因此，这种电路称为固定偏置电路。固定偏置电路虽然具有电路简单、放大倍数高等优点，但正如以上分析，其静态工作点不稳定，受温度变化的影响较大。为了稳定静态工作点，还必须在电路结构上采取改进的措施。

稳定工作点的偏置电路种类甚多，电子技术中应用最广的是如图 9-26 所示的分压式电流负反馈偏置电路。

电阻 R_{B1} 与 R_{B2} 构成分压式偏置电路，由图 9-26 可得

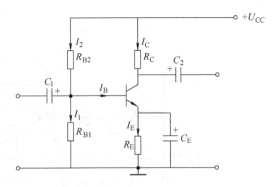

图 9-26　分压式电流负反馈偏置电路

$$I_2 = I_1 + I_B$$

若使 $I_1 \gg I_B$，则

$$I_1 \approx I_2 = \frac{U_{CC}}{R_{B1} + R_{B2}} \tag{9-24}$$

于是，R_{B1} 上的电压为 $R_{B1}I_1$，即基极电位 V_B 为

$$V_B = R_{B1}I_1 = \frac{R_{B1}}{R_{B1} + R_{B2}} U_{CC} \tag{9-25}$$

可见，在 $I_1 \gg I_B$ 的条件下，晶体管的基极电位 V_B 由 R_{B1} 和 R_{B2} 的分压比决定，而与温度变化无关。换言之，这种电路利用分压器固定了基极电位，使它摆脱温度变化的影响。调节 R_{B1} 或 R_{B2} 的阻值，即可改变偏流 I_B 的大小。

静态工作点的稳定是由发射极电阻 R_E 实现的。由图 9-23 可得

$$V_B = U_{BE} + R_E I_E \quad 或 \quad U_{BE} = V_B - R_E I_E \tag{9-26}$$

温度上升使 I_C 增大时，I_E 随之增大，$R_E I_E$ 也增大；因基极电位 V_B 不受温度影响，保持恒定，故由式（9-26）可以看出，$R_E I_E$ 增大使 U_{BE} 减小，引起 I_B 减小，从而使 I_C 相应减小，从而抑制了温升引起的 I_C 增量，即稳定了静态工作点。其稳定过程表示如下：

$$T\uparrow \to I_C\uparrow \to I_E\uparrow \to R_E I_E\uparrow \to U_{BE}\downarrow \to I_B\downarrow \to I_C\downarrow$$

一般，R_E 的值在小电流情况下为几百到几千欧，在大电流的情况下为几欧到几十欧。

例 9-3　在图 9-26 的电路中，已知晶体管的 $\beta = 50$、$R_C = 3.3 \text{k}\Omega$、$U_{CC} = 20\text{V}$、$R_{B1} = 10\text{k}\Omega$、$R_{B2} = 33\text{k}\Omega$、$R_E = 1.6\text{k}\Omega$。试求其静态工作点。

解
$$V_B = \frac{R_{B1} U_{CC}}{R_{B1} + R_{B2}} = \frac{10 \times 20}{10 + 33}\text{V} \approx 4.7\text{V}$$

$$I_C \approx I_E = \frac{V_B - U_{BE}}{R_E} = \frac{4.7 - 0.7}{1.6 \times 10^3}\text{A} = 2.5 \times 10^{-3}\text{A} = 2.5\text{mA}$$

$$I_B \approx \frac{I_C}{\beta} = \frac{2.5 \times 10^{-3}}{50}\text{A} = 5 \times 10^{-5}\text{A} = 50\mu\text{A}$$

$$U_{CE} = U_{CC} - R_C I_C - R_E I_E \approx 20\text{V} - 2.5(3.3 + 1.6)\text{V} \approx 7.8\text{V}$$

即得静态工作点 Q：

$$\begin{cases} I_B = 50\mu A \\ I_C = 2.5mA \\ U_{CE} = 7.8V \end{cases}$$

我们还看到，若 $U_B \gg U_{BE}$，则可近似地认为

$$I_C \approx I_E = \frac{V_B - U_{BE}}{R_E} \approx \frac{V_B}{R_E} = \frac{R_{B1}U_{CC}}{R_E(R_{B1}+R_{B2})} \tag{9-27}$$

式（9-27）说明 I_C 的大小仅与电源电压和几个阻值有关，而与晶体管参数基本无关。因此，在这种电路中，即使所用的晶体管的特性不一样，对静态工作点的 I_C 值影响也很小。这在大批量生产或经常需要更换晶体管的场合，很是方便。

R_E 两端并联的电容 C_E（见图 9-26），称为发射极交流旁路电容，其容量一般取 10 ~ 100μF。它对直流相当于开路。

第八节 场效应晶体管

一、场效应晶体管

场效应晶体管也是一种常用的半导体晶体管。普通晶体管是电流控制器件，输入电阻低；而场效应晶体管的输出电流取决于输入信号电压的大小，是一种电压控制器件，输入端几乎不需要信号源提供电流，因而输入电阻很高（>10MΩ），这是它的主要特点。此外，场效应晶体管还具有噪声低、热稳定性好、耗电少等优点，因此获得广泛应用。

场效应晶体管有结型和绝缘栅型两大类，后者制造工艺简单、便于集成化。绝缘栅场效应晶体管（MOSFST 或 MOS 管）可分为增强型和耗尽型两种，每一种又有 N 沟道与 P 沟道之分。图 9-27a 所示为 N 型沟道绝缘栅场效应晶体管（NMOS）的结构示意图；图 9-27b、c 所示为它的图形符号；如果是 P 型沟道绝缘栅场效应晶体管（PMOS），符号中的箭头应反过来画。

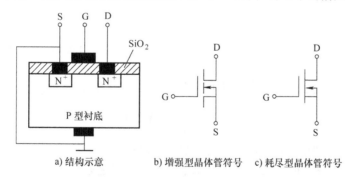

a) 结构示意　　b) 增强型晶体管符号　　c) 耗尽型晶体管符号

图 9-27　N 型沟道绝缘栅场效应晶体管的结构和图形符号

N 沟道场效应晶体管是用一块掺杂较轻的 P 型硅片作为衬底，上面制成两个高杂质浓度的 N 型区（用 N⁺ 表示），由此两区分别引出两个电极——漏极（D）和源极（S）。衬底其余部分的表面覆盖一层很薄的二氧化硅绝缘层，其上喷涂一层铝作为栅极（G）。源、漏、栅三个极分别相当于普通晶体管的射、集、基三个极。

二、场效应晶体管放大电路

增强型场效应晶体管的导电原理简述如下：在漏、源极之间加电压 U_{DS}（漏极接正，源极接负），因漏、源极之间有一个 PN 结处于反向偏置，故漏、源极之间仍处于截止状态。但如图 9-28 所示，在栅、源极之间接电源（栅极接正，源极接负），使栅、源极间存在一定电压 U_{GS}（简称栅压），从而产生垂直于衬底表面、方向朝下的电场，这时栅极与衬底之间（隔着绝缘层）就像电容器一样，在电场力作用下，衬底中的电子被吸引到衬底与绝缘层的接触面上形成一条 N 型导电沟道，这就把源极的 N^+ 区与漏极的 N^+ 区沟通起来。于是，在漏源极电压 U_{DS} 的作用下，产生漏极电流 I_D；栅压 U_{GS} 越大，N 型沟道就越宽，I_D 也就越大。由于场效应晶体管只有一种多数载流子参与导电（N 型沟道是电子，P 型沟道是空穴），故又称单极型晶体管；因为没有少数载流子参与导电，所以温度稳定性好。普通晶体管同时参与导电的有两种类型的载流子，故也称双极型晶体管。

在一定的漏源电压 U_{DS} 作用下，使漏、源极之间由截止变为导通的临界栅压称为开启电压，记作 U_{TH}（通常为 2～10V），即 U_{GS} 必须"增强"到 U_{TH} 以上才出现 I_D。当 $U_{GS} > U_{TH}$ 时，漏极电流 I_D 随 U_{GS} 增大而增大，从而实现 U_{GS} 对 I_D 的控制作用。这种控制性能可用图 9-29a 所示的转移特性曲线来表示。

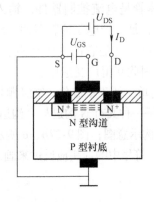

图 9-28 增强型场效应晶体管的导电原理

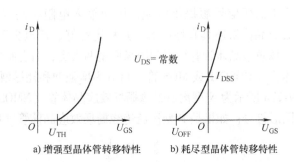

a) 增强型晶体管转移特性　　b) 耗尽型晶体管转移特性

图 9-29　N 型沟道绝缘栅场效应晶体管的转移特性

栅压 U_{GS} 对漏极电流 I_D 的控制能力可用特性参数跨导（g_m）来表示，即

$$g_m = \frac{\Delta I_D}{\Delta U_{GS}} (\mathrm{mA/V}) \tag{9-28}$$

跨导 g_m 值越大，栅压对漏极电流的控制能力越强。

耗尽型场效应晶体管的结构与增强型基本相同，不同之处是在二氧化硅绝缘层中掺有大量正离子，故在两个 N^+ 区之间感应出很多电子而形成原始 N 型沟道，此时只要加上电压 U_{DS}，就会出现 I_D。当栅压 $U_{GS}=0$ 时，源、漏极之间流过的是原始导电沟道的饱和漏极电流 I_{DSS}，当 $U_{GS}>0$ 时，原始沟道加厚，I_D 随 I_D 升高而增大，当 $I_D<0$ 时，沟道内出现耗尽层，原始导电沟道减薄，I_D 减小，而当负栅压的绝对值增加到某一临界值 U_{OFF} 时，原始沟道"耗尽"而消失，$I_D \approx 0$，U_{OFF} 称为夹断电压。可见耗尽型 NMOS 管的栅压处于正、负偏置都能控制 I_D，使其应用更为灵活。图 9-29b 所示为它的转移特性。

一般来说，耗尽型场效应晶体管多应用于放大，而增强型场效应晶体管多应用于开关。

使用场效应晶体管时，不要超过最大漏源电压、最大栅压、最大耗散功率等极限值。不用时，应将各电极全部短路，以免在外电场作用下栅极感应高电压而击穿绝缘层。焊接时，应将电烙铁接地，以防感应击穿。

图 9-30 所示为分压式偏置 NMOS 管共源极放大电路。它与双极型 NPN 型晶体管共射极放大电路相似，也要合理设置静态工作点。图中，R_G 是为保证放大电路具有高输入电阻而加进的。

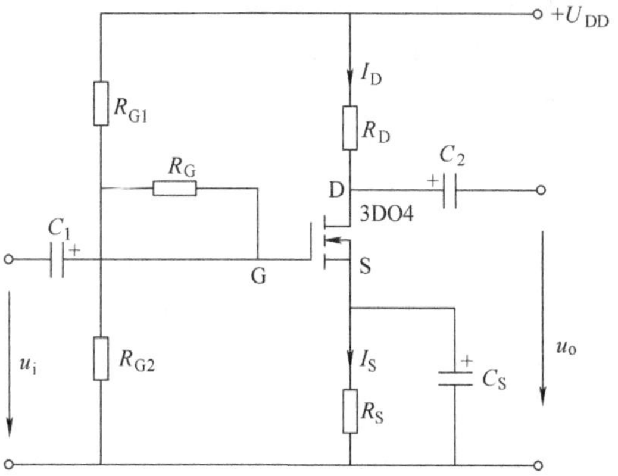

因为 R_G 中基本上没有电流通过，所以栅极电位为

$$V_G = U_{DD}\frac{R_{G2}}{R_{G1}+R_{G2}}$$

静态时栅压为

$$U_{GS} = V_G - V_S = U_{DD}\frac{R_{G2}}{R_{G1}+R_{G2}} - R_S I_D \quad (9\text{-}29)$$

图 9-30 分压式偏置 NMOS 管共源极放大电路

由式（9-29）可知，适当选取 R_{G1}、R_{G2} 的阻值，静态时的栅压 U_{GS} 可正可负，以适应各类不同的场效应晶体管。

设 $V_G \gg |U_{GS}|$，则

$$I_D \approx \frac{V_G}{R_S} \quad (9\text{-}30)$$

$$U_{DS} = U_{DD} - (R_D + R_S)I_D \quad (9\text{-}31)$$

当有信号电压输入（加到栅、源极之间）时，将引起漏极电流的变化 i_d，只要电阻 R_D 足够大，输出电压信号 $R_D i_d$ 比 u_i 大得多，从而实现电压放大。

由图 9-30 可知：

$$u_o = -R_D i_d = -R_D g_m u_i$$

式中，$i_d = g_m u_i$，故得电压放大倍数为

$$A_u = \frac{u_o}{u_i} = -g_m R_D \quad (9\text{-}32)$$

式中，负号表示输出电压与输入电压反相。

若输出端接有负载 R_L，则

$$A_u = -g_m R'_L \quad (9\text{-}33)$$

式中，R'_L 为交流负载电阻，$R'_L = R_L // R_D$。

第九节 功率放大器

一、功率放大器的基本要求

一台电子设备，其多级放大器的最后一级总是用来带动负载工作的，如图 9-31 的框图

所示。因此，要求放大器最后能输出一定的信号功率，通常就称这末级和末前级（推载级）为功率放大器，简称功放。

电压放大器主要考虑电压放大倍数及其稳定性的问题；而在功率放大器中，主要应考虑有足够的输出功率以及提高效率的问题。

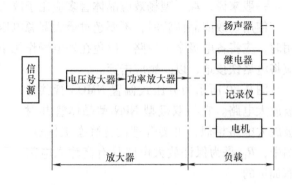

图 9-31 一般电子设备的示意框图

为了输出足够大的功率，作为功率放大用的晶体管（简称功放管）通常工作于接近极限的状态。就是说，静态工作点要适当靠近 P_{CM}、I_{CM}、$U_{(BR)CEO}$ 这三个极限参数，但不能超过安全工作区。

功率放大器主要有两种形式：一种是变压器耦合功率放大器，它利用输出变压器实现阻抗匹配，以期输出最大功率；另一种是由射极输出器发展而来的互补对称式功率放大器，它不需要输出变压器，采用阻容耦合方式或直接耦合方式。变压器耦合功率放大器因体积大、重量重、效率低，已很少应用，目前多采用无输出变压器的功率放大器。

负载得到的有用信号功率 P_O 与电源供给的直流功率 P_S 之比称为放大器的效率，即

$$\eta = \frac{P_O}{P_S} \tag{9-34}$$

电压放大器中的静态工作点一般设置在负载线的中部，以获得尽可能大的不失真的输出信号。在输入信号的整个周期内都有集电极电流通过晶体管，这种工作方式称为甲类放大。此时输出信号功率为

$$P_O = U_{ce} I_e$$

其数值等于输出交流电压和电流的有效值乘积。而电源供给的直流功率为

$$P_S = U_{CC} I_C$$

式中，I_C 为集电极静态电流。

由于甲类放大时的静态电流较大，且在整个信号周期内电源需持续不断地供给能量，因而效率较低。为了提高效率，除增大输出功率外，还应减小电源供给的功率，即在一定的 U_{CC} 的条件下减小静态电流 I_C 以降低晶体管的功耗，由此出现了互补对称功电路。

二、互补对称式功率放大器

我们知道，PNP 型晶体管和 NPN 型晶体管，从导电特性上看，完全相反。因此，可利用它们的特点，使 NPN 型晶体管担任正半周的放大、PNP 型晶体管担任负半周的放大，组成如图 9-32 所示的互补对称式电路。如图所示，两晶体管的基极和发射极相互连接在一起，信号从基极输入、射极输出，输出端与负载连接，实际上，它由两个射极输出器组合而成。

两晶体管均无直流偏置，故静态时两晶体管均截止，集电极静态电流为零，即放大器不放大信号时，没有功耗，这将有利于提高效率。

有输入信号 u_i 时，正半周内，NPN 型晶体管 VT_1 因发射结正偏而导通，PNP 型晶体管 VT_2 却因发射结反偏而截止。这时，电源 U_{CC} 通过 VT_1，对电容 C 充电，充电电流经过负载

电阻 R_L，如图中实线所示，因此形成输出电压 u_o 的正半周波形。

在输入信号的负半周，情况恰好相反，VT_1 截止，VT_2 导通。这时，电容 C 作为电源通过 VT_2 对 R_L 放电，放电电流路径如图中虚线所示，形成输出电压 u_o 的负半周波形。

这样，在输入信号的整个周期里，两晶体管交替工作，结果在负载电阻 R_L 上就可得到一个完整的放大了的输出交流电压。

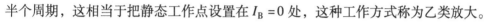

图 9-32 互补对称式电路

可见，对于每只晶体管来说，都只导通了半个周期，这相当于把静态工作点设置在 $I_B=0$ 处，这种工作方式称为乙类放大。

为使输出交流电压的正、负半波完全对称，选择两晶体管的特性应完全相同。

图 9-32 所示的互补对称式电路，常称 OTL（Output Transformer Less，无输出变压器）电路，若将输出端的耦合电容除去，采用直接耦合，这样就需正、负两组对称的直流电源 $+U_{CC}$、$-U_{CC}$ 给两晶体管分别供电，如图 9-33 所示。这种互补对称式电路常称为 OCL（Output Capacitorless，无输出电容器）电路。

无变压器功率放大器的实际效率可达 75% 左右。

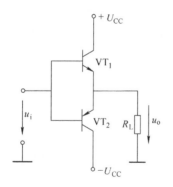

图 9-33 无输出电容器的互补对称式电路

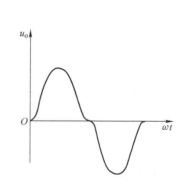

图 9-34 乙类放大时的交越失真

如前所述乙类放大，由于无直流偏置，当输入信号 $|u_i|$ 低于晶体管的死区时，两晶体管都截止；只有当 $|u_i|$ 的值高于死区电压后，其中才有一只晶体管导通。这样，两晶体管交替导通所合成的输出波形在衔接处产生了失真，这种现象称为交越失真，如图 9-34 所示。为了避免交越失真，可给两晶体管一个略大于死区电压的正向偏压，即静态工作点设置于 I_B 略大于零处，使两晶体管在静态时就处于微导通状态，图 9-35 所示电路利用二极管的直流压降作为基极偏压；这种低偏置的工作方式称为甲乙类放大。

三、乙类推挽功率放大器

有的电子设备中还采用变压器耦合的乙类推挽功率放大器，图 9-36 所示为它的基本电路。用两个同样的功放管，使它们中的一个工作在信号的正半周，另一个工作在信号的负半用，虽然它们都工作于乙类状态，分别只获得半个波形，但两管轮流工作，就可在输出变压器上获得一个完整的信号波形。它也有交越失真的问题,同样采取低偏置的办法解决。

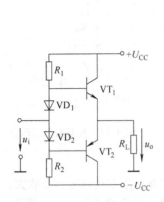

图 9-35 甲乙类放大的互补对称式电路

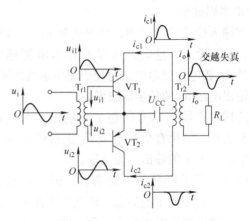

图 9-36 乙类推挽功率放大器基本电路

理想情况下,推挽功放的效率可达 75% 以上,实际效率为 60% 左右。

第十节 放大电路在汽车上的应用

晶体管或场效应晶体管在汽车上使用主要为开关应用(比如发动机喷油器控制、炭罐电磁阀控制等),较少是放大应用,下面介绍几个在汽车上的放大电路应用。

一、霍尔电流传感器

1. 霍尔电流传感器原理

霍尔传感器是基于霍尔效应的一种传感器。霍尔传感器可测量电流,也可测量电压。测电流时,电流可以是直流、交流和脉动电流。测量电压的本质是测量流过一个精密电阻的电流来推出电压大小。另外,霍尔电流传感器在电流检测中具有电隔离作用。

霍尔电流传感器在汽车变频器中的典型应用:

1)在正、负母线间通过一个阻值较大的高精密电阻,通过监测流过电阻的电流来反映正、负母线的电压。

2)在电动汽车蓄电池的正极线或负极线上套有电流传感器,来检测母线直流电流。

3)在电动汽车变频器的三相输出 U、V、W 上,利用电流传感器检测输出电流,一般取 U、V、W 三相中的两相测电流即可。

在电动汽车中,蓄电池为直流电源,这时的电流传感器只起测量母线的充、放电电流大小,以积分算出蓄电池的电量(SOC),以及在电流过大时,控制高压上电继电器断开。而电流传感器接入变频器的 U、V、W 输出中,用来检测随频率变化的交流电流,可以更好地控制转矩,也提供了防止电机过载所需要的信号。

2. 直放式(开环)电流传感器(CS)

如图 9-37 所示,当原边电流 I_P 流过一根长导线时,在导线周围将产生一磁场,这一磁场的大小与流过导线的电流成正比,产生的磁场聚集在磁环内,通过磁环气隙中霍尔元件进行测量并放大输出,其输出电压 U_S 精确的反映原边电流 I_P。一般的额定输出标定为 4V。

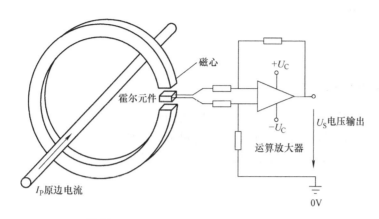

图 9-37 直放式（开环）电流传感器（CS）

3. LEM 磁平衡式电流传感器（CSM 系列）

如图 9-38 所示，磁平衡式电流传感器也称补偿式传感器，即原边电流 I_p 在聚磁环处所产生的磁场通过一个线圈电流所产生的磁场进行补偿，其补偿电流 I_s 精确地反映原边电流 I_p，从而使霍尔元件处于检测零磁通的工作状态。

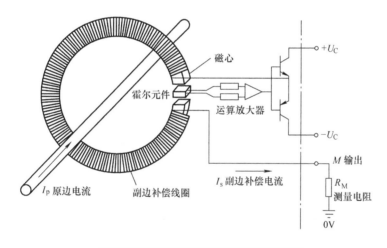

图 9-38 LEM 磁平衡式电流传感器原理

具体工作过程：当主回路有一电流通过时，在导线上产生的磁场被磁环聚集并感应到霍尔元件上，所产生的信号输出用于驱动功率晶体管并使其导通，从而获得一个补偿电流 I_s。这一电流再通过多匝绕组产生磁场，该磁场与被测电流产生的磁场正好相反，因而补偿了原来的磁场，使霍尔元件的输出逐渐减小。当 I_p 与匝数相乘所产生的磁场相等时，I_s 不再增加，这时的霍尔元件起到指示零磁通的作用，此时可以通过 I_s 来测试 I_p。当 I_p 变化时，平衡受到破坏，霍尔元件有信号输出，即重复上述过程重新达到平衡。被测电流的任何变化都会破坏这一平衡。一旦磁场失去平衡，霍尔元件就有信号输出。经功率放大后，立即就有相应的电流流过次级绕组以对失衡的磁场进行补偿。从磁场失衡到再次平衡，所需的时间理论上不到 1μs，这是一个动态平衡的过程。因此，从宏观上看，次级的补偿电流安匝数在任何时间都与初级被测电流的安匝数相等。

交流电流传感器主要测量交流信号电流,是将霍尔感应出的交流信号经过 AC/DC 转换,变为 0~4V、0~20mA(或 4~20mA)的标准直流信号输出供各种系统使用。

二、电压型霍尔位置识别

霍尔传感器可以由控制单元 5V 供电,也可以由蓄电池 12V 供电,这里以 5V 为例。图 9-39 所示为电压型霍尔传感器工作原理。发动机上随凸轮轴一起旋转的触发叶轮缺口正对霍尔传感器时,霍尔集成电路产生高电压,晶体管 VT 导通,上拉电阻下端输出低电位给发动机控制单元的微控制器。

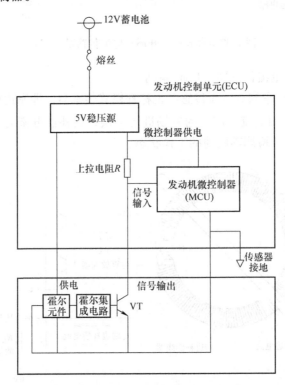

图 9-39 电压型霍尔传感器工作原理

触发叶轮缺口不正对霍尔传感器时,霍尔集成电路产生低电压,晶体管 VT 截止,上拉电阻下端输出高电位给发动机控制单元的微控制器。

三、开关管在汽车执行器上的应用

1. 对继电器线圈的控制

在汽车的用电器控制上,如图 9-40 所示,在发动机冷却液温度过高时,在发动机微控制电路中,采用控制单元(ECU)内部的晶体管来控制继电器线圈的通断,实现对 1 号大功负载电机的控制。

2. 对电磁阀类线圈的控制

在汽车发动机控制上，电磁阀（类如喷油器、真空电磁阀等电磁阀类）采用如图 9-41 所示驱动电路。在微控制电路中，采用控制单元（ECU）内部的晶体管来控制继电器线圈的通断，实现对喷油器电磁阀喷油量的控制，图中 5V 稳压电源、A－D 转换、反相器的原理参考以后相关章节。

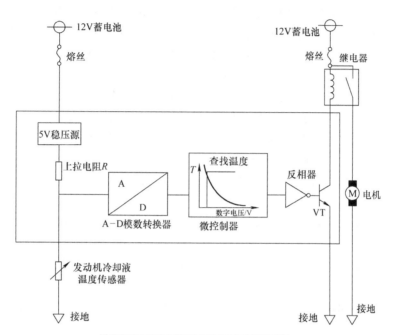

图 9-40　开关管对继电器的驱动控制

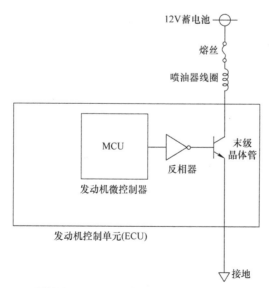

图 9-41　开关管对电磁阀类的控制方式

思考题与习题

一、思考题

9-1 为什么晶体管发射区掺杂浓度大,而基区掺杂浓度小并做得很薄?

9-2 试问:共射放大电路中晶体管的集电结为什么对基区的多子起阻挡作用,而对基区中来自发射区的多子却起吸引作用?或者问:为什么集电结能将基区的少子吸引到集电区,而对基区中来自发射区的多子也能吸引到集电区?

9-3 有两只晶体管:一只晶体管 $\beta=150$,$I_{CEO}=200\mu A$;另一只晶体管 $\beta=50$,$I_{CEO}=10\mu A$,其他参数都一样。你认为用作放大时应选用哪一只晶体管比较合适?

9-4 NPN 型晶体管和 PNP 型晶体管在放大电路中,电源极性各应采用何种接法?为什么?画出 PNP 型晶体管的基本放大电路。

9-5 何谓静态工作和静态工作点?为什么要设置静态工作点?静态工作点对放大器的工作有何影响?

9-6 为何输出电压 u_o 的大小与转换电阻 R_C 阻值有关?是否 R_C 越大,u_o 就越大?R_C 太大会出现什么问题?

9-7 何谓截止失真、饱和失真、非线性失真?试分别分析它们产生的原因及其波形失真的特点。大致画出这三种失真的波形(假设输入信号是正弦波)。

9-8 为什么必须在小信号的条件下才能把晶体管非线性电路等效为线性电路?

9-9 电路如图 9-42 所示,试判断它们是否具有放大作用(基本上不失真)?为什么?

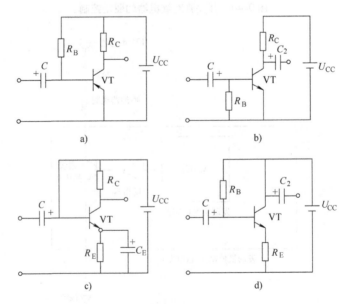

图 9-42

9-10 分压式电流负反馈偏置电路的主要特点是什么?它是怎样稳定静态工作点的?

二、习题

9-1 某晶体管的电流放大实验测试数据见表9-3。

表 9-3 某晶体管的电流放大实验测试数据

I_B/mA	0	0.02	0.04	0.06	0.07
I_C/mA	<0.01	1.00	2.50	4.10	4.90
I_E/mA	<0.01	1.02	2.54	4.16	4.97

试求：(1) I_B=0.02~0.06mA 和 0.04~0.07mA 之间的 β 值各是多少？

(2) I_B=0.04mA 和 0.07mA 时的 $\bar{\beta}$ 值各是多少？

(3) 穿透电流 I_{CEO} 不超过多少？

9-2 根据图 9-43 所示晶体管的输出特性曲线，试求 Q_1 点（U_{ce}=3.5V、I_c=4mA、I_b=150μA）和 Q_2 点（U_{ce}=6V、I_c=3mA、I_b=100μA）的值 $\bar{\beta}$、β（求 β 值时可在该点上下相邻的两条曲线之间求出相应的 ΔI_B 与 ΔI_C）。

9-3 一只 3AX31 低频小功率晶体管在 10℃ 时的 β=50，I_{CBO}=10μA。试求穿透电流 I_{CEO}。

9-4 用图 9-44 的电路，从毫安表的读数就能估算出 PNP 型锗晶体管的 β 值。你能说明其原理吗？如果毫安表的读数是 0.8mA，试估算此管的 β 值。

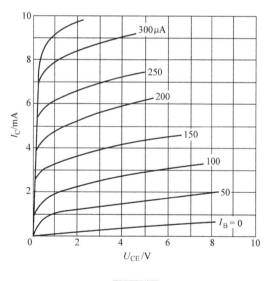

图 9-43

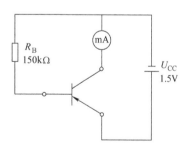

图 9-44

9-5 在图 9-13 所示单管放大器中，已知：U_{CC}=15V，R_C=3kΩ，R_B=300kΩ，β=60，U_{BE}=0.7V，穿透电流 I_{CEO}≈0。(1) 试估算静态工作点；(2) 在调整静态工作点时，若其他参数不变（R_C 仍为 3kΩ），仅改变 R_B，要求管压降 U_{CE}=5V，试估算 R_B 的值；(3) 若电路参数不变，仅调节 R_B，要求放大器集电极电流 I_C=2.4mA，试估算 R_B 的值，并求此时的 U_{CE}；(4) 若 R_C 改为 6.8kΩ，其他参数不变，再估算静态工作点（注意此时放大器能否工作于放大区）。

9-6 电路如图 9-45 所示，已知 $U_{CC} = 18V$，$R_C = 3k\Omega$，$\beta = 50$，I_{CEO} 与 U_{BE} 均忽略不计；偏流电阻由两部分组成：固定部分 $R_{BA} = 200k\Omega$，可变部分 R_{BB} 调到 $25k\Omega$。（1）试估算静态工作点；（2）标出各极电流的方向与电压的极性；（3）若使 $I_C = 2.5mA$，偏流电阻的可变部分 $R_{BB} = ?$（4）若将 R_{BB} 调至零值，估算静态工作点；（5）设 R_{BB} 仍为 $25k\Omega$，但原来的晶体管坏了，换上一只 $\beta = 75$ 的晶体管，这样能改善电路的放大性能吗？为什么？

9-7 电路如图 9-46 所示，晶体管的 $\beta = 100$，试估算开关分别接通 A、B、C 时的静态工作点，并说明晶体管工作在何种状态。

9-8 放大电路如图 9-13 所示，设晶体管为 3DG6，其输出特性如图 9-47 所示。$U_{CC} = 12V$，$R_C = 2k\Omega$，$R_B = 160k\Omega$。试做出直流负载线，确定静态工作点。

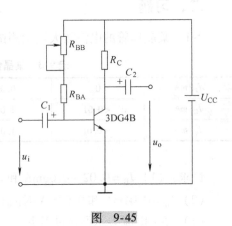

图 9-45

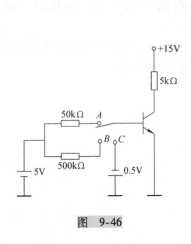

图 9-46

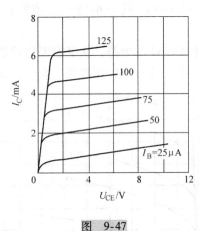

图 9-47

第十章 汽车稳压调压电路

情境引入

在汽车发电机内部有三相交流发电机、整流板和电压调节器，三相交流发电机转速随发动机的转速提升而升高，电压升高，为给汽车上的铅酸蓄电池充电。三相交流电经整流板整流为直流，直流经电压调节器稳压后再给蓄电池充电，电压调节器是燃油汽车上最大的汽车稳压电路，稳压值在 (14 ± 0.2) V。

汽车上的各种控制单元都要内置 5V 稳压电路为外部的传感器供电，比如发动机系统的控制单元为空气流量计、节气门位置传感器和冷却液温度传感器等提供 5V 供电。

知识目标

1) 能说出稳压电路的元器件组成和元器件起的作用。
2) 能说出电子元器件稳压电路的稳压过程。
3) 能说出汽车发电机电压调节器的稳压过程。

技能目标

1) 能用电子元器件制作一个稳压电路。
2) 能用集成稳压电路制作一个稳压电路。
3) 能对汽车的控制单元 5V 稳压能力进行检查。
4) 能对汽车发电机稳压能力进行检查。

第一节 概 述

生产与科研中常需用到直流电，例如电解、电镀、蓄电池充电、直流电机供电、同步电机励磁等。电子设备和自控装置中，一般都需要稳定的直流电源。为获得直流电，除了用直流发电机外，目前广泛采用半导体直流稳压电源。

半导体直流稳压电源由电源变压器、整流电路、滤波电路、稳压电路等环节组成，图 10-1 所示为它的原理框图。其中，整流环节的整流元器件可用二极管或晶闸管。

稳压电路的作用是使直流输出电压稳定。调压电路的作用是在一定的范围内调节输出电压的大小。

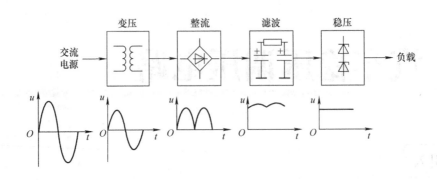

图 10-1 半导体直流稳压电源的原理框图

第二节 硅稳压二极管及简单稳压电路

当电网电压波动或负载电流变化时,稳压电路能维持整流电压基本不变。简单的稳压电路是利用硅稳压二极管组成的。

一、硅稳压二极管

(1) 伏安特性

硅稳压二极管是一种杂质浓度较高、PN 结较薄的硅二极管。图 10-2 所示为它的伏安特性,和普通二极管的相似,只是稳压二极管的反向特性比较陡。

普通二极管反向截止时,外加反向电压必须小于它的反向击穿电压;反向漏电流很小,通常是微安级。而稳压二极管却是运用于反向击穿区,即反向电压大于反向击穿电压;反向电流较大,通常是毫安级。

从稳压二极管的反向特性可以看出,当反向电压小于击穿电压 U_A(又称稳压二极管的稳定电压,即对应于曲线中 A 点的电压)时,反向电流极小,当反向电压增至 U_A 后,反向电流急剧增

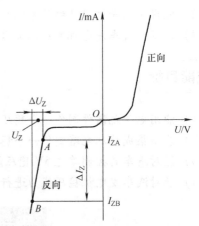

图 10-2 硅稳压二极管的特性曲线

加。此后,只要反向电压略有增加,反向电流就有很大增加,此时稳压二极管处于反向击穿状态,对应于曲线的 AB 段,称为可逆击穿区。只要反向电流 I 不超过允许的最大值(图中的 I_{ZB}),稳压二极管的"击穿"是不会损坏二极管的。

稳压二极管工作在击穿区 AB 之间,对应于 A 点的电流为 I_{ZA},若电流小于 I_{ZA},则不能稳压;对应于 B 点的电流 I_{ZB},若电流大于 I_{ZB},则烧坏二极管。$I_{ZA} \sim I_{ZB}$ 这一段电流值,一般约在几毫安到几十毫安之间,而对应的电压变化(ΔU_Z)却很小,所以能起稳压作用。ΔU_Z 很小,可用 ΔU_Z 中点对应的电压值作为稳定电压(即 $U_Z \approx U_A$)。

（2）主要参数

硅稳压二极管的主要参数如下：

1）稳定电压 U_Z。也就是反向击穿电压。因制造工艺不易控制，同型号稳压二极管的稳定电压也有少许差别，如2CW1的 $U_Z = 7 \sim 8.5V$。稳压二极管的 U_Z 有几伏到上百伏的，可根据需要选用。

2）稳定电流 I_Z。工作电压等于稳定电压时的工作电流，即稳压二极管正常工作时的额定电流。

3）最大稳定电流 I_{ZM}。允许通过的最大反向电流。

二、简单稳压电路

图10-3所示为用一只稳压二极管组成的最简单的稳压电路。因电路简单且能获得一定的稳压效果，故应用较广。如DDZ-II型仪表中，几乎都采用这种稳压电路。

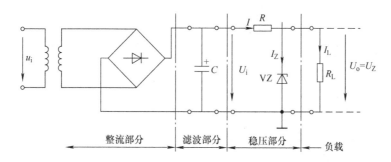

图10-3 硅稳压二极管稳压电路

由图10-3可以看出，流过限流电阻 R 的电流 I 是稳压二极管电流 I_Z 与负载电流 I_L 之和，即 $I = I_Z + I_L$。且有

$$U_Z = U_i - RI$$

因VZ与 R_L 并联，故又称并联型稳压电路。

当由于某种原因引起电压 U_i 升高时，负载端电压 $U_o = U_Z$ 也升高。只要 U_Z 稍有升高，就引起稳压二极管电流 I_Z 显著增大，使总电流 I 增大，电阻压降 RI 随之增大，结果又使输出电压 U_o 下降到接近变化前的数值，从而维持输出电压基本不变，可用箭头简单表示如下：

$$U_i \uparrow \to U_o \uparrow = U_Z \uparrow \to I_Z \uparrow \to I \uparrow \to (RI) \uparrow \to U_Z \downarrow = U_o \downarrow$$

反之，当电压 U_i 降低时。$U_o = U_Z$ 降低，I_Z 将显著减小，RI 减小，使 U_o 上升到接近变化前的数值，同样维持输出电压基本不变。

可见，稳压二极管的电流调节作用是这种稳压电路能够稳压的关键，即利用稳压二极管端电压的微小变化引起电流的较大变化，通过电阻 R 起着电压调整作用，从而保证输出电压基本恒定。

并联型稳压电路，因受稳压二极管稳定电流的限制，输出电流范围较小，输出电压不可调，而且稳压程度也不高。因此，在许多场合采用串联型晶体管稳压电路。

第三节 串联型晶体管稳压电源

先讨论单管（固定式）串联型稳压电路的基本原理，然后再介绍典型（可调式）晶体管串联稳压电源。

一、固定式串联型稳压电路

为了说明串联型稳压电路的基本原理，图 10-4a 中画出了一个可变电阻 R 与负载电阻 R_L 串联的电路。当输入电压 U_i 时，增大 R 的阻值，使输入电压的增量 ΔU_i 全部降落在 R 上，从而保持输出电压 U_o 不变。同理，当输出电流 I_L 增大（即 R_L 减小）时，则要求相应地减小 R 的阻值，使 R 上的电压维持不变，从而维持输出电压 U_o 不变。

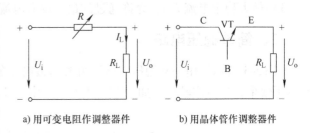

a) 用可变电阻作调整器件　　b) 用晶体管作调整器件

图 10-4　串联稳压原理

实际的稳压电路中是用晶体管代替 R 起调整作用的，称为调整管，其连接方法如图 11-4b 所示。因调整管与负载串联，故称串联型稳压电路。

固定式串联稳压电路如图 10-5 所示。在 VZ 上取得的稳定电压 U_Z 称为基准电压。U_Z 与 U_o 的差值就等于发射结正向电压 U_{BE}，即

$$U_{BE} = U_Z - U_o \tag{10-1}$$

而输出电压 U_o 等于输入电压 U_i 与管压降 U_{CE} 之差，即

$$U_o = U_i - U_{CE} \tag{10-2}$$

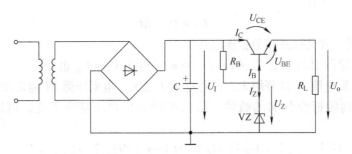

图 10-5　固定式串联型稳压电路

当某种原因引起输出电压 U_o 增大时，由式（10-1）可知，U_{BE} 将减小，使晶体管工作状态沿着负载线向截止方向变化，即 I_B、I_C 随之显著减小，而 U_{CE} 增大。

由式（10-2）可以看出，U_{CE} 增加将引起 U_o 减小，从而维持 U_o 基本不变。上述稳压过程表示如下：

$$U_o \uparrow \to U_{BE} \downarrow \to I_B \downarrow \to I_C \downarrow \to U_{CE} \uparrow \to U_o \downarrow$$

反之，当某种原因引起 U_o 降低时，U_{BE} 增大，使管子工作状态向饱和方向变化，即 I_B、

I_C 随之显著增大，U_{CE} 减小，于是 U_o 回升，从而维持 U_o 基本不变。

与并联型稳压电路相比，固定式串联型稳压电路的输出电流大，带负载能力较强，稳定度有了提高。但其输出电压仍取决于稳压二极管的稳定电压，即 $U_o = U_Z - U_{BE} \approx U_Z$，$U_o$ 不可调，需要改变 U_o 时，就得更换管子。特别是调整管的工作状态由差值 U_{BE} 来维持，如果 U_o 的变化量很小，则 U_{CE} 的变化量也很小，因此稳定精度不够高。

如果在调整管的控制电路中加一个放大环节，将输出电压的微小变化放大后去控制调整管，就可大大提高稳定精度。如果在输出端并联电位器用以取样反馈，调节输出电压，就组成带放大环节的可调式串联型稳压电路。

二、可调式串联型稳压电源

图 10-6 所示为串联型稳压电源的典型电路。

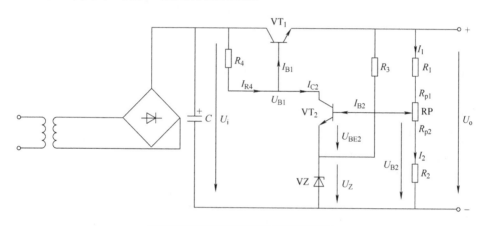

图 10-6　串联型稳压电源的典型电路

电路中 VT_1 是调整管，VT_2 是放大管。稳压二极管 VZ 给 VT_2 的射极提供基准电压 U_Z。R_1、RP、R_2 组成分压器，称为取样分压器，它能反映输出电压 U_o 的变化情况。从电位器 RP（总电阻为 R_P）取得的电压 U_{B2} 称为取样电压，它与基准电压 U_Z 进行比较，其差值就是放大器的输入电压，即

$$U_{BE2} = U_{B2} - U_Z \tag{10-3}$$

当某种原因引起 U_o 变化时，取样电路将 U_o 的变化耦合到 VT_2 的基极，与 U_Z 比较，其差值 U_{BE2} 经 VT_2 放大后，再去控制调整管 VT_1 的管压降 U_{CE1} 使输出电压回到稳定值而实现稳压。

当 U_o 增大时，取样电压 U_{B2} 相应增大，U_{B2} 与基准电压 U_Z 的差值 U_{BE2} 随之增加，这个直流信号经放大后使 I_{C2} 增大，调整管的基极电位（$U_{B1} = U_{C2}$）下降，使 U_{BE1} 减小，I_{B1}、I_{C1} 减小，因而使调整管的管压降 U_{CE1} 增大，于是 U_o 下降，从而保持稳定。自动调整的稳压过程简单表示如下：

$U_o \uparrow \rightarrow U_{B2} \uparrow \rightarrow U_{BE2} \uparrow \rightarrow I_{B2} \uparrow \rightarrow I_{C2} \uparrow \rightarrow U_{C2}(= U_{B1}) \downarrow \rightarrow U_{BE1} \downarrow \rightarrow I_{B1} \downarrow \rightarrow I_{C1} \downarrow \rightarrow U_{CE1} \uparrow \rightarrow U_o \downarrow$ 同理，当 U_o 减小时，通过自动调整将使 U_{CE1} 减小，从而保持 U_o 稳定。

调节 RP 活动触点的位置，可以改变 U_o，即输出电压是可调的。这是因为 U_o 与取样支路的分压比有关。由图 10-6 可知

$$U_Z \approx U_{B2} = U_o \frac{R_{P2}+R_2}{R_1+R_P+R_2}(设 I_1 \gg I_{B2})$$

于是

$$U_o \approx \frac{U_Z}{n} \tag{10-4}$$

式中，n 为分压比，$n = \frac{R_{P2}+R_2}{R_1+R_P+R_2}$。基准电压 U_Z 选定后，改变分压比就能改变输出电压 U_o 的大小。

串联型稳压电源输出电压稳定、可调，输出电流范围较大，技术经济指标好，故在小功率稳压电源中应用很广，而且是高精度稳压电源的基础。

第四节 集成稳压电源

目前，集成稳压器也已广泛应用。集成稳压器多采用串联型稳压电路，组成框图如图10-7所示。除基本稳压电路外，常接有各种保护电路，当集成稳压器过载时，使其免于损坏。

图10-8所示为常用的国产 W7800 系列三端集成稳压器的外形示意图和接线图。它只有三个端子：输入端1、输出端2和公共端3。与多端式集成稳压器相比，外接元器件少，使用方便。

接线图中，输入端和输出端都接有电容，其作用是消除可能产生的振荡和防止干扰等。

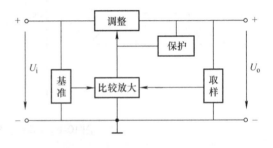

图10-7 集成稳压器组成框图

W7800 系列输出正向电压 U_o 为 +5V、+8V、+12V、+15V、+18V、+24V。如 W7805 的 U_o 为 +5V、W7824 的 U_o 为 +24V。W7900 系列输出负向电压，规格与 W7800 系列类似。如 W7905 的 U_o 为 -5V、W7924 的 U_o 为 -24V。

【专业指导】 在汽车仪表上，为了保证仪表供电稳定，需要采用 W7805 稳压芯片。

三端集成稳压器直接输出的是固定电压，但适当配以外接元器件，就能实现电流扩展、电压扩展、输出电压可调等多种功能。

1. 电流扩展电路

W7800 稳压器最大输出电流一般为 2A 左右，借助于附加功率晶体管 VT，可提高输出电流。电路如图11-9所示，W7800 内部的调整管 VT_1 和功率晶体管 VT 组成复合管，其输出电流约扩大 β 倍（β 为 VT 管的电流放大倍数），适当选定 R 的阻值，使 VT 管在输出电流较大时才导通，而在输出电流较小时，仍由稳压块单独供电。例如，当 $I_0 \geq 0.7A$ 时才使 VT 导通，则阻值为

$$R = \frac{U_{BE}}{I_0} = \frac{0.7}{0.7}\Omega = 1\Omega$$

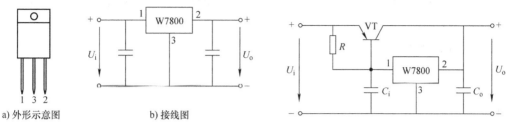

图 10-8 国产 W7800 系列三端集成稳压器　　　图 10-9 电流扩展电路

2. 电压扩展与电压可调电路

在三端集成稳压器的公共端 3（地）连接稳压二极管 VZ，就组成电压扩展电路，如图 10-10a 所示。设 U_{o1} 为稳压器的定压输出（W780 为 +24V），U_Z 为稳压二极管的稳定电压，则这种电路的输出电压可提高为

$$U_o = U_{o1} + U_Z \tag{10-5}$$

串联电阻 R_1 的作用是提高输出电压 U_o 的稳定性。因为 R_1，稳压二极管的电流增加一个定值 ΔI，可减小稳压器地线电流 I_e 变化引起稳压二极管电压的起伏。

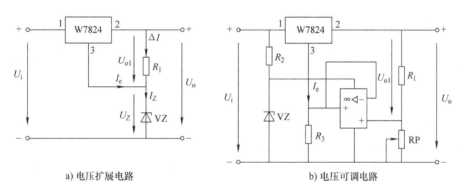

a) 电压扩展电路　　　　　　　　b) 电压可调电路

图 10-10　电压扩展与电压可调电路

用可变电阻器 RP（电阻为 R_P）代替图 10-10a 中输出端的稳压二极管 VZ，并用一个电压跟随器将 RP 与地线电流 I_e 隔开，使输出电压 U_o 不受负载的影响；输入端接有稳压二极管 VZ 和限流电阻 R_2，如图 10-10b 所示。这时输出电压为

$$U_o = U_{o1}\left(1 + \frac{R_P}{R_1}\right) \tag{10-6}$$

调节 RP 即可在一定范围内调节输出电压。

第五节　汽车发电机分立稳压和集成稳压

一、发电机电压调节器分立稳压

JFT106 型晶体管电压调节器属于负极外搭铁式电压调节器，它可与 14V、750W 的九管交流发电机配套使用，也可与 14V、功率小于 1000W 的负极外搭铁式六管交流发电机配套使用。CA1091 型汽车用 JFT106 型晶体管电压调节器电路原理图如图 10-11 所示，该调节器共有"＋""F"和"－"三个接线柱，其中"＋"接线柱与发电机的"F_2"接线柱连接后经熔断器接至点火开关，"F_1"接线柱与发电机的"F"接线柱连接，"－"接线柱经 E 搭铁。

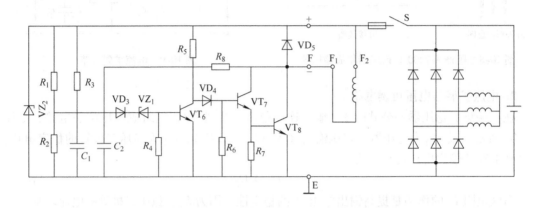

图 10-11　CA1091 型汽车用 JFT106 型晶体管调节器电路原理图

该调节器由电压敏感电路和二级开关电路组成。

R_1、R_2、R_3，和稳压二极管 VZ_1 构成了电压敏感电路，其中 R_1、R_2、R_3 为分压器，将交流发电机的端电压进行分压后反向加在稳压二极管 VZ_1 的两端；稳压二极管 VZ_1 为稳压器件，随时感受着发电机端电压的变化。当交流发电机的端电压在稳压二极管 VZ_1 上的分压低于稳压二极管 VZ_1 的稳压值时，稳压二极管 VZ_1 截止；当交流发电机的端电压在稳压二极管 VZ_1 上的分压高于稳压二极管 VZ_1 的稳压值时，稳压二极管 VZ_1 导通。可见，电压敏感电路可以非常灵敏地感受出交流发电机端电压的变化，起到控制开关电路的作用。

晶体管 VT_6、VT_7、VT_8 组成复合大功率二级开关电路，利用其开关特性控制磁场电路的接通或断开。

1）起动发动机并闭合点火开关时，蓄电池通过分压器将电压加在稳压二极管 VZ_1 两端，由于此电压低于稳压二极管 VZ_1 的稳定电压值，VZ_1 截止，使 VT_6 截止，VT_7、VT_8 导通，这时蓄电池经大功率晶体管 VT_8 供给励磁电流，使发电机处于他励状态，建立电动势。

2）发动机带动发电机，转速逐渐升高。当发电机端电压高于蓄电池端电压时，发电机便由他励转为自励的正常发电工作。由于此时转速尚低，输出电压未达到调节电压值，VT_6 仍然截止，VT_7、VT_8 仍然导通，因此，发电机的端电压可以随转速和自励电流的增大而升高，逐渐提高输出电压。

3）当发电机转速升至一定值，使输出电压达到调压值时，经分压器加至稳压二极管 VZ_1 两端的反向电压达到稳压值，VZ_1 反向击穿导通，使 VT_6 导通，VT_7、VT_8 截止，断开了励磁电路，发电机端电压便下降。当发电机端电压下降到调压值以下时，经分压器加至稳压二极管 VZ_1 两端的反向电压又低于稳压值，使 VT_6 又截止，VT_7、VT_8 又导通，又一次接通了励磁电路，发电机端电压又上升。如此循环下去，就能自动调控发电机的端电压，使其恒定在调压值上。

JFT106 型晶体管调节器中其他一些电子元器件的作用如下：

电阻 R_4、R_5、R_6、R_7 为晶体管的偏置电阻。稳压二极管 VZ_2 起到过电压保护作用，利用稳压二极管的稳压特性，可对发电机负载突然减小或蓄电池接线突然断开时，发电机所产生的正向瞬变过电压起保护作用，并可以利用其正向导通特性，对开关断开时电路中可能产生的反向瞬变过电压起保护作用。

二极管 VD_3 接在电压敏感电路中的稳压二极管 VZ_1 之前，以保证稳压二极管安全可靠地工作。当发电机端电压很高时，它能限制稳压二极管 VZ_1 电流不致过大而烧坏；当发电机端电压降低时，它又能迅速截止，保证稳压二极管 VZ_1 可靠截止。二极管 VD_4 接在 VT_6 集电极与 VT_7 基极之间，提供 0.7V 左右的电压，使 VT_7 导通时迅速导通，截止时可靠截止。二极管 VD_5 反向并联于发电机励磁绕组两端，起续流作用，防止 VT_8 截止时，磁场绕组中的瞬时自感电动势击穿 VT_8，保护晶体管 VT_8。

反馈电阻 R_8，具有提高灵敏度、改善调压质量的作用。电容 C_1、C_2 能适当降低晶体管的开关频率。

二、汽车发电机电压调节器集成稳压

夏利汽车发电机内装集成电路调节器及充电系统电路如图 10-12 所示。该发电机调节器是由一块单片集成电路和晶体管等元器件组成的混合集成电路调节器，装于发电机内部，构成整体式交流发电机。

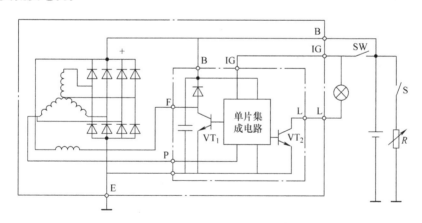

图 10-12 夏利轿车用整体式交流发电机电路原理图

调节器工作过程如下：当点火开关接通且发电机未转动时，蓄电池端电压经接线柱 IG 输入单片集成电路，使晶体管 VT_1、VT_2 均有基极电流流过，于是 VT_1、VT_2 同时导通。VT_1 导通，发电机由蓄电池进行他励，磁场绕组中有电流流过，电流流向为蓄电池正极—接线柱 B+磁场绕组—VT_1—搭铁—蓄电池负极；导通时，充电指示灯亮，表示发电机不发电。

发电机运转后，当其端电压高于蓄电池电动势而小于调节电压时，VT_1 仍导通，但发电机由他励转为自励，并向蓄电池充电。同时，由于 P 处电压输入单片集成电路使 VT_2 截止，故充电指示灯会熄灭，表示发电机工作正常。

当发电机电压随转速升高到调节电压时，单片集成电路检测出该电压，于是 VT_1 由导通变为截止，磁场绕组中电流中断，发电机电压下降。当电压下降到略低于调节电压时，单片集成电路使 VT_1 又导通，如此反复，发电机输出电压将被控制在调节电压范围内。磁场电路断路时，P 处电压信号异常，单片集成电路检测到后，控制 VT$_2$ 导通，点亮充电指示灯，以示异常。当发电机的输出端 B 断线时，发电机无输出，导致 IG 电位降低。当单片集成电路检测到 IG 电位低于 13V 时，令 VT$_2$ 通，点亮充电指示灯，同时可根据 P 处电位将发电机端电压控制在 13.3～16.3V。

思考题与习题

一、思考题

10-1 在并联型硅稳压二极管稳压电路中。如果限流电阻 $R=0$，还能有稳压作用吗？为什么？R 在电路中起什么作用？

10-2 用一只电压表测量接在电路中的硅稳压二极管 2CW18 的电压（$U_Z=12V$），读数只有 0.7V 左右，这是什么原因？怎样使它恢复正常？

10-3 典型的串联型稳压电路（图 10-6 中，电位器 RP 调到什么位置时，输出电压最低？RP 在什么位置输出电压最高？

10-4 集成稳压器的基本电路组成单元有哪些？

二、习题

10-1 在如图 10-13 所示硅稳压二极管二级稳压电路中，VZ$_1$ 的型号为 2CW7J，其稳定电流选为 5mA，稳定电压为 14V；VZ$_2$ 型号为 2CW6D，稳定电流选为 5mA，稳定电压为 10V；$R_L=2k\Omega$。试求限流电阻 R_1、R_2（设变压器的变比 $k=15$）。

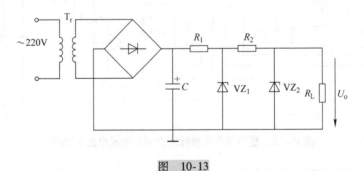

图 10-13

10-2 在如图 10-6 所示典型的串联型稳压电源中，已知取样分压器的固定电阻 $R_1=900\Omega$，$R_2=3.9k\Omega$，电位器阻值 $R_P=1.2k\Omega$；稳压二极管 2CW16 的稳定电压取 $U_Z=8.5V$。试求输出电压 U_o 的可调范围。

第十一章 脉冲数字电路

> **情境引入**

在控制单元驱动一个执行器时，控制单元内的微控制器输出一个高电压脉冲（比如 5V）和低电压脉冲（比如 0V）（数字为高电位或低电位），控制单元内微控制器的带负载能力差，有时需要经过一个反相器来实现执行器的驱动。比如发动机喷油器放大电路（开关特性）的驱动电路。

在汽车控制单元一些开关的输入中，有时要将几个信号进行一定的逻辑组合后输出信号才能作为输入。例如汽车的制动液面开关和驻车制动开关共同驱动制动警告灯电路，所以两个开关要经过或门电路后驱动警告灯电路。

基本门电路为与门、或门和非门，通过基本门电路的组合形成组合逻辑门电路。

> **知识目标**

1) 能说出与门电路工作原理。
2) 能说出非门电路工作原理。
3) 能说出或门电路工作原理。
4) 能说出什么是组合逻辑门电路。
5) 能说出译码器的作用。
6) 能说几个车上的门电路应用。

> **技能目标**

1) 能用电子元器件制作一个组合逻辑门电路。
2) 能用干电池和电阻等点亮共阴极和共阳极的 LED 数码管。

第一节 概 述

一、什么是脉冲信号

脉冲信号是指一种跃变的电压或电流信号，且持续时间极为短暂。脉冲波形的种类有很多，如矩形波、尖顶波、锯齿波、梯形波等。以图 11-1 所示矩形脉冲例，图 11-1a 所示的 A（Amplitude）称为脉冲幅度，t_W 称为脉冲宽度，T（Time）称为脉冲周期，每秒交变周数，f（Frequency）称为脉冲频率。脉冲开始跃变的一边称为脉冲前沿，脉冲结束时跃变的一边称为脉冲后沿。如果跃变后的幅值比起始值大，则为正脉冲，如图 11-1b 所示；反之，则为负脉，如图 11-1c 所示。

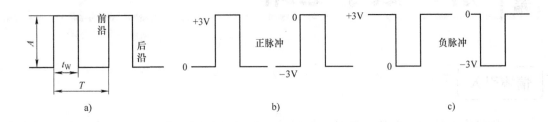

图 11-1　矩形脉冲

二、脉冲信号和二进制

脉冲数字电路的任务主要是脉冲信号的产生、变换、传送、控制、记忆、计数和运算等。

"脉冲"和"数字"怎样会联系到一起了呢？原来数字电路中的各种信号通常都是用最简单的数字1与0表示的，而这两个数字可以用脉冲的"有"与"无"或电压的"高"与"低"来代表。平常我们用十进制计数，即"逢十进一"，这样就需要 0~9 十个数码。如果用二进制的计数方法，只需要"0"与"1"两个数码就够了，所谓二进制，就是"逢二进一"，例如，1+1=10（即十进制中的2），11+1=100（11 即十进制中的3，100 即十进制中的4）。也就是说，每当本位是1，再加1时，本位变为0，而向高位加1。

二进制（B）与十进制（D）的数码对照表见表 11-1。

表 11-1　二进制（B）与十进制（D）的数码对照表

十进制	0	1	2	3	4	5	6	7	8	9	10
二进制	0	1	10	11	100	101	110	111	1000	1001	1010

例 11-1　将 11101（B）换算为十进制数。

解　$11101(B) = 1 \times 2^4 + 1 \times 2^3 + 1 \times 2^2 + 0 \times 2^1 + 1 \times 2^0 = 29(D)$

例 11-2　将 110（D）换算为二进制数。

解　可将 110(D) 分解为 2 的各次幂之和：

$$110(D) = 64 + 32 + 0 + 8 + 4 + 2 + 0 = 1101110(B)$$

一般还可采用连除法：将 110 除以 2，得商数 55，余数为 0；再除以 2 得商数 27，余数为 1，…；如此逐次以 2 除前次之商，直到除得商数为 1 时止，如下列算式所示。最后所得商数 1 即为二进制的最高位数码。再将各次余数倒列其后，即得 1101110(B)。

```
110   0   (低位)
 55   1
 27   1
 13   1
  6   0
  3   1
  1       (高位)
```

二进制的每一位数字只有 0 或 1 两种可能，容易用电路状态来表达。例如，晶体管截止时，其输出为"1"，饱和导通时其输出为"0"；输入脉冲的高电平为"1"，输入脉冲的低电平为"0"。

数字电路和放大电路都是电子技术的基础，两者的工作状态不同，数字电路是利用晶体管的开关特性工作的，晶体管时而从截止跃变到饱和，时而从饱和跃变到截止，所以数字电路有时也称开关电路。

数字电路中的信号是靠脉冲的有无、宽度、频率来表达的，各种干扰与噪声，只对脉冲的幅值有一定影响，一般不至于影响脉冲的有无。这一特点使数字电路具有精度高、速度快、抗干扰能力强等优点，因而在工业自动控制、计算技术、雷达、电视、遥测遥控等许多方面获得极其广泛的应用。

数字电路研究的重点是单元之间工作信号的逻辑关系，而不是脉冲的波形，因此，数字电路具有脉冲形式的工作信号，常称为数字信号。数字信号反映的是一些离散、不连续的量，称为数字量或数字数据。而模拟放大电路中处理的变、直流信号，反映的是连续的量，称为模拟量或模拟数据。

第二节　基本逻辑门电路

一、什么是逻辑门

逻辑是指一定的因果关系。输入与输出信号之间存在一定逻辑关系的电路称为逻辑电路。逻辑电路的基本单元电路是门电路和触发器，本节先讨论门电路。门电路在满足一定条件时，允许信号通过，否则就不能通过，起着"门"的作用，故常称逻辑门。基本的门电路有"与门""或门"和"非门"等。

门电路的输入、输出信号都是用电平的高低来表示的。所谓电平，就是表示两个电量（电压、电流、功率）之间的相对大小。逻辑电路中，如果逻辑电平表示电压值，则高电平相对于低电平而言就是高电位，低电平相对于高电平而言就是低电位。

设计逻辑电路时，若规定：以"1"表示高电平，以"0"表示低电平，则称这种规定为正逻辑。反之，若规定：用"0"表示高电平，用"1"表示低电平，则称为负逻辑。除特殊声明外。本书均采用正逻辑。

门电路可以用二极管、晶体管等分立元器件组成，也可以是集成电路。

二、基本逻辑门

1. 与门

与门的逻辑关系：只有当每个输入端都有规定的信号输入时，输出端才有规定的信号输出。这种逻辑关系可用一个简单的例子说明，图 11-2 电路中用两个串联的开关共同控制一个灯泡，只有当两个开关全都闭合时，灯泡才亮；只要其中一个开关断开，灯就不亮。灯亮不亮跟这两个串联开关状态之间的关系就是电气的"与"逻辑。图 11-3 所示为与门逻辑符号。

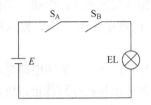

图 11-2 电气与逻辑举例

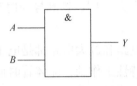

图 11-3 与门逻辑符号

图 11-4 所示为二极管与门电路。它利用二极管的钳位作用实现"与"逻辑，这可用图 11-5 来说明。当 A 电位为零时，二极管 VD 正向导通，其正向电压可忽略不计。即 Y 电位跟 A 电位基本相等。故二极管导通时 Y 电位被钳制在 0V。

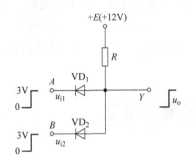

图 11-4 二极管与门电路

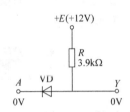

图 11-5 二极管的钳位作用

不难分析，图 11-4 的电路中，只要 A、B 两个输入中至少有一个是低电平（0），就至少有一个二极管先导通，输出 Y 电位就被钳制在 0 V，即输出低电平（0）；只有在两个输入都是高电平 3V（1）的条件下，两个二极管均因正偏而同时导通，但由于二极管正极电位提高到 3V，故 Y 输出高电平（1）。

上述结果可列成表 11-2，称为逻辑状态。

表 11-2 与逻辑状态表

A	B	Y
0	0	0
0	1	0
1	0	0
1	1	1

与逻辑又称逻辑乘，其表达式为

$$Y = A \cdot B \tag{11-1}$$

对照表 11-2，逻辑乘的基本运算如下：

$$0 \times 0 = 0 \quad 0 \times 1 = 0 \quad 1 \times 0 = 0 \quad 1 \times 1 = 1$$

与门电路的输入端可以不止两个，其逻辑关系可总结为"见 0 得 0，全 1 得 1"。

2. 或门

或门的逻辑关系：只要几个输入端中有一个输入端有规定的信号输入，输出端就有规定的信号输出。将图 11-2 中两个串联的开关改成并联，如图 11-6 所示，只要其中有一个开关闭合，灯就会亮，这就构成了或逻辑。图 11-7 所示为或门逻辑的符号。

图 11-8 是实现或逻辑的二极管或门电路。可以分析得出，只要输入端中至少有一个是高电平（1），就至少有一个二极管先导通，忽略二极管正向电压，输出 Y 就被钳在输入信号的高电平（1）；只有在所有的输入端都是低电平（0）时，所有的二极管均因正偏而同时导通，Y 才输出低电平（0）。

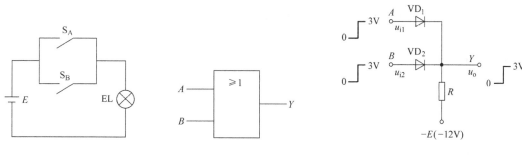

图 11-6　或逻辑举例　　　图 11-7　或门逻辑符号　　　图 11-8　二极管或门电路

或逻辑状态表见表 11-3。

表 11-3　或逻辑状态表

A	B	Y
0	0	0
0	1	1
1	0	1
1	1	1

或逻辑又称逻辑加，其表达式为

$$Y = A + B \tag{11-2}$$

对照表 11-3，逻辑加的基本运算如下：

$$0 + 1 = 0 \quad 0 + 1 = 1 \quad 1 + 0 = 1 \quad 1 + 1 = 1$$

或门逻辑关系可总结为"见 1 得 1，全 0 得 0"。

应当注意，"与"和"或"的逻辑概念是相对的、有条件的。例如，图 11-8 的电路中，A、B 中至少有一个为高电平 1 时，输出 Y 即为高电平 1。所以对高电平来说，此电路是或门。反之，只有当 A、B 均为低电平 0 时，Y 才为低电平 0。这就是说，此电路对低电平来说，却成了与门。由此可见，正或门也是负与门，同理，正与门也是负或门。因此，分析门电路时，必须注意逻辑的正负。

3. 非门

非门电路是一种单端输入、单端输出的逻辑电路。非门的逻辑关系：输入低电平时，输出高电平；输入高电平时，输出低电平。图 11-9 是这种逻辑关系的简单例子，其中开关 S 与灯泡并联。S 合上时，灯反而不亮，S 断开时，灯却亮了，这就是"非门"逻辑关系。非门电路也称反相器，逻辑符号如图 11-10 所示。

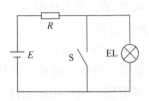

图 11-9 非逻辑举例

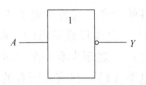

图 11-10 非门逻辑符号

非门逻辑状态见表 11-4。非门逻辑也称逻辑非，其表达式为

$$Y = -A \tag{11-3}$$

读作：Y 等于非 A。

表 11-4 非逻辑状态表

A	Y
0	1
1	0

逻辑非的基本运算是

$$0 = 1 \qquad 1 = 0$$

非门逻辑关系可总结为"0 非得 1，1 非得 0"。

图 11-11a 所示为由晶体管构成的反相器。若电路参数选择合适，当基极端（输入 A）输入高电平时，晶体管饱和导通，集电极端（输出 Y）便输出低电平。反之，输入 A 为低电平时，晶体管因发射结反偏而截止，输出 Y 为高电平。

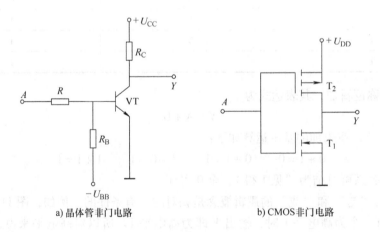

a) 晶体管非门电路　　　　b) CMOS非门电路

图 11-11 反相器

图 11-11b 所示为 CMOS（Complementary MOSFET，互补型场效应晶体管）非门电路，是一种互补对称场效应晶体管集成电路，其中，VT_1 是四沟道增强型晶体管，称为驱动管；VT_2 是 P 沟道增强型晶体管，称为负载管。两管的栅极连接引出作为输入端 A，两管的漏极也连接引出作为输出端 Y。A 端输入高电平时，VT_1 导通，VT_2 截止，电压几乎全部降落在 VT_2 上，因此 Y 端输出低电平；反之，A 端输入低电平时，VT_1 截止，VT_2 导通，Y 端输出高电平。

三、组合逻辑门

1. 与非门

与门的输出端按一个非门,使与门的输出反相,就是与非门。与非门逻辑状态表见表 11-5。与非门逻辑符号如图 11-12 所示。

表 11-5　与非门逻辑状态表

A	B	C
0	0	1
0	1	1
1	0	1
1	1	0

与非门逻辑表达式为

$$Y = \overline{A \cdot B} \qquad (11\text{-}4)$$

与非门逻辑关系总结为"见 0 得 1,全 1 得 0"。

2. 或非门

或门的输出端接一个非门,使或门的输出反相,就是或非门。或非门逻辑状态表见表 11-6。或非门逻辑符号如图 11-13 所示。

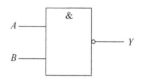

图 11-12　与非门逻辑符号

表 11-6　或非门逻辑状态表

A	B	C
0	0	1
0	1	0
1	0	0
1	1	0

或非门逻辑表达式为

$$Y = \overline{A + B} \qquad (11\text{-}5)$$

或非门逻辑关系总结为"见 1 得 0,全 0 得 1"。

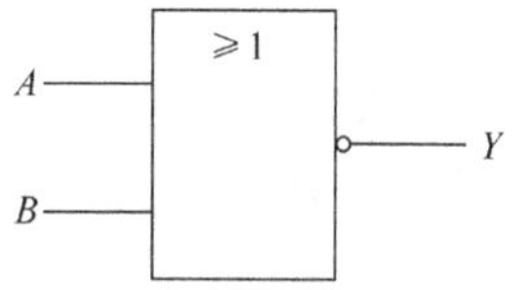

四、集成与非门

1. 数字集成电路简介

图 11-13　或非门逻辑符号

前面为便于说明基本逻辑门的工作原理,多采用分立元器件,实际上,出于集成电路具有工作可靠、开关速度快、便于微型化等优点,分立元器件门电路已逐渐被淘汰,各种数字器件已普遍采用集成电路。

集成电路按集成度可分为四个等级:通常认为一个芯片上集成不足 10 个逻辑门的是小规模集成电路(SSI);10 ~ 100 个逻辑门的是中规模集成电路(MSI);100 ~ 1000 个逻辑门的是大规模集成电路(LST);1000 个逻辑门以上的是超大规模集成电路(VLST)。

常用的中、小型集成电路主要是 TTL(Transistor – Transistor Logic)电路和 CMOS 电路。TTL 电路发展早,工艺成熟,品种全,产量大,价格低。CMOS 电路集成度高,体积小,功耗低,电源电压范围宽(3 ~ 18V),抗干扰能力强,因此,各种中、大规模集成电路大多采用 CMOS 电路。这里只简单介绍 TTL 与非门和 CMOS 与非门。

2. TTL 与非门

图 11-14a 所示为 TTL 与非门的简化电路,由两个晶体管 VT_1、VT_2 组成。VT_1 有四个发射极,称为多发射极晶体管,将它的集电结看成一个二极管,而将多个发射结看成是与集电结背向连接的几个二极管,如图 11-14b 所示。

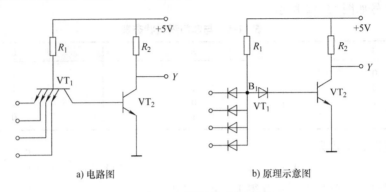

a) 电路图 b) 原理示意图

图 11-14 TTL 与非门的简化电路

当输入端全为高电平 1 (3V) 时,电源通过 R_1 与 VT_1 的集电结给 VT_2 提供基极电流,使 VT_2 饱和导通,忽略管压降,输出端 Y 为 0 V。此时 VT_1 的各发射结均反向偏置,基极电位 V_{B1} 是 VT_1 集电结与 VT_2 发射结的正向电压之和,约为 1.4V。当输入端至少有一个为低电平 0 时。VT_1 的基极与输入为 0 的发射极之间 PN 结正向偏置,电流将通过 R_1 流向该 PN 结,使 VT_1 的基极电位 V_{B1} 被钳制在 0.7V 左右,故使 VT_2 截止,输出端 Y 为高电平 1。即实现了输入、输出的与非逻辑关系。

TTL 与非门的外形结构通常为双列直插式,图 11-15 所示为 CT4020 四输入端双与非门的引线排列图。其中,14 引脚接电源 +5V,7 引脚接地口输出高电平(大于 +3.2V),输出低电压小于 +0.35V。

3. 集成 CMOS 与非门

图 11-16 所示为具有两个输入端的 CMOS 与非门电路,其中,VT_1、VT_2 是并联的两个 PMOS 管,VT_3、VT_4 是串联的两个 NMOS 管。并联管 VT_1、VT_2 的栅极分别与串联管 VT_4、VT_3 的栅极相连后作为输入端。根据晶体管的导通条件可以看出:当输入端 A、B 全为 1 时,VT_3、VT_4 导通,VT_1、VT_2 截止,这时输出为 0;当输入端至少有一个为 0 时,则与之相应的串联管截止、并联管导通,这时输出为 1。因此电路的输入、输出为与非逻辑关系。

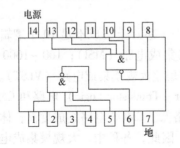

图 11-15 CT4020 四输入端双与非门外引线排列图

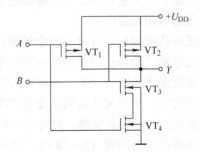

图 11-16 CMOS 与非门电路

五、三态门

三态门除有 0 和 1 两种状态外，还有一个高阻状态，称为第三态。图 11-17 所示为三态门的原理图和逻辑符号。

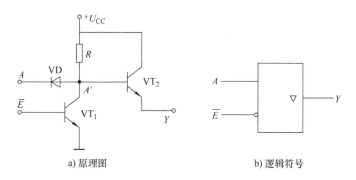

a) 原理图　　　　　　　　b) 逻辑符号

图 11-17　三态门

图 11-17a 中，除输入端 A、输出端 Y 之外，还有第三态控制端 $\overline{E}$；图 11-17b 逻辑符号中的 ▽ 表示三态输出。

当控制端 $\overline{E}=0$ 时，晶体管 VT_1 截止。A' 电位等于 A 电位与二极管 VD 正向电压（0.7V）之和；Y 电位则为 A' 电位与晶体管 VT_2 发射结压降（0.7V）之差。因此有

$A=0V$ 时，$A'=0.7V$，$Y=0V$

$A=3V$ 时，$A'=3.7V$，$Y=3V$

即 $Y=A$，A 端的信号可顺利传至 Y 端，称为选通状态。

当 $\overline{E}=1$ 时，VT_1 饱和导通，A' 电位 ≈ 0，VT_2 截止，A 端的输入信号被隔断。输出端 Y 与 U_{cc} 都隔绝，处于高阻状态，称为阻塞状态。其逻辑状态见表 11-7。

表 11-7　三态门状态表（控制端低电平有效）

E	A	Y
0	1	1
0	0	0
1	0 或 1	高阻

由于电路结构不同，有的三态门在控制端为高电平时有效，低电平时处于高阻状态。其逻辑状态表见表 11-8，逻辑符号如图 11-18 所示。

表 11-8　三态门状态表（控制端高电平有效）

E	A	Y
1	1	1
1	0	0
0	0 或 1	高阻

三态门广泛应用于信号传输。现举一个简单的应用实例——用三态门组成的两路数据选择器，如图 11-19 所示。当 $\overline{E}=1$ 时，G_2 为高阻状态，G_1 打开，$Y=A$；$\overline{E}=0$ 时，G_1 为高阻状态，G_2 打开，$Y=B$。因此，适当设置 $\overline{E}$ 端电位，可选通 A 路，阻塞 B 路；或选通道 B 路，阻塞 A 路。

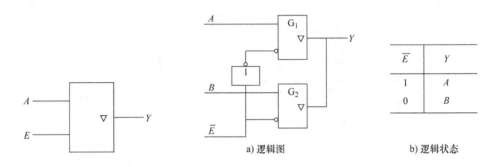

图 11-18　控制端高电平有效的
三态门逻辑符号

图 11-19　两路数据选择器

六、门电路在汽车上的应用实例

汽车换档数字电路：图 11-20 所示为 AG4 自动变速器起动及倒车灯继电器 J226 的工作原理图。它位于中央熔丝盒继电器板上，为组合式继电器。倒车灯继电器控制倒车灯开关，起动继电器可保证发动机只能在 P 位和 N 位时起动。

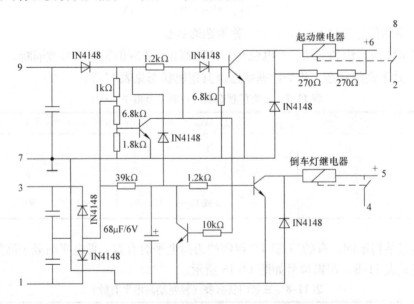

图 11-20　AG4 自动变速器起动及倒车灯继电器的工作原理图

图 11-20 中，2、5 接电源正极，点火开关打到起动档时，6 引脚供电。7 接搭铁，4 接倒车信号灯，8 接起动电机，1、3、9 接控制单元，5 和 4 之间为倒车信号灯继电器触点，2 和 8 之间为起动继电器触点。

多功能开关的工作表见表11-9，多功能开关的1、2引脚控制J226的1、3引脚，7引脚控制J226的9引脚。

表11-9 多功能开关的工作表

引脚 杆位	34（1）	15（2）	35（6）	16（7）
P	0	1	1	1
R	1	1	1	1
N	1	0	1	1

当9为低电平时，5和4不通，2和8也不通，倒车灯继电器开关和起动继电器开关均断开，对应D位、3、2、1档。

当9为高电平，1和3也同时为高电平时，5和4接通，倒车灯继电器开关闭合，倒车灯亮，而2和8不通，起动继电器开关断开，对应R档。

当9为高电平，1和3不同时为高电平时，5和4不通，倒车灯继电器开关断开，而2和8接通，起动继电器开关闭合，对应P位、N位。

第三节 译码器与数码显示

译码器是一种能把二进制代码转换成特定信息的电路系统；它将给定的数码"翻译"为相应的状态，并使输出通道中相应的一路有信号输出，用以控制其他部件或驱动数码显示器工作。

按输出端功能的区别，译码器可分为二进制译码器和显示译码器两种。

一、二进制译码器

图11-21所示为一种由与门组成的3位二进制译码器。3位共有8种组合，即有8根输出线，故又称3线–8线译码器。图中 Q_n、$\overline{Q}_n$（$n=1\sim3$）分别代表8位输入端。8路输出各接一个与门，其输出端分别为 $Y_0 \sim Y_7$，这8个与门的输入端都是 Q_n、$\overline{Q}_n$ 的有选择的组合。例如，对应于二进制代码101的与门（输出 Y_5）选定 Q_3、$\overline{Q}_2$、Q_1 为其输入端，因为当 $Q_3 = \overline{Q}_2 = Q_1 = 1$（即 $Q_3Q_2Q_1 = 101$）时，Y_5 输出为1，其余输出均为0。同理，每输入一组二进制代码，只有与之相应的那一根输出线输出为1；这样就把每组代码的含义翻译成与之相应的某一路输出信号"1"。一般地说，n 位二进制译码器应有 n 组输入，对应 2^n 根输出线，所以实际中常有2线–4线译码器、3线–8线译码器、4线–16线译码器等，原理都相同。此外，还有输入BCD码的4线–10线译码器。

二进制译码器又称为通用译码器，除用于译码外，也广泛用于脉冲分配、数据的选择和分配等。

常用的二进制（集成）译码器有CT1155、CT4139、CC4555、CC4556（双2线–4线，可组成3线–8线）；CT4138、T330（3线–8线）；CT1154、CC4514、CC4515（4线–16

线);CT4042、C301、CC4028(4线-10线)等。

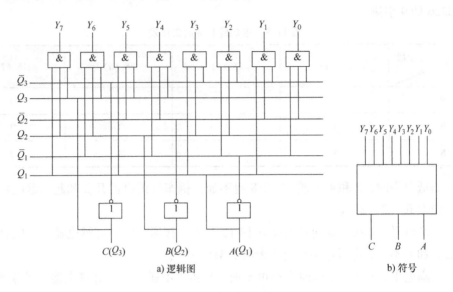

图 11-21　3 线 - 8 线译码器

如果图 11-22 中的与门是二极管与门,则称为二极管译码器,如图 11-22 所示。其中图 11-22a 的电路常画成图 11-22b 的矩阵形式,所以又称为二极管矩阵。二极管矩阵电路原理简单,容易组织,可制成有若干纵横布线以及交点处设置二极管插座的通用形式,便于调整和修改,因此得到较广的应用。

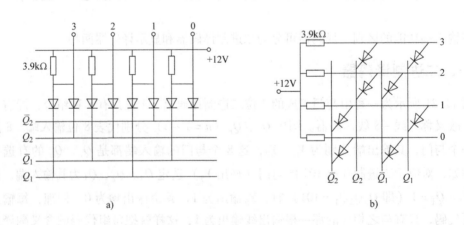

图 11-22　二极管译码器(2 线 - 4 线)

二、显示译码器

显示译码器专用来驱动数码管将十进制数码直观地显示出来。数码管的种类有很多,常用的有荧光数码管、半导体数码管、液晶显示器等。

图 11-23 所示为荧光数码管的外形及符号图,它是一种真空电子管,有阴极 KK(即灯

丝），栅极 G 和 $a \sim g$ 7 个阳极（也有 8 个阳极的），每一阳极作为一字段，用这些字段组成十进制数码字形，如图 11-23c 所示。灯丝加额定电压（1.5V）发射电子，为使电子加速运动，当某些阳极字段相对于阴极有 +20V 左右的电压时，电子穿过栅极网孔，轰击该阳极字段而发绿光（阳极涂有荧光粉）。适当控制 7 个阳极电压，就可显示译出的数码。

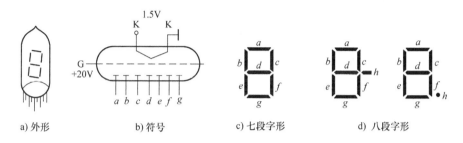

图 11-23 荧光数码管

荧光数码管工作电压较低，驱动电流小，字形清晰，故应用较广。主要缺点是需要灯丝电源和阳极电压较高。

荧光数码管显示的数码是由译码器控制的。按照图 11-23c 七段字形，可列出由名字段组成十进制数码的逻辑关系见表 11-10。例如，当输入 DCBA 为 0101 时，字段 a、b、d、f、g 为高电平，其余字段为低电平，于是荧光管显示十进制数码 5。

表 11-10 七段显示译码状态表

十进制数	D	C	B	A	a	b	c	d	e	f	g
0	0	0	0	0	1	1	1	0	1	1	1
1	0	0	0	1	0	0	1	0	0	1	0
2	0	0	1	0	1	0	1	1	1	0	1
3	0	0	1	1	1	0	1	1	0	1	1
4	0	1	0	0	0	1	1	1	0	1	0
5	0	1	0	1	1	1	0	1	0	1	1
6	0	0	1	0	1	1	0	1	1	1	1
7	0	0	1	1	1	0	1	0	0	1	0
8	1	0	0	0	1	1	1	1	1	1	1
9	1	0	0	1	1	1	1	1	0	1	1

图 11-24 所示为一个能实现表 11-10 的七段显示译码电路的逻辑图。当输入端 A、B、C、D 为表 11-20 中某种状态时，七个输出端 $a \sim g$ 就会出现相应的输出，用它们去控制数码管的阳极电平，数码管就显示对应的十进制数码。例如，4 位二进制数 DCBA = 0101，按与非门"见 0 得 1"的原则，由逻辑图 11-24 不难看出，输出为 1 的字形段为 a、b、d、f、g，于是显示十进制数 5 字。

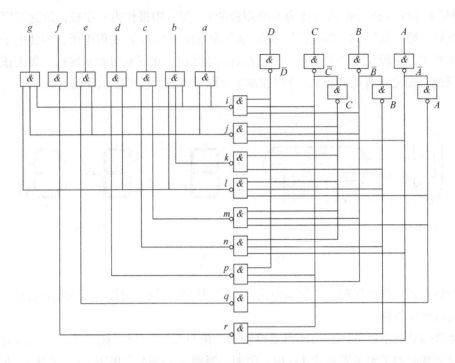

图 11-24　七段显示译码逻辑图

LED 显示器也称半导体数码管，是由七（或八）个发光二极管组成的字形，它的原理电路如图 11-25 所示。它有共阴极、共阳极两种接法，若采用共阴极接法，则当某段加有高电平时，该段发光，反之不发光；而采用共阳极接法，则当某段加有低电平时，该段才发光。每段发光二极管都串联一个 100Ω 左右的限流电阻。$a \sim g$ 各端与译码显示电路的输出端连接。

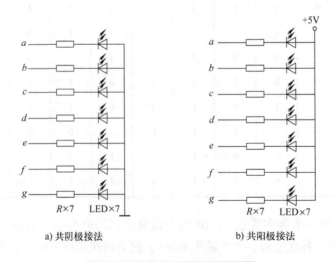

a) 共阴极接法　　　　b) 共阳极接法

图 11-25　LED 显示器原理电路图

思考题与习题

一、思考题

11-1 脉冲与数字为何联系到一起了？数字电路系统为何采用二进制计数？

11-2 数字电路与模拟电路的主要区别是什么？数字电路有何优点？

二、习题

11-1 将下列二进制数译成 10 进制数：（1）101；（2）1010；（3）11011；（4）111111；（5）101011110。

11-2 将下列十进制数改用二进制数表示：（1）7；（2）13；（3）20；（4）1000。

11-3 图 11-26 所示为一种"与或非"门的逻辑电路。试根据逻辑电路写出它的逻辑表达式和状态表。

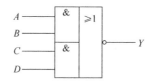

图 11-26 "与或非"门的逻辑电路

第十二章 汽车电力电子变换

情境引入

汽车电力电子变换应用在电动汽车变频器的逆变桥中，谁能诊断汽车变频器的好坏，并能进行变频器维修，谁将是汽车维修中一流技术高手，必须掌握的技能。谁能掌握这部分的理论和实践，加之掌握大量的修理经验，谁将是未来电动汽车维修专家级人物。

知识目标

1) 说出电力二极管的控制条件。
2) 说出电力晶体管开关的控制条件。
3) 说出电力场效应晶体管开关的控制条件。
4) 说出双极型晶体管开关的控制条件。
5) 说出智能功率模块的控制条件。

技能目标

1) 能在板下和板上在线测量电力二极管判断好坏。
2) 能在板下和板上在线测量电力晶体管判断好坏。
3) 能在板下和板上在线测量电力场效应晶体管判断好坏。
4) 能在板下和板上在线测量双极型晶体管判断好坏。
5) 能在板下和板上在线测量智能功率模块判断好坏。

第一节 电力电子技术

一、什么是电力电子技术

电力电子技术（Power Electronics Technology）是电工技术的分支之一，本来并不是汽车专业学习的内容，但近年来纯电动汽车、油电混合动力汽车、燃料电池汽车中的车用变频器采用了电力电子技术，所以有必要讲解一下这部分内容。

应用电力电子器件和以车用 ECU 为代表的控制技术，对电能（特别是大的电功率）进行处理和变换，是汽车电力电子技术的主要内容。汽车电力电子技术包括下面三大部分：

1) 电力电子元器件：汽车上涉及电力二极管、固态继电器、电力晶体管、电力场效应晶体管和集成栅极的双极型晶体管。

2）车用电力电子换流技术：将直流电通过变频技术换流成三相正弦交流电，实现电机周期性的转矩波动最小。

3）直接转矩控制：如何将汽车上的混合动力控制 ECU 或纯电动汽车的整车控制 ECU 发到变频器的转矩值变成控制开关管导通时刻和导通时间的控制。

【专业指导】 电力电子技术的应用已深入汽车电力驱动系统的各方面，典型的用途类型如驱动汽车行驶、DC/DC 变换器为蓄电池充电、车载充电机为车上动力电池充电、空调 PTC 通过变频加热提供暖风加热器加热功能、电动空调压缩机电机和电动转向机助力电机等，所以电力电子变换技术成为学习汽车不可缺少的技术。

二、电力电子器件及其发展概况

1948 年，普通晶体管的发明引起了电子工业革命。半导体器件首先应用于小功率领域，如通信、信息处理的计算机。1958 年，从美国通用电气公司研制成功第一个工业用的普通晶闸管开始，大大扩展了半导体器件功率控制的范围。电能的变换和控制从旋转的变流机组、静止的离子变流器进入以电力半导体器件组成的变流器时代，这标志着电力电子技术的诞生，晶闸管为电力电子学科的建立立下汗马功劳。由于晶闸管不能自关断，属半控型，可算作第一代电力电子器件。至今晶闸管及其派生器件仍广泛应用于各种变流器中，并且还在发展中。由于包括晶闸管在内的电力电子器件具有体积小、重量轻、功耗小、效率高和响应快等特点，用它构成的变流装置具有可靠性高、寿命长、容易维护等优点，特别是它可节约能源，所以得到飞速的发展。可以认为电力电子学就是应用在电力技术领域中的电子学，它是电气工程三大主要领域——电力、电子和控制之间的边缘学科。

本书从汽车专业的培养目标出发，在对电力电子器件进行必要介绍的基础上，主要论述各种类型的电力电子变流电路及其控制方法。

三、电力电子器件

随着半导体制造技术和变流技术的发展，一代一代的电力电子器件相继问世，使它的应用领域迅猛扩大，相继出现了电力晶体管（GTR）、门极关断（GTO）晶闸管、电力场效应晶体管（MOSFET）等，这些可称为第二代电力电子器件。

新型电力电子器件种类繁多，汽车中采用的电力电子器件有双极型电力晶体管（GTR）、电力场效应晶体管（Power MOSFET）和集成栅极的双极型晶体管（Insulated Gate Bipolar Transistor，IGBT）。IGBT 是在 GTR 和 MOSFET 之间取其长、避其短而出现的新器件，它实际上是用 MOSFET 驱动双极型晶体管，兼有 MOSFET 的高输入阻抗和 GTR 的低导通压降两方面的优点。

20 世纪 70 年代评价电力电子器件品质因素的主要标准是大容量，即电流×电压。到 80 年代，器件发展的主要目标是高频化，所以评价器件品质因素的标准是功率×频率。90 年代，电力电子器件发展的主要目标是高性能化，即大容量、高频率、易驱动、低损耗，因此评价器件品质因素的主要标准是容量、开关速度、驱动功率、通态压降、芯片利用率。为了实现这一高性能化，许多重要的工艺相继出现：平面工艺、大规模集成工艺、多层金属化、厚膜技术和高能量技术。

目前，各类电力电子器件所达到的水平如下：

电力晶体管：单管 1kV、200A；模块 1.2kV、800A；1.8kV、100A。

场效应晶体管：1kV、38A。

绝缘栅双极型晶体管：1.2kV、400A；1.8kV、100A。

在发展器件复合化的同时，还值得提出的是器件的模块化——把许多零散拼装的器件组合在一起，构成变流器的双臂、半桥乃至全桥，这不仅缩小了装置的体积，降低了成本，而且还提高了可靠性，大大方便了用户。

四、功率集成电路

在模块化和复合化思路的基础上，很自然的发展便是功率集成电路（Power Integrated Circuit，PIC）。PIC 是电力电子技术与微控制结合的产物，它是指功率在 1W 以上，功能上具有逻辑、控制、保护、传感、检测、自诊断的集成电路。

PIC 分两类：高压集成电路（HVIC）和智能集成电路（Smart Power IC）。前者是横向高压器件与逻辑或模拟控制电路的单片集成，后者是纵向功率器件与逻辑或模拟控制电路的单片集成。无论是哪一种，其采用的功率器件都有双极型器件（如晶体管）和单极型器件（如场效应晶体管），也有复合器件，而控制电路大部分采用了 MOS 技术。

当前 PIC 的开发和研究主要着重于中、小功率应用，如电视机、音响等家用电器，计算机、复印机等办公设备，汽车、飞机等交通工具，大面积荧光屏显示和机器人中的电力变换和控制。PIC 的工作电压目前在 50～1200V 之间，工作电流在 1～100A 之间，如用于长途通信电话的 500V、600mA 的 HVIC，用于平板荧光显示驱动装置的 80V、200kHz 的 HVIC。用于异步电机驱动的 110V、13A 和 550V、0.5A 的智能集成电路。

PIC 实现了集成电路功率化、功率器件集成化，使功率和信息集成在一起，形成一个整体，成为机电一体化的接口，它为运动控制系统和过程控制系统开辟了广阔的前景，必将获得重大发展。PIC 的主要技术障碍是高、低压电路之间的绝缘问题以及温升和散热的有效处理问题。

五、变流技术功能

绝缘栅双极型晶体管（IGBT）是汽车电力电子技术的核心。变流技术现按其功能可分成下列几种类型（这里只针对汽车上的应用）。

1. 整流器功能

把交流电变为固定的或可调的直流电。

2. 变频器功能

把固定直流电变成固定或可调的交流电。变流器可采用脉宽调制（PWM）型的控制、既可降低谐波和转矩脉动，又提高了快速性，还改善了功率因数。目前国外的中、小容量和较大容量的变频装置已大部分采用了由自关断器件构成的 PWM 控制电路，大功率的电动机传动以及电力机车用 PWM 变频器的功率达兆瓦级，开关频率为 1～20kHz。

变流技术的发展还表现在利用谐振现象，使开关器件在零电压或零电流时换相，这种谐振变频器用于感应加热，可提高效率。

3. 斩波器功能

把固定的直流电压变成可调的直流电压。在斩波器的直流－直流变换中，采用 PWM 技术也有多年历史，其开关频率为 20kHz～1MHz。应用场效应晶体管及谐振原理，采用软开关技术以构成直流－直流变流器，其开关损耗及电磁干扰均可显著减少，可使小功率变流器的开关频率达几兆赫，这时滤波用的电感和电容的体积显著减小，充分显示其优越性。

六、控制技术

以往电力电子变流装置采用 PID 模拟控制，其主要缺点是温漂大，调整不方便。现在已引入 16 位和 32 位计算机或专用的数字集成电路，使得控制性和精度大大提高。

自适应控制、多变量控制和分布控制是变流系统控制发展的方向，其优点是可将多种控制功能集成在一个系统中或者把系统简化。智能控制和模糊控制也是变流装置控制发展的趋势。

七、本课程的任务与要求

电力电子变流技术是汽车专业的专业基础课，主要研究有关各类变流装置中发生的电磁过程、基本原理、控制方法。为简化内容，关于设计计算及其技术经济指标等不在本书中讲解。

电力电子变流技术课程的基本要求如下：

1) 熟悉和掌握普通电力晶体管、电力场效应晶体管和绝缘栅双极型晶体管（IGBT）电力电子器件的工作机理。

2) 熟练掌握 DC/DC 转换器和三相交流逆变电路的基本原理。

第二节 整流二极管

一、概述

整流二极管是电力电子器件中的非可控器件，它使用的基本材料是硅，是一个 PN 结，一般用扩散工艺制造。其结构、符号和特性曲线如图 12-1 所示，整流二极管广泛用于从交流到直流的不可控整流，在变频器中通常起反馈与续流作用。

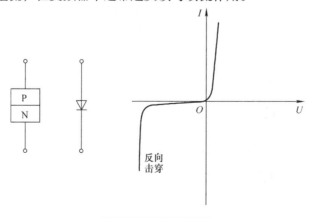

图 12-1 整流二极管

二、整流二极管类型

1. 标准工频型（或普通型）整流二极管

恢复特性慢但可获得高的电压和电流定额，如 1～6000A、200～6000V。多用作转换速度要求不高的整流器，包括电力牵引、蓄电池充电、电镀、电源、焊接和不间断电源等。

2. 快速恢复二极管

有短的恢复时间，适用于中等电压和电流范围（1～2000A、200～3000V、300ns、10kHz），多用作高频开关应用，通常和其他快速器件连接在一起，在斩波、逆变电路中应用，多用作旁路二极管或阻塞二极管。因此，快速是重要的，反向恢复特性是其主要特性。

3. 肖特基势垒二极管

它由金属半导体结所构成，是多数载流子器件，它具有低导通电压和极短的开关时间的特性，但也有反向漏电流大和阻断电压低的局限性。目前的电流和电压范围为1300A、45～1000V，主要应用于高频、低压方面，如高频仪表和开关电源（计算机电源）。

第三节 电力晶体管

电力晶体管通常用 GTR 表示，GTR 是巨型晶体管 Giant Transistor 的缩写。电力晶体管即电流是由电子和空穴两种载流子运动而形成的，故又称为双极型电力晶体管。

在各种自关断器件中，电力晶体管的应用最为广泛。在数百千瓦以下的低压电力电子装置中，使用最多的就是电力晶体管。

一、电力晶体管结构

电力晶体管的结构和工作原理都和小功率晶体管非常类似。电力晶体管是由三层硅半导体、两个 PN 结构成的。它和小功率晶体管一样，也有 PNP 和 NPN 两种结构。因为在同样结构参数和物理参数的条件下，NPN 晶体管比 PNP 晶体管性能优越得多，所以高压、大功率电力晶体管多用 NPN 结构，本节主要研究这种结构的器件。

图 12-2a 所示为 NPN 型电力晶体管的结构图，图 12-2b 是其电气图形符号。大多数电力晶体管是用三重扩散法制作的，或者是在集电区高掺杂的 N^+ 硅衬底上用外延生长法生长一层 N 漂移层，然后在上面扩散 P 基区，接着扩散高掺杂的 N^+ 发射区。基极和发射极在一个平面上制成叉指式，以减少电流集中，提高器件的通流能力。

晶体管电路有共发射极、共基极、共集电极三种接法。电力晶体管常用共发射极接法。

二、共发射极接法

图 12-3 给出了共发射极接法时电力晶体管内部主要载流子流动情况示意图。图中，1 为从基极注入的越过正向偏置发射结的空穴，2 为与电子复合的空穴，3 为因热骚动产生的载流子构成的集电结漏电流，4 为越过集电结形成集电极电流的电子，5 为发射极电子流在基极中。

集电极电流 i_c 与基极电流 i_b 的比为

$$\beta = i_c/i_b \tag{12-1}$$

式中，β 为电力晶体管的电流放大系数。

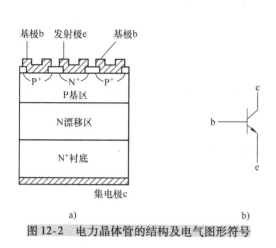

图 12-2 电力晶体管的结构及电气图形符号

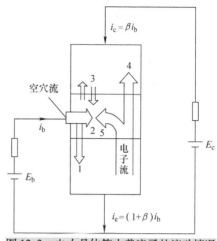

图 12-3 电力晶体管内载流子的流动情况

β 是一个很重要的参数，它反映了基极电流对集电极电流的控制能力。式（12-1）未考虑集电极与发射极间漏电流 I_{ceo}。当考虑 I_{ceo} 时，i_c 和 i_b 的关系为

$$i_c = \beta I_b + I_{ceo}$$

一般 I_{ceo} 很小，可以忽略不计。但当温度升高时，I_{ceo} 按指数规律增大，高温时 I_{ceo} 就不能忽略。

电力晶体管产品说明书中通常给出的是直流电流增益 h_{FE}，它是在直流工作的情况下，集电极电流 I_c 与基极电流 I_b 之比，通常可以认为 $\beta \approx h_{FE}$。

β 值的大小随集电极电流 I_b 的不同而变化。集电极发射极间电压 U_{ce} 和管壳温度 T 对 β 值也有影响。图 12-4 给出了不同 U_{ce}、T 情况下 β 和 I_c 的关系曲线。可以看出，β 随 I_c 的增大而增大，但 I_c 过大时 β 反而迅速减小；T 升高时 β 增大，但 I_c 过大时，T 升高 β 反而减小；U_{ce} 反极性时 β 很小。电力晶体管的 β 值比小功率晶体管小得多，通常为 10 左右。

在共发射极接法时，电力晶体管的典型输出特性如图 12-5 所示，可分为三个工作区：

1) 截止区：在截止区内，$I_b \leq 0$，$U_{be} \leq 0$，$U_{bc} < 0$。
2) 放大区：$I_b > 0$，$U_{be} > 0$，$U_{bc} < 0$，$I_c = \beta I_b$。
3) 饱和区：$I_b > I_{cs}/\beta$，$U_{be} > 0$，$U_{bc} > 0$。

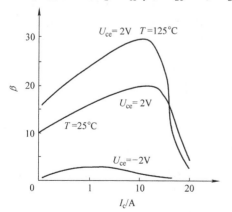

图 12-4 不同 U_{ce}、T 时 β 与 I_c 的关系曲线

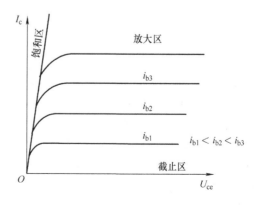

图 12-5 共发射极接法的输出特性

I_{cs} 是集电极饱和电流,其值由外电路所决定。两个 PN 结都为正向偏置,是饱和的特征。饱和时集电极和发射极间的管压降 U_{ces} 很小,因此电流很大时损耗也不大。晶体管刚进入饱和区时称为临界饱和,如果再增大 I_b,则为过饱和。增大 I_b,即增加饱和深度,可以降低 U_{ces},减少导通期间的损耗。

在电力电子电路中,电力晶体管工作在开关状态,即工作在截止区或饱和区。但在开关过程中,即在截止区和饱和区之间过渡时,都要经过放大区。

第四节 电力场效应晶体管

一、什么是电力 MOSFET

小功率场效应晶体管有结型和绝缘栅型两种类型。电力场效应晶体管也有这两种类型,但通常主要指绝缘栅型中的 MOS 型,简称电力 MOSFET(Metal Oxide Semiconductor Field Effect Transistor)。电力场效应晶体管在导通时只有一种极性的载流子(多数载流子)参与导电,是单极型晶体管。

电力场效应晶体管是用栅极电压来控制漏极电流的,因此它的一个显著特点是驱动电路简单,驱动功率小。其第二个显著特点是开关速度快、工作频率高,电力 MOSFET 的工作频率在所有电力电子器件中是最高的。另外,电力 MOSFET 的热稳定性优于双极型电力晶体管。但是电力 MOSFET 电流容量小,耐压低,只适用于小功率电力电子装置。

二、电力 MOSFET 的结构

MOSFET 的种类和结构繁多,按导电沟道可分为 P 沟道和 N 沟道。当栅极电压为零时,源漏之间就存在导电沟道的称为耗尽型;对于 N(P)沟道器件,栅极电压大于(小于)零时才存在导电沟道的称为增强型。在电力 MOSFET 中,主要是 N 沟道增强型。

电力 MOSFET 和小功率 MOS 管导电机理相同,但在结构上有较大的区别。小功率 MOS 管是由一次扩散形成的器件,其栅极 G、源极 S 和漏极 D 在芯片同一侧,导电沟道平行于芯片表面,是横向导电器件。要使其流过很大的电流,必须增大芯片面积和厚度,很难制成大功率晶体管。电力 MOSFET 是由两次扩散形成的器件。一般 100V 以下的器件是横向导电的,称为横向双扩散(Lateral Double Diffused)器件,简称 LDMOS。而电压较高的器件制成垂直导电型的,称为垂直双扩散(Vertical Double Diffused)器件,简称 VDMOS,这种器件是把漏极移到另一个表面上,使从漏极到源极的电流垂直于芯片表面流过,这样有利于加大电流密度和减小芯片面积。本节主要以 VDMOS 型器件为例进行讨论。

电力 MOSFET 是多元集成结构,一个器件由许多个小 MOSFET 元组成。为有效利用器件面积,每个元常制成六边形、正方形或条形。图 12-6a 是 VDMOS 中一个单元的截面图,它是在电阻率很低的重掺杂 N^+ 衬底上生长一层漂移层 N,该层的厚度和杂质浓度决定了器件的正向阻断能力。然后在漂移层上再生长一层很薄的栅极氧化物,在氧化物上沉积多晶硅栅极。用光刻法除去一部分氧化物后,进行 P 区和 N^+ 源区双区双扩散,并沉积源极电极。这样,就形成了 N 沟道增强型电力 MOSFET,其电气图形符号如图 12-6b 所示。

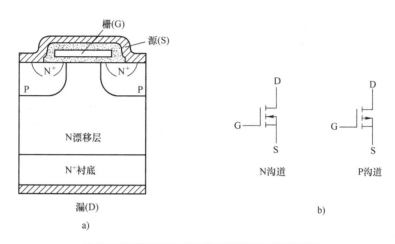

图 12-6 电力 MOSFET 的结构和电气图形符号

三、电力 MOSFET 工作原理

当漏极接电源正端、源极接电源负端，栅极和源极间电压为零时，P 基区与 N 漂移区之间形成的 PN 结反偏，漏源极之间无电流流过。在栅极和源极之间加一正电压 U_{GS}，由于栅极是绝缘的，所以并不会有栅极电流流过，但栅极的正电压却会将其下面 P 区中的空穴推开，而将 P 区中的少数载流子——电子吸引到栅极下面的 P 区表面。

当 U_{GS} 大于某一电压值 U_T 时，栅极下 P 区表面的电子浓度将超过空穴浓度，从而使 P 型半导体反型成 N 型半导体而成为反型层，该反型层形成 N 沟道而使 PN 结消失，漏极和源极导电。电压 U_{GS} 称为开启电压（或阈值电压），U_{GS} 超过 U_T 越多，导电能力越强，漏极电流 I_D 越大。I_D 和 U_{GS} 的关系曲线反映了输入电压和输出电流的关系，称为 MOSFET 的转移特性，如图 12-7a 所示。从图中可知，I_D 较大时，I_D 与 U_{GS} 的关系近似线性，曲线的斜率被定义为 MOSFET 的跨导 G_{fs}，即

$$G_{fs} = dI_D / dU_{GS}$$

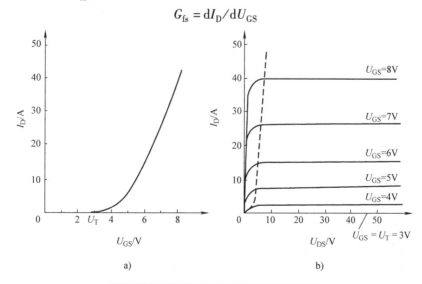

图 12-7 MOSFET 的转移特性和输出特性

MOSFET 是电压控制型器件，其输入阻抗极高，输入电流非常小。

图 12-7b 是 MOSFET 的漏极伏安特性，即输出特性。从图中可以看出，MOSFET 有三个工作区：

1) 截止区：$U_{GS} \leq U_T$，$I_D = 0$。这和电力晶体管的截止区相对应。

2) 饱和区：$U_{GS} > U_T$，$U_{DS} \geq U_{GS} - U_T$，当 U_{GS} 不变时，I_D 几乎不随 U_{DS} 的增加而增加，近似为一常数，故称饱和区。这里的饱和区并不和电力晶体管的饱和区对应，而对应于后者的放大区。当用作线性放大时，MOSFET 工作在该区。

3) 非饱和区：$U_{GS} > U_T$，$U_{DS} < U_{GS} - U_T$，漏源电压 U_{DS} 和漏极电流 I_D 之比近似为常数。该区对应于电力晶体管的饱和区。当 MOSFET 作开关应用而导通时即工作在该区。

在制造电力 MOSFET 时，为提高跨导并减小导通电阻，在保证所需耐压的条件下，应尽量减小沟道长度。因此，每个 MOSFET 元都要做得很小，每个元能通过的电流也很小。为了能使器件通过较大的电流，每个器件由许多个 MOSFET 元组成。

MOSFET 无反向阻断能力，在漏、源极加反向电压时器件导通，可看为逆导器件。

MOSFET 的通态电阻具有正温度系数，这一点对器件并联时的均流有利。

第五节　绝缘栅双极型晶体管

一、绝缘栅双极型晶体管（IGBT）

绝缘栅双极型晶体管（Insulated Gate Bipolar Transistor，IGBT）是双极型电力晶体管和 MOSFET 的复合。电力晶体管饱和压降低，载流密度大，但驱动电流较大。MOSFET 驱动功率很小，开关速度快，但导通压降大，载流密度小。IGBT 综合了以上两种器件的优点，驱动功率小而饱和压低。

IGBT 是多元集成结构，每个 IGBT 元的简化等效电路如图 12-8a 所示，它由一个 MOSFET 和一个 PNP 晶体管构成，给栅极施加正偏信号后，MOSFET 导通，从而给 PNP 晶体管提供了基极电流使其导通。给栅极施加反偏信号后，MOSFET 关断，使 PNP 晶体管基极电流为零而截止。图 12-8b 是 IGBT 的电气符号，图 12-8c 是其输出特性。

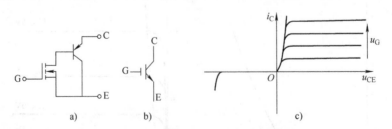

图 12-8　IGBT 的等效电路、电气符号和输出特性

IGBT 的开关速度低于 MOSFET，但明显高于电力晶体管。IGBT 在关断时不需要负栅压来减少关断时间，但关断时间随栅极和发射极并联电阻的增加而增加。IGBT 的开启电压为 3~4V，和 MOSFET 相当。IGBT 导通时的饱和压降比 MOSFET 低而和电力晶体管接近，饱和压降随栅极电压的增加而降低。

IGBT 的电压、电流等级已接近电力晶体管的水平，也已实现了模块化，并且已占领了电力晶体管的很大一部分市场，在汽车中的电力驱动系统应用更为广泛。

二、IGBT 模块

一单元、两单元、六单元 IGBT 等效电路符号如图 12-9 所示，图中只给出了 IGBT 模块中 IGBT 的组合个数。

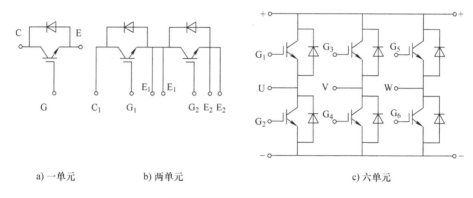

a) 一单元　　　b) 两单元　　　c) 六单元

图 12-9　IGBT 等效电路符号

图 12-10 所示为两单元 IGBT 功率模块实物，模块内部有两个 IGBT 功率开关管。图 12-11 为两单元 IGBT 功率模块的结构图。

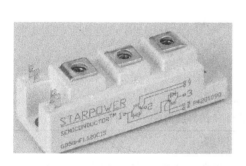

图 12-10　两单元 IGBT 功率模块实物

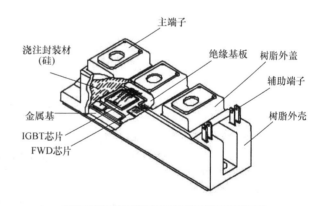

图 12-11　两单元 IGBT 功率模块结构图

第六节　IGBT 栅极驱动

一、栅极驱动电压

典型的 IGBT 栅极驱动电压为 15V±10% 的正栅极电压，该电压足以使 IGBT 完全饱和。在任何情况下 $+U_{GE}$ 不应超出（12~20V）的范围。为了保证不会因为 di/dt 噪声产生误开通，故 $-U_{GE}$ 采用反偏压（-15~-5V）来作为关断电压。

图 12-12 所示为分立元器件构成 HCPL-316J 的 IGBT 驱动电路，D44VH 和 D45VH 组成图腾柱型直接驱动。当光耦输入 V_G 控制信号时，VT_1 导通，VT_2 截止，VT_1 导通输出 +15V 驱动电压。当输入控制信号为零时，VT_1 截止，VT_2 导通，输出 -10V 电压。+15V 和 -10V 电源需靠近驱动电路，VT_1 负责向 IGBT 的栅极充电，向栅极充入正电荷，VT_2 负责 IGBT 的栅极向外充分放电。两个 18V 稳压二极管是为了正反双向稳压，防止输入的 $+V_G$ 和 $-V_G$ 超过 18V。驱动电路输出端及电源地端至 IGBT 栅极和发射极的引线应采用双绞线，长度最好不超过 0.5m。

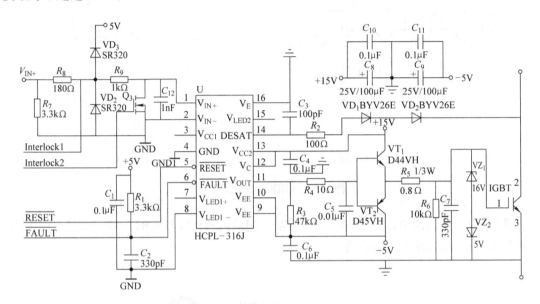

图 12-12 图腾柱型 IGBT 驱动电路

二、驱动电压对 IPM 中 IGBT 的影响

表 12-1 提供了不同控制电压时 IGBT 或 IPM 的导通情况。

表 12-1 不同控制电压时 IGBT 或 IPM 的导通情况

控制电压 U_{GE}	IGBT 工作情况
0 ~ 4.0V	和未加电源的状态一样；由于外部噪声可能导致误动作，电源电压欠电压保护（UV）不动作，也没有 FO 输出
4.0 ~ 12.5V	即使有控制输入信号，开关动作也会停止；电源电压欠电压保护（UV）动作，输出 FO
12.5 ~ 13.5V	开关可以动作，但在推荐范围外。违反了 IPM 的规格书中的规定值，集电极功耗增加，结温上升
13.5 ~ 16.5V	控制电压在正常范围内，IGBT 正常动作
16.5 ~ 20.0V	开关可以动作，但在推荐范围外。违反了 IPM 的规格书中的规定值，短路时的电流峰值大，可能超过硅片的耐量而损坏
>20V	IPM 内部的控制电路和 IGBT 栅极部分损坏

三、IGBT 一般驱动方式

（1）小功率的 IGBT 驱动

AC 220V 采用自举 IGBT 驱动，高频脉冲变压器，直流电压驱动。AC 400V 采用简单光耦的新型自举 IGBT 驱动器。

（2）中等功率的 IGBT 驱动

AC 400V 采用自举供电的光耦。AC 690V 采用隔离的脉冲变压器以及复杂的 IGBT 驱动系统。

（3）大功率 IGBT 驱动

采用隔离变压器的 IGBT 驱动。采用 V_{ce} 饱和压降进行过电流检测和管理的 IGBT 驱动系统，包括软关断动作，以及分别采用不同的门极电阻进行开通和关断。

四、IGBT 驱动设计规则

1）采用合适的开通和关断电阻。
2）考虑过电压和反向恢复电流。
3）IGBT 门极和发射极的保护措施。
4）必须进行防静电处理。
5）电路的保护措施：包括门极和发射极间的电阻（4.7kΩ ~ 10MΩ），双向稳压二极管（16.8 ~ 17.5V），GE 间加入小电容去掉振荡，必须考虑上下管同时导通的情况，因为 du/dt 太高（米勒电容会产生一个电流），而且还改变集射极的电压（考虑到门限电压值），在门极和发射极中加入负电压进行关断可以避免这个问题。
6）上下桥臂 IGBT 的开通和关断延迟。

第七节　IGBT 栅极驱动隔离

一、栅极光电隔离

IGBT 栅极的光电隔离如图 12-13 所示，DSP 微控制器（MCU）电路通过反相器或晶体管驱动控制发光二极管，从而控制光敏管的反向导通和截止，向 IGBT 栅极驱动电路提供控制电压。

IGBT 栅极的光电隔离结构是数字信号处理器驱动发光二极管，光敏管是驱动 IGBT 或 IPM 的输入部分。

图 12-14 所示为 IPM 模块典型栅极隔离电路，在 IPM 模块外围要有相应的电子元器件才能保证正确工作。图 12-15 所示为 IPM 的电机驱动电路，从中可看出，高压和低压电路之间的信息交换全采用光隔离。

在 IPM 使用中高压主回路和低压回路中的一些注意：低速光耦可用于故障输出端和制动输入端；位置①散热器可能和 N 侧一样接地；位置②平滑电容和薄膜电容应放在 IPM 附近；位置③三相输出不能接电容；位置④输入端子和光耦间配线应尽量短；位置⑤为了光耦稳定动作应输入加电解电容或陶瓷电容。

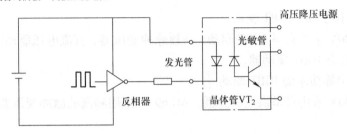

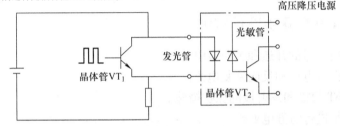

图 12-13　IGBT 栅极的光电隔离方式

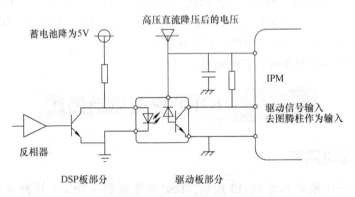

图 12-14　IPM 模块典型栅极隔离电路

二、栅极变压器隔离

在驱动设计中，稳定的电源是 IGBT 能否正常工作的保证。如图 12-16 所示，电源采用正激变换，抗干扰能力较强，二次侧不加滤波电感，输入阻抗低，使在重负载情况下电源输出电压仍然比较稳定。

当 S 开通时，+12V（为比较稳定的电源，精度很高）电压便加到变压器一次侧和 Q 相连的绕组，通过能量耦合使二次侧经过整流输出。当 Q 关断时，通过一次侧二极管 VD_2（FR107）和其相连的绕组把磁心的能量回馈到电源，实现变压器磁心的复位。555 定时器接成多谐振荡器，通过对 C_1 的充放电使引脚 2 和引脚 6 的电位在 4~8V 之间变换，使引脚 3

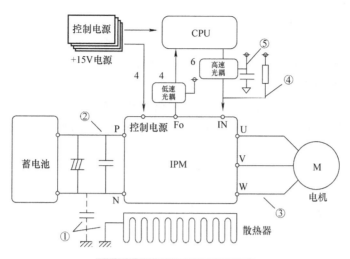

图 12-15 IPM 的电机驱动电路

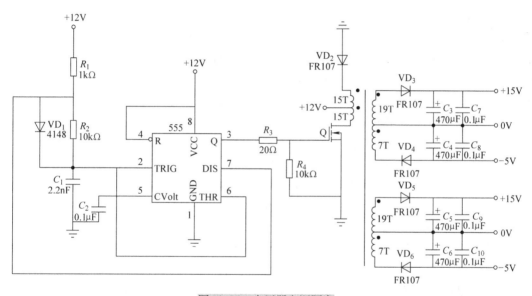

图 12-16 变压器电源隔离

输出电压方波信号,并用方波信号来控制 Q 的开通和关断。左侧 +12V 经过 R_1、VD_1 给 C_1 充电,其充电时间 $t_1 \approx R_1 C_2 \ln2$;放电时间 $t_2 = R_2 C_1 \ln2$,充电时输出高电平给引脚 2(TRIG),放电时输出低电平给引脚 2(TRIG)。所以 PWM 占空比 $= t_1/(t_1 + t_2)$。

第八节　IGBT 保护电路

一、IGBT 的失效机制

IGBT 的失效机制包括以下四点:
1) MOS 绝缘栅结构在高温情况下会失去绝缘能力。
2) 由于硅芯片与铝导线之间热膨胀系数的差异,在输出电流剧烈变化时,铝导线与硅芯片之间的接触面会形成热应力，从而造成裂纹，并会逐步导致铝线断裂。

3) 由于处于芯片和散热铜底板间的陶瓷绝缘/导热片的热膨胀系数和散热铜底板的热膨胀系数不同，在底板温度不断变化时，连接两种材料的焊锡层会形成裂纹，从而导致散热能力下降，进而导致 IGBT 温度过高而失效。

4) 振动可能造成陶瓷片破裂，从而降低散热能力和绝缘能力。

上述失效机理将是综合影响并发生的。例如，在 IGBT 输出大电流时，铝线会受到热应力（机理2）；同时芯片温度会上升，将热传导到底板，造成底板温度上升，从而激发机理3；当温度过高时，会直接导致机理1的发生；再加上汽车运行工况所带来的颠簸振动，导致机理4的发生。

汽车级电力电子模块重点改善功率循环和温度循环（温度冲击）所引起的失效机理。IGBT 的最大结温是150℃，在任何情况下都不能超过该值。

二、IGBT 失效原因分析

1. 过热损坏

集电极电流过大引起的瞬时过热及其他原因（如散热不良导致的持续过热）均会使 IGBT 损坏。如果器件持续短路，大电流产生的功耗将引起温升，由于芯片的热容量小，其温度迅速上升，若芯片温度超过硅本征温度（约250℃），器件将失去阻断能力，栅极控制就无法保护，从而导致 IGBT 失效。实际运行时，一般最高允许的工作温度为130℃左右。

2. 超出关断安全工作区

超出关断安全工作区引起擎住效应而损坏。擎住效应分静态擎住效应和动态擎住效应。

IGBT 为 PNPN 四层结构，体内存在一个寄生晶闸管，在 NPN 晶体管的基极与发射极之间并有一个体区扩展电阻 R_s，P 型体内的横向空穴电流在 R_s 上会产生一定的电压降，对 NPN 基极来说，相当于一个正向偏置电压。在规定的集电极电流范围内，这个正向偏置电压不大，对 NPN 晶体管不起任何作用。

当集电极电流增大到一定程度时，该正向偏置电压足以使 NPN 晶体管开通，进而使 NPN 和 PNP 晶体管处于饱和状态。于是，寄生晶闸管导通，门极失去控制作用，形成自锁现象，这就是所谓的静态擎住效应。IGBT 发生擎住效应后，集电极电流增大，产生过高功耗，导致器件失效。

动态擎住效应主要是在器件高速关断时电流下降太快，du/dt 很大，引起较大位移电流，流过 R_s，产生足以使 NPN 晶体管开通的正向偏置电压，造成寄生晶闸管自锁。

3. 瞬态过电流

IGBT 在运行过程中所承受的大幅值过电流除短路、直通等故障外，还有续流二极管的反向恢复电流、缓冲电容器的放电电流及噪声干扰造成的尖峰电流。这种瞬态过电流虽然持续时间较短，但如果不采取措施，将增加 IGBT 的负担，也可能会导致 IGBT 失效。

4. 过电压

过电压会造成集电极、发射极间击穿。过电压也会造成栅极、发射极间击穿。

三、IGBT 保护方法

IGBT 是电压控制型器件，在它的栅极－发射极间施加十几伏的直流电压，只有微安级的漏电流流过，基本上不消耗功率。但 IGBT 的栅极－发射极间存在着较大的寄生电容（几千至上万皮法），在驱动脉冲电压的上升及下降沿需要提供数安的充放电电流，才能满足开通和关断的动态要求，这使得它的驱动电路也必须输出一定的峰值电流。额定值是 IGBT 和 IPM 模块运行的绝对保证，所谓最大值是器件的极值，在任何情况下都不能超过其范围。

IGBT 的驱动保护包括栅极欠电压、过电流保护（包括短路保护）和过热保护。

1. 封锁栅极电压

封锁栅极电压即不再控制 IGBT 导通。IGBT 作为一种大功率的复合器件，存在着过电流时可能发生锁定现象而造成损坏的问题。在过电流时如采用一般的速度封锁栅极电压，过高的电流变化率会引起过电电压，为此需要采用软关断技术，因而掌握好 IGBT 的驱动和保护特性是十分必要的。

IGBT 的过电流保护电路可分为两类：一是低倍数的（1.2～1.5 倍）的过载保护；二是高倍数（可达 8～10 倍）的短路保护。

2. 过载（过电流）保护

IGBT 能承受很短时间的短路电流，能承受短路电流的时间与该 IGBT 的饱和导通压降有关，随着饱和导通压降的增加而延长。如饱和导通压降小于 2V 的 IGBT 允许承受的短路时间小于 5μs，而饱和导通压降 3V 的 IGBT 允许承受的短路时间可达 15μs，4～5V 时可达 30μs 以上。存在以上关系是由于随着饱和导通压降的降低，IGBT 的阻抗也降低，短路电流同时增大，短路时的功耗随着电流的二次方加大，造成承受短路的时间迅速减小。

过载保护不必快速响应，可采用集中式保护，即检测输入端或直流环节的总电流，当此电流超过设定值后比较器翻转，封锁所有 IGBT 驱动器的输入脉冲，使输出电流降为零。这种过载电流保护，一旦动作后，要通过复位才能恢复正常工作。

（1）过电流保护措施

通常采取的保护措施有软关断和降栅压两种：

1）软关断：指在过电流和短路时，直接关断 IGBT。但是，软关断抗骚扰能力差，一旦检测到过电流信号就关断，很容易发生误动作。为增加保护电路的抗骚扰能力，可在故障信号与启动保护电路之间加一延时，不过故障电流会在这个延时内急剧上升，大大增加了功率损耗，同时还会导致器件的 di/dt 增大。所以往往是保护电路启动了，器件仍然坏了。

2）降栅压：旨在检测到器件过电流时，马上降低栅压，但器件仍维持导通。降栅压后设有固定延时，故障电流在这一延时期内被限制在一较小值，则降低了故障时器件的功耗，延长了器件抗短路的时间，而且能够降低器件关断时的 di/dt，对器件保护十分有利。

若延时后故障信号依然存在，则关断器件，若故障信号消失，驱动电路可自动恢复正常的工作状态，因而大大增强了抗骚扰能力。

上述降栅压的方法只考虑了栅压与短路电流大小的关系，而在实际过程中，降栅压的速度也是一个重要因素，它直接决定了故障电流下降的 di/dt。慢降栅压技术就是通过限制降栅压的速度来控制故障电流的下降速率，从而抑制器件的 du/dt 和 U_{ce} 的峰值。

（2）短路检测方式

一般的短路检测方式是电流传感法或 IGBT 欠饱和保护。欠饱和法在 IPM 模块保护中讲解。

如图 12-17 所示，图中六个二极管为电机斩波发电时的续流二极管，总线（直流母线）

电流传感器（Bus Current Sensor），一般为霍尔式或互感器式。当过电流电流超过比较器（Comparator）设定电流时，锁存器（Latch）工作，并向栅极控制电路的停止功能（Disable）端发送关闭6个IGBT的6路正弦波信号触发（PWM Signals），使六个IGBT锁止不输出电流，直到锁存器（Latch）内的存储内容被Clear的信号清除为止。

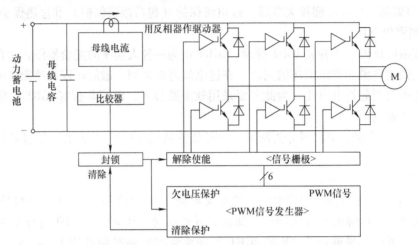

图12-17 电流传感法短路保护

第九节 智能功率模块

一、智能功率模块（IPM）简介

智能功率模块（Intelligent Power Module，IPM）是在IGBT的外围集成了驱动和诊断电子电路，从而实现驱动和诊断的功能。随着IGBT的工作频率在20kHz的硬开关及更高的软开关应用中，智能功率模块（IPM）代替了MOSFET和GTR。

二、智能功率模块（IPM）功能

具体功能有栅极驱动、短路保护、过电流保护、过热保护和欠电压锁定。

（1）驱动功能

IPM内的IGBT芯片都选用高速型，而且驱动电路紧靠IGBT芯片，驱动延时小，所以IPM开关速度快、损耗小。IPM内部的IGBT导通压降低，开关速度快，故IPM功耗小。

（2）诊断功能

出现过电压、过电流和过热等故障时，检测电路可将检测信号送到DSP做中断处理。

1）过电流保护功能

IPM实时检测IGBT电流，当发生严重过载或直接短路引起的过电流时，IGBT将被软关断，同时送出一个故障信号。

2）过热保护功能

在靠近IGBT的绝缘基板上安装了一个温度传感器，当基板过热时，IPM内部控制电路将截止栅级驱动，不响应输入控制信号。

3）欠电压保护功能

驱动电压过低（一般为 15V）会造成驱动能力不够，增加导通损坏，IPM 自动检测驱动电源电压，当低于一定值超过 10μs 时，将截止驱动信号。

4）其他功能

IPM 内藏相关的外围电路，无须采取防静电措施，大大减少了元器件数目，体积相应小。

桥臂对管互锁是在串联的桥臂上，上下桥臂的驱动信号互锁，有效防止上下臂同时导通。优化的门级驱动与 IGBT 集成，布局合理，无外部驱动线，抗干扰能力强。

三、IPM 的保护方法

图 12-18 所示为 IPM 内部工作原理图。如果 IPM 其中有一种保护电路工作，IGBT 就关断并输出一个故障信号 FO。

1. 控制电源欠电压（UV）锁定

欠（低）电压（Under Voltage，UV）保护：如果某种原因导致控制电压符合欠电压条件，该功率器件会关断 IGBT 并输出故障信号。如果毛刺电压干扰时间小于规定的 $T_{d(UV)}$ 则不会出现保护动作。

2. 过热（OT）保护

过热（Over Temperature，OT）保护：在绝缘基板上安装有温度探头或测温二极管，如果超过数值则 IPM 会截止栅极驱动，直到温度恢复正常（应避免反复动作）。

3. 过电流（OC）保护

过电流（Over Current，OC）保护：如果 IGBT 的电流超过数值，并大于时间 $T_{off(OC)}$（典型值为 10μs），IGBT 被关断。超过 OC 数值，但时间小于 $T_{off(OC)}$ 的电流，并无大碍，故 IPM 不予处理。当检测出过电流时，IGBT 会被有效软关断。

4. 短路（SC）保护

短路（Short Circuit，SC）保护：当发生负载短路或上下臂直通时，IPM 立即关断 IGBT 并输出故障信号。注：过电流采样和短路采样采用同一回路。

新型 IPM 采用了实时电流检测（Real Time Current Control Circuit，RTC）技术，使响应时间小于 100ns。

必须避免重复故障而导致结温升高损坏 IPM。系统可通过检测 t_{F_O} 时间长短来确定是由过电流还是短路引起的（1.8ms），过热时间会长一些。过热复位一般要等基板冷却到 OT 限值以下（需要几十秒钟）。

四、IPM 驱动

图 12-19 所示为 IPM 外部光电隔离驱动部分。HCPL4504 为驱动光耦，PC817 是 IPM 故障反馈光耦。图中，引脚 2 为 5V 电源，输出给 R_2 电阻供电；引脚 3 为经 HCPL4504 为驱动光耦转化后的 PWM 驱动信号输入，C_1 为 5V 电源输出的滤波；引脚 4 为向外（向左）流出

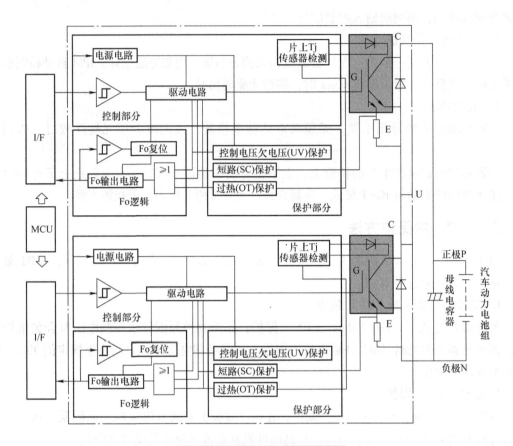

图 12-18 两单元 IPM 内部功能图

电流的接地，与 HCPL4504 为驱动光耦的输出共地；引脚 5 为向内（向右）流入电流，IPM 识别出故障后，图中 15V 电经 3.9kΩ 电阻和发光二极管流入引脚 5，左侧 3.3V 电源经 10kΩ 电阻和光敏晶体管后接地。

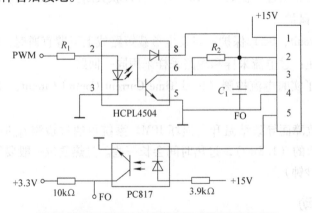

图 12-19 IPM 外部驱动电路和引脚连接示意图

1. 功能引脚和内部引脚

IPM 的外部引脚和内部引脚是不同的，见表 12-2。

表 12-2　IPM 的引脚功能

引脚	外部引脚	内部引脚
1	外接 +15V	VN1/VP1（N 为下桥管，P 为上桥管）
2	+5V（来自 IPM，给光耦供电）	SNR/SPR（N 为下桥管，P 为上桥管）
3	PWM（经光耦转化后的 PWM）	CN1/CP1（N 为下桥管，P 为上桥管）
4	地 GROUND	VNC/VPC（N 为下桥管，P 为上桥管）
5	FAULT OUTPUT（FO）输出	FNO/FPO（N 为下桥管，P 为上桥管）

2. IPM 内部引脚解释

如图 12-20 所示，VP1 为上桥电源，FPO 为上桥故障输出，SPR 为 +5V 电源（由内部芯片向外输出），CP1 为上桥 PWM 驱动输入，VPC 去外部接地。芯片内部，VCC 是电源，TEMP 是温度传感器输入（本功能未画出），OUT1 和 OUT2 通过三态门和电阻驱动 IGBT 的 G 极，SENS 用来检测是否过电流或 CE 是否短路，SINK 用来泄放 IGBT 的 G 极电荷，从而关闭 IGBT，TEMP、SENS 和 VCC 也分别过热、过电流（或短路）和欠电压的输出端口，一旦有故障时，FO 是输出。

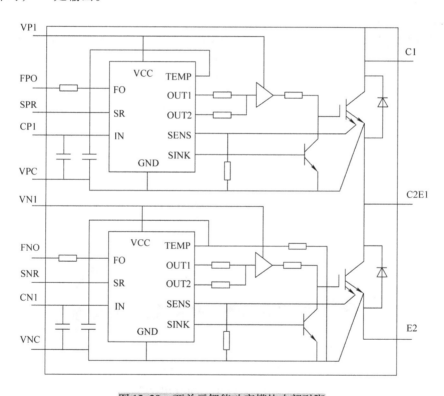

图 12-20　两单元智能功率模块内部引脚

第十节　IGBT 的使用和检查

一、使用注意事项

IGBT 是变频器中最容易损坏的部分。由于 IGBT 模块为 MOSFET 结构，IGBT 的栅极通过一层氧化膜与发射极实现电隔离。由于此氧化膜很薄，其击穿电压一般仅能承受到 20~

30V。因此，因静电而导致栅极击穿是 IGBT 失效的常见原因之一。

使用中要注意以下几点：

在使用模块时，尽量不要用手触摸驱动端子部分，当必须要触摸模块端子时，要先将人体或衣服上的静电用大电阻接地进行放电后，再触摸；在用导电材料连接模块驱动端子时，在配线未接好之前请先不要接上模块；尽量在底板良好接地的情况下操作。在应用中有时虽然保证了栅极驱动电压没有超过栅极最大额定电压，但栅极连线的寄生电感和栅极与集电极间的电容耦合，也会产生使氧化层损坏的振荡电压。为此，通常采用双绞线来传送驱动信号，以减少寄生电感，在栅极连线中串联小电阻也可以抑制振荡电压。

此外，当栅极-发射间开路时，若在集电极与发射极间加上电压，则随着集电极电位的变化（由于集电极有漏电流流过，栅极电位升高），集电极有电流流过。这时，如果集电极与发射极间存在高电压，则有可能使 IGBT 发热及至损坏。

在使用 IGBT 的场合，当栅极回路不正常或栅极回路损坏时（栅极处于开路状态），若在主回路上加上电压，则 IGBT 就会损坏，为防止此类故障，应在栅极与发射极之间串接一只 $10k\Omega$ 左右的电阻。

在安装或更换 IGBT 模块时，应十分重视 IGBT 模块与散热片的接触面状态和拧紧程度。为了减少接触热阻，最好在散热器与 IGBT 模块间涂抹导热硅脂，如图 12-21 所示。安装时应受力均匀，避免用力过度而损坏。一般变频器的底部为水道，水循环泵损坏或发动机舱前部的冷却风扇不转时将导致 IGBT 模块发热，而发生故障，变频器的过热保护措施会使电机工作电流时有时无。

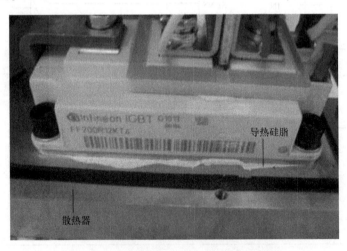

图 12-21　散热器和 IGBT 间使用导热硅脂

IPM 和散热器间请涂抹使用温度范围大且长期稳定、优良的热传导率的硅脂。为了填补 IPM 和散热器间弯曲的缝隙，请均匀涂抹，厚度标准为 $150\mu m$（推荐的厚度范围为 $100\sim200\mu m$）。

二、IGBT 过载使用

IGBT 不会轻易地炸，如果因为过电压、过电流触发的紊乱而炸，那是变频器的制作水平问题了。一般采用 IGBT 作为整流或者逆变电路的元器件，里面都有对元器件的自诊断、自保护功能，很偶然地才会炸 IGBT，大多数情况是保护起作用，自动封锁功率器件。不信你可以对将变频器的输出短路，然后上电，它会立即报故障，而不会炸 IGBT。这就是 IGBT 的抗短路功能。其保护的速度是很快的，比快速熔断器还要快。这就是当今的 IGBT 的一大亮点。IGBT 不怕短路，但是它害怕过热（过载）。如果过载使用，IGBT 自身就没有保护了（变频器对它的热保护也是比较薄弱的），需要注意它的散热条件、环境温度、长期连续的工作电流选择和限制。

三、IGBT 极性测量

判断极性首先将万用表置于 $R \times 1k\Omega$ 档，用万用表测量时，若某一极与其他两极阻值为无穷大，调换表笔后该极与其他两极的阻值仍为无穷大，则判断此极为栅极（G）。其余两极再用万用表测量，若测得阻值为无穷大，调换表笔后测量阻值较小。在测量阻值较小的一次中，红表笔接的为集电极（C），黑表笔接的为发射极（E）。

四、如何检测判断 IGBT 的好坏

如何检测判断 IGBT 的好坏。IGBT 的好坏可用指针式万用表的 $R \times 1k\Omega$ 档来检测，或用数字式万用表的"二极管"档来测量 PN 结正向电压进行判断。检测前先将 IGBT 三只引脚短路放电，避免影响检测的准确度；然后用指针式万用表的两支表笔正反测 G、E 两极及 G、C 两极的电阻，对于正常的 IGBT（正常 G、C 两极与 G、E 两极间的正反向电阻均为无穷大；内含阻尼二极管的 IGBT 正常时，E、C 极间均有 $4k\Omega$ 正向电阻），上述所测值均为无穷大。

最后用指针式万用表的红表笔接 C 极，黑笔接 E 极，若所测值在 $3.5k\Omega$ 左右，则所测管为含阻尼二极管的 IGBT，若所测值在 $50k\Omega$ 左右，则所测 IGBT 内不含阻尼二极管。对于数字式万用表，正常情况下，IGBT 的 C、E 极间正向电压约为 0.5V。

综上所述，内含阻尼二极管的 IGBT 检测接除上述以外，其他连接检测的读数均为无穷大。测得 IGBT 三个引脚间电阻均很小，则说明该管已击穿损坏；维修中 IGBT 多为击穿损坏。

若测得 IGBT 三个引脚间电阻均为无穷大，说明该管已开路损坏。

五、变频器引起短路故障的原因

1. 直通短路桥臂

某一个器件（包括反并联的二极管）损坏或由于控制或驱动电路的故障，以及干扰引起驱动电路误触发，造成一个桥臂中两个 IGBT 同时开通。

直通保护电路必须有非常快的速度，在一般情况下，如果 IGBT 的额定参数选择合理，$10\mu s$ 之内的过电流就不会损坏器件，所以必须在这个时间内关断 IGBT。母线电流检测用霍尔传感器，响应速度快，是短路保护检测的最佳选择。检测值与设定值比较，一旦超过，马上输出保护信号封锁驱动。同时用触发器构成记忆锁定保护电路，以避免保护电路在过电流时的频繁动作。

2. 负载电路短路

在某些升压变压器输出场合，二次侧短路的情况。

3. 变频器输出直接短路

在变频器输出的三相交流电压供电线间直接短路。

思考题与习题

一、思考题

12-1 电子学晶体管和电力电子学晶体管的区别是什么？

12-2 电子学场效应晶体管和电力电子学场效应晶体管的区别是什么？

二、习题

12-1 在图 12-4 不同 U_{ce}、T 时 β 与 I_c 的关系中，找出不同温度下的 β 与 I_c，说出温度在 25℃和 125℃时、电流在 10A 时的极限放大倍数 β。

参 考 文 献

[1] 赵振宁,王慧怡. 新能源汽车技术 [M]. 北京:人民交通出版社,2013.
[2] 姜国和. 工业电工电子学 [M]. 北京:高等教育出版社,2013.
[3] 赵振宁. 汽车电气构造、原理与检修 [M]. 北京:北京理工大学出版社,2015.
[4] 赵振宁. 电动汽车结构原理与检修 [M]. 北京:电子科技大学出社,2018.